DIE LEGENDE LEBT

DVD : THE SOUND OF STAR-CLUB

1	**Peanut Butter** (Barnum - Cooper - Goldsmith – Smith) **THE LIVERBIRDS**	25.09.1965	Beat Club 01
2	**Why Do You Hang Around Me** (Birch) **THE LIVERBIRDS**	25.09.1965	Beat Club 01
3	**Diddley Daddy** (Fuqua – MacDaniel) **THE LIVERBIRDS**	25.09.1965	Beat Club 01
4	**Livin' Lovin' Wreck** (Blackwell) **IAN & THE ZODIACS**	30.10.1965	Beat Club 02
5	**Face In The Crowd** (Flynn - Edwards – Flynn) **IAN & THE ZODIACS**	30.10.1965	Beat Club 02
6	**All Of Me** (Marks – Simons) **IAN & THE ZODIACS**	30.10.1965	Beat Club 02
7	**Come On And Sing** (Reichel) **THE RATTLES**	04.12.1965	Beat Club 03
8	**Little Quennie** (Berry) **THE RATTLES**	04.12.1965	Beat Club 03
9	**She's The One** (Brannigan - Hedges – Keating) **THE RATTLES**	04.12.1965	Beat Club 03
10	**Dizzy Lizzy** (Bennett – Hawkins) **GERRY & THE PACEMAKERS**	04.12.1965	Beat Club 03
11	**Ferry Cross The Mersey** (Griffith) **GERRY & THE PACEMAKERS**	04.12.1965	Beat Club 03
12	**My Babe** (Sheridan) **GERRY & THE PACEMAKERS**	04.12.1965	Beat Club 03
13	**Poor Boy** (Lietz) **THE LORDS**	22.01.1966	Beat Club 04
14	**Peter Gun** (Mancini) **THE REMO FOUR**	22.01.1966	Beat Club 04
15	**Leave It To Me** (Trenner) **IAN & THE ZODIACS**	12.02.1966	Beat Club 05
16	**Keep On Running** (Edwards) **SPENCER DAVIS GROUP (feat. Steve Winwood)**	26.03.1966	Beat Club 06
17	**Shout** (Millie) **THE BIRDS AND THE BEES**	26.03.1966	Beat Club 06
18	**Hideaway** (Blaikley – Howard) **DAVE DEE, DOZY, BEAKY, MICK & TICH**	28.05.1966	Beat Club 08
19	**Hold Tight** (Blaikley – Howard) **DAVE DEE, DOZY, BEAKY, MICK & TICH**	28.05.1966	Beat Club 08
20	**Hold On I'm Coming** (Hayes – Porter) **CLIFF BENNETT & THE REBEL ROUSERS**	27.08.1966	Beat Club 11
21	**Friday On My Mind** (Vanda – Young) **THE EASYBEATS**	31.12.1966	Beat Club 15
22	**I Take What I Want** (Lee Garrett) **CLIFF BENNETT & THE REBEL ROUSERS**	11.03.1967	Beat Club 18
23	**Purple Haze** (Hendrix) **THE JIMI HENDRIX EXPERIENCE**	11.03.1967	Beat Club 18
24	**What Are You Gonna Do** (Bruce - Collins - Fearon - McRay - Morris – Phillips) **LEE CURTIS & THE ALL STARS**	10.05.1967	Beat Club 19
25	**Alright Now** (Boone – McQueen) **FREE**	05.09.1970	Beat Club 58
26	**No No No** (Blackmore - Gillan - Glover - Lord – Paice) **DEEP PURPLE**	25.09.1971	Beat Club 71
27	**Highway Star** (Blackmore - Gillan - Glover - Lord – Paice) **DEEP PURPLE**	24.06.1972	Beat Club 79
28	**Only The Blues** (Leitch) **DONOVAN**	05.12.1973	Musikladen Extra 09

WIR BEDANKEN UNS BEI:
STUDIO HAMBURG
FERNSEHALLIANZ GmbH
FÜR DIE LIZENZIERUNG DIESER TITEL AUS DER
TV-REIHE BEAT CLUB VON RADIO BREMEN

Dieses Buch ist gewidmet all denen die dem STAR-CLUB zum Weltruhm verhalfen.
In erster Linie gilt das für:

MANFRED WEISSLEDER (Gründer des STAR CLUB)

SIEGFRIED E. LOCH (Produzent vieler STAR CLUB RECORDS)

und natürlich den vielen **GRUPPEN** und **SÄNGERINNEN und SÄNGERN**,
die die unvergeßlichen Nächte im **STAR-CLUB** erst möglich machten.

DANKE

Vergessen wollen wir aber auch nicht die Leute, die den Mythos **STAR-CLUB** auch heute noch am Leben erhalten:

GÜNTER ZINT (Haus-Fotograf im STAR CLUB)

ULF KRÜGER (K & K – Center Of Beat – Hamburg)

PETER SEEGER (Good Times, Darmstadt)

DANKE DANKE DANKE

HARALD MAU, Hamburg - **WOLFGANG BENDIG**, Lübeck - **UWE KÖRNER**, Hamburg - **HERBERT HILDEBRANDT**, Hamburg

BERND MATHEJA, Hamburg - **RALF WALFELD**, Hamburg - **ACHIM REICHEL**, Hamburg - **KUNO DREYSSE**, Hamburg

HEINZ DIETZ, Rockenberg - **PETER PAETZOLD**, Hamburg - **RONALD SCHWARZ**, Hamburg - **DIETER BAUER**, Hamburg

OLAF LEITNER, Berlin - **HELMUT RADERMACHER**, Coburg - **KARLHEINZ KLINZMANN**, Hamburg

CHRISTOPH KAIRAT & THOMAS GRAVE & CHRISTIAN FRIEDRICHS, (Fernsehallianz) - Hamburg

Alle diese Leute haben uns geholfen (jeder auf seine Weise) alle Schätze dieser
einmaligen Dokumentation zu besorgen und zur Verfügung zu stellen.

Die in diesem Buch verwendeten STAR CLUB Bilderraritäten können Sie als Barytabzug im Format 30 x 40 cm kaufen.
Außerdem bietet K&K weitere Raritäten und Reproduktionen von Memorabilien der 60er Jahre an.

Hier gibt's keine Pause

Keine Pause gönnen sich die Twist-Tänzer auf der Großen Freiheit in Hamburg! Keine Pause lassen die Musiker Twist-Entfesselten (Foto): Jung-Hamburg begeistert sich in dem neu eröffneten „Star-Club" (dem früheren Stern-Kino) an den pausenlos rockenden und twistenden Bands aus England: Den Beatles, den Graduates, den Sängern Roy Young, Tex Roberg sowie den Bachelors.
elü.

Am 18. April 1962 erschien in der Hamburger BILD-Zeitung erstmals ein Artikel über den STAR-CLUB.

Der **STAR-CLUB** in Hamburg schrieb neben dem **CAVERN-CLUB** in Liverpool Geschichte - die Geschichte der Beat-Musik in den 60er Jahren. Hier holten sich Beatgruppen aus aller Welt den letzten Schliff - oder sie starteten hier ihre Karrieren:

THE BEATLES - THE SEARCHERS - THE PRETTY THINGS - GERRY & THE PACEMAKERS - THE RATTLES - LEE CURTIS - THE SPENCER DAVIS GROUP MANFRED MANN - DAVE DEE, DOZY, BEAKY, MICK & TICH ...

und und und - Namen aus dem **WHO IS WHO** der Beat-Musik.

Aber auch die großen Namen des Rock & Roll, des Soul, der Abteilung Folklore und des Twist gaben sich in diesem einmaligen Club die Klinke in die Hand:

GENE VINCENT - JERRY LEE LEWIS - LITTLE RICHARD - BILL HALEY DUANE EDDY - FATS DOMINO - BRENDA LEE - TOMMY ROE - JOHNNY & THE HURRICANES - RAY CHARLES - DONOVAN - CHUBBY CHECKER - JOEY DEE BEN E. KING

und viele andere gaben hier umjubelte Gastspiele.

Clubgründer Manfred Weißleder bewies ein gutes Gespür für den musikalischen Trend und hatte auch den genialen Riecher für die richtigen Stars zur richtigen Zeit.

Am 31.12.1969 schloss der **STAR-CLUB HAMBURG** für immer seine Pforten. Die Legende lebt jedoch weiter. Tausende von Sammlern versuchen seither ihre Plattensammlung aus dieser Zeit zu komplettieren. Viele wissen überhaupt nicht genau was erschienen ist - hundertprozentig weiß es wohl kaum jemand.

Mit dieser Übersicht wollen wir helfen, den Mythos zu erhalten und außerdem zu dokumentieren wie umfangreich und weltumspannend die Legende des **STAR-CLUB HAMBURG** wirklich war. Sicherlich haben auch wir nicht alles zusammentragen können, aber wir kommen den 100% ziemlich nahe.

Bei allen Abbildungen bedenken Sie bitte, dass alle Bilder an die vierzig Jahre auf dem Buckel haben und zudem oftmals auch noch durch viele Hände gegangen sind – entsprechend ramponiert und vergilbt. Wir haben versucht entsprechende Restaurierungen vorzunehmen und eine – immerhin noch ansprechende – Qualität abzubilden.

Oftmals waren die Rückseiten der LPs interessanter als die Front-Cover. Hier kann man die Beschreibungen der Künstler aus der damaligen (Verkaufs-) Sicht der Plattenfirmen nachlesen – eine Möglichkeit den Zeitgeist jener Jahre einzuatmen. Darum sind diese Cover-Rückseiten einige Male größer gehalten als die Front.

Etliche Zeitungsanzeigen, die hier abgebildet sind, geben Aufschluss darüber, wer alles im **STAR-CLUB HAMBURG** aufgetreten ist - staunen Sie genauso wie wir!!!

Hier finden Sie Schätze und Raritäten, die heutzutage unter Sammlern ein Vermögen kosten und kaum noch zu beschaffen sind.

Leider hat es die Hansestadt Hamburg bisher versäumt, einer Institution und Legende – die einst den Namen Hamburgs in die Welt trug – in gebührender Weise Tribut zu zollen. Alle Anstrengungen in dieser Richtung sind ausschließlich Privatinitiativen - so wie auch dieses Buch.

Natürlich konnte dieses Buch nicht ohne die tatkräftige Mithilfe etlicher Sammler und Zeitzeugen erscheinen. In einem Anhang dieses Buches bedanken wir uns noch gesondert bei diesen Enthusiasten und Schatzbewahrern.

Die Not hat ein
Ende!
Die Zeit der Dorfmusik ist vorbei!
Am Freitag, dem 13. April
eröffnet
Star-Club
die Rock n' Twist-Parade 1962
mit The Beatles Tex Roberg Roy Young The Graduates The Bachelors
zusätzlich ab Mai: Tony Sheridan-Quartett und Gerry and the Pacemakers
Eine Ballung der Spitzenklasse Europas
Hmb.-St. Pauli, Gr. Freiheit 39
Manfred Weissleder KG.
Druck: Heinrich Borkow, Hamburg-Altona

Der Eingang des **STAR-CLUB** zum Beginn der Beat-Ära.
Vor dem Eingang auch der Autor dieses Buches: Werner Walendowski (Mitte)

Die Zeitschrift **„STERN“** monierte die große Ähnlichkeit mit ihrem hauseigenen Stern-Symbol. Nach einem Rechtsstreit mit dem Verlag Gruner + Jahr wurde das Stern-Symbol des **STAR-CLUB** später geändert.

1963

Jerry Lee Lewis
"Life" At The Star-Club Hamburg
320 172 BF
PHILIPS
LONG, TALL SALLY
GOOD GOLLY MISS MOLLY
PHILIPS

Diese Titel sind
Ausschnitte aus der
30 cm-Langspielplatte
JERRY LEE
LEWIS
„LIVE" AT THE
Star-Club
Aufgenommen im April 1964
Bestell-Nr.: P 14 546 L
PHILIPS

Star-Club
SOUND SERIE
345617 PF
PHILIPS
THE RATTLES
The Stomp
Zip-a die doo dah
PHILIPS

TWIST IM Star-Club
PHILIPS
345 617 PF
THE RATTLES
The stomp
Zip-a die doo dah
PHILIPS
PHOTO AUS DEM STAR-CLUB HAMBURG

1963

1963

TWIST IM Star-Club
PHILIPS
345 591 PF
Wilhelm-Tell-Twist (Rossini / arr. Sounds Inc.)
Leichte-Kavallerie-Twist (Suppe / arr. Sounds Inc.)
SOUNDS INC.
1. Folge
PHOTO AUS DEM STAR-CLUB HAMBURG

TWIST IM Star-Club
PHILIPS
345 592 PF
Sweet nothin's (Self)
What'd I say (Ray Charles)
THE SEARCHERS
2. Folge
PHOTO AUS DEM STAR-CLUB HAMBURG

TWIST IM Star-Club
PHILIPS
345 593 PF
Mashed potatoes (Clyde Otis / Nancy Lee)
Hello (Ortwein / Sandhoff)
THE RATTLES
3. Folge
PHOTO AUS DEM STAR-CLUB HAMBURG

TWIST IM Star-Club
PHILIPS
345 606 PF
Sweets for my sweet
Listen to me
THE SEARCHERS
PHOTO AUS DEM STAR-CLUB HAMBURG

TWIST IM Star-Club
PHILIPS
267 290 TF
The boll weavil song
Bony moronie
HOWIE CASEY AND THE SENIORS
PHOTO AUS DEM STAR-CLUB HAMBURG

TWIST IM Star-Club
PHILIPS
107 311 SNF
6. FOLGE
JERRY WILLIAMS & THE VIOLENTS
Do it Over Again
Please Forgive Me Baby
PHOTO AUS DEM STAR-CLUB HAMBURG

TWIST IM Star-Club
PHILIPS
345 620 PF
7. FOLGE
THE RATTLES
Sticks And Stones
Bye Bye Johnny
PHILIPS
PHOTO AUS DEM STAR-CLUB HAMBURG

TWIST IM Star-Club
PHILIPS
345 620 PF
7. FOLGE
THE RATTLES
Sticks And Stones
Johnny Be Good
PHILIPS
PHOTO AUS DEM STAR-CLUB HAMBURG

TWIST IM Star-Club
PHILIPS
345 621 PF
8. FOLGE
THE SEARCHERS
Sick And Tired
Led In The Game
PHILIPS
PHOTO AUS DEM STAR-CLUB HAMBURG

THE SEARCHERS
in der STAR-CLUB Serie:
345 592 PF
Sweet Nothin's
What 'd I Say?
345 606 PF
Sweets For My Sweet
Listen To Me
P 48 052 L / 30 cm
Langspielplatte
Sweets For My Sweet
The Searchers "Live" At The Star-Club Hamburg:
Sweets For My Sweet
Ain't That Just Like Me
Listen To Me
I Can Tell
Sick And Tired
Mashed Potatoes
I Sure Know A Lot About Love / Rosalie
Led In The Game
Hey Joe
Always It's You
Hully Gully
What 'd I Say?

THE RATTLES
in der STAR-CLUB Serie:
345 593 PF
Mashed Potatoes
Hello
345 617 PF
The Stomp
Zip-A-Dee-Do-Da
345 620 PF
Sticks And Stones
Johnny Be Good
P 48 068 L / 30 cm
Langspielplatte
TWIST IM STAR-CLUB
„THE RATTLES"
Baby, That's Rock And Roll · Hippy Hippy Shake · Ain't She Sweet · Twist And Shout · Dream Baby · P. S. I Love You u. a.
RATTLES
ACADIA

TWIST IM Star-Club
PHILIPS
345 623 PF
9. FOLGE
THE RATTLES
Go To Him
Cryin' Waitin' Hopin'
PHILIPS
PHOTO AUS DEM STAR-CLUB HAMBURG

1964

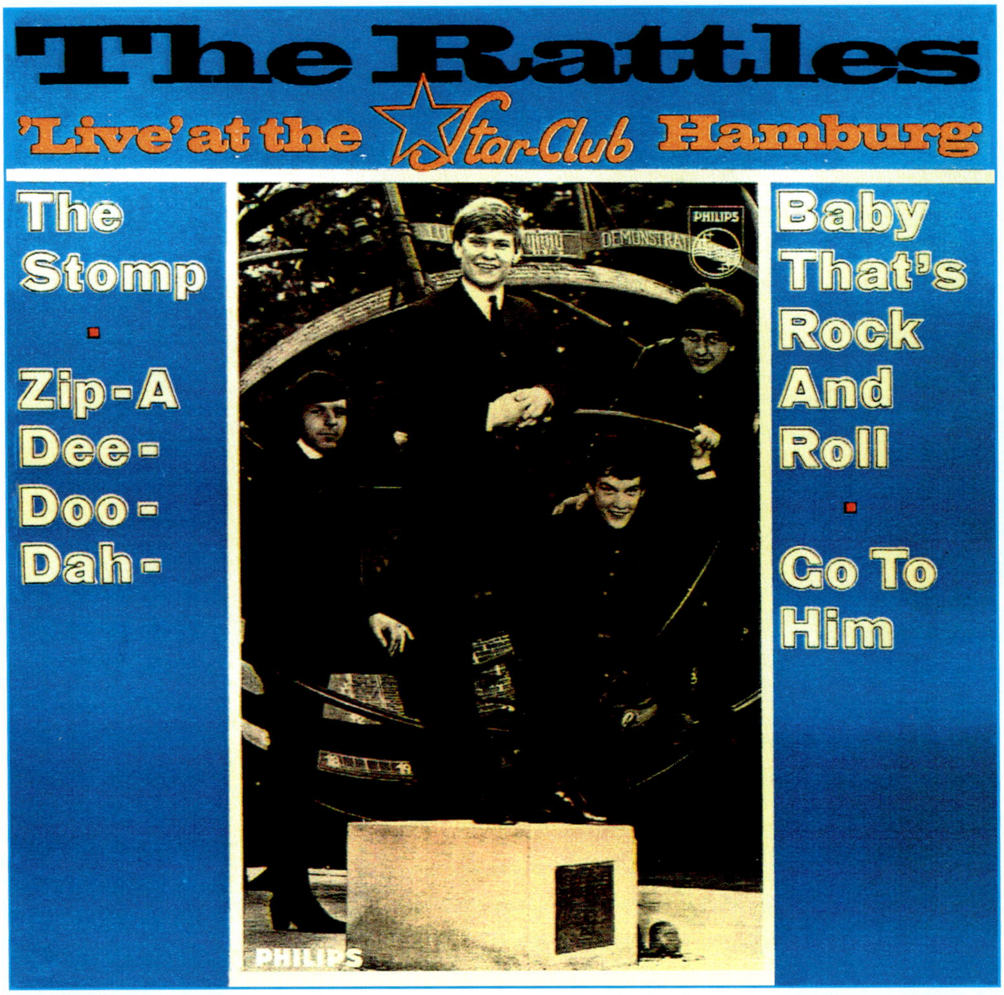

423 560 PE

423 560 PE

PHILIPS

M 45

THE RATTLES

Live At The Star-Club Hamburg

SEITE 1	SEITE 2
Zip-a Dee Doo Dah	**Baby That's Rock And Roll**
The Stomp	**Go To Him**

Was verbindet Hamburg mit Liverpool, daß die Jugendlichen beider Städte so viel voneinander sprechen? Von der musikbegeisterten Jugend ist hier die Rede, die sich sowohl in der kleineren als auch der großen Hafenstadt gleichermaßen stark der Beat-Musik verschrieben hat. In beiden Städten haben die Fans ihren „Stammladen"; was für Hamburg der *Star-Club,* ist für Liverpool das *Cavern.* Beide Clubs sind inzwischen zu einer Art „Beat-Mekka" für Twistmusiker und Fans aus aller Welt geworden. Allerdings wurden im *Star-Club,* Hamburg, mehr Liverpool-Gruppen entdeckt als in ihrer Heimatstadt.

Es war ein großes Ereignis und gleichzeitig ein interessantes Experiment, als im Herbst 1963 die deutsche Hausband des *Star-Club* auf Freundschaftsbesuch nach Liverpool fuhr, um im *Cavern* zu spielen. Es waren die *Rattles,* und mit ihnen präsentierte sich nun die erste deutsche Beat-Gruppe den verwöhnten britischen Fans. Von der ersten Minute an wurden die *Rattles* im *Cavern* gefeiert. Der Durchbruch war geschafft. Der für einige Tage geplante Besuch mußte sofort verlängert werden, und es folgten weitere Verpflichtungen für Gastspiele und Tourneen. Heute nennen die englischen Fans die *Rattles* in einem Atemzug mit den *Searchers, Rolling Stones, Merseybeats* und *Beatles.* Es gibt bereits drei *Rattles Fan Clubs* in England.

Auf dieser Schallplatte präsentieren die *Rattles* neben ihrem ersten Schallplattenerfolg in England („Zip-a Dee Doo Dah") auch die erste Eigenkomposition von Bandleader Achim Reichel, es ist *„Go To Him".*

Achim, Herbert Hildebrandt, Hans-Joachim Kreuzfeld und Reinhard Tarrach, vier Jungens, die ihren Weg als die *Rattles* im *Star-Club* begannen und durch die Begeisterung der Fans in Liverpool's *Cavern* in den Kreis der besten und erfolgreichsten Beat-Bands aufgenommen wurden.

K 10/1631 7 64 Printed in Germany

SWEETS FOR MY SWEET
SWEET NOTHIN'S
HULLY GULLY
LISTEN TO ME
PHILIPS
Star-Club
HAMBURG-GERMANY
THE SEARCHERS
RECORDED "LIVE" AT
THE STAR-CLUB HAMBURG,
GERMANY
PHILIPS

(NL)

PHILIPS
FL-1167
恋のチャンピオン／ホワッド・アイ・セイ
ビートルズ、ローリング・ストーンズと並ぶリバプール・サウンド界の
人気物、ザ・サーチャーズのニュー・ヒット!!
Star-Club
RECORDS
恋のチャンピオン/
ホワッド・アイ・セイ
唄■ザ・サーチャーズ
I SURE KNOW
A LOT ABOUT LOVE
WHAT'D I SAY
フィリップス・レコード
発売元 日本ビクター株式会社

(JAP)

1964

Warum leben Sie überhaupt???

wenn Sie sich nicht einmal die einmaligen Schallplatten der

Star-Club

Serie

von Ariola gönnen

Mit dieser Anzeige warb die **ARIOLA** für ihre **STAR-CLUB** Platten-Serie

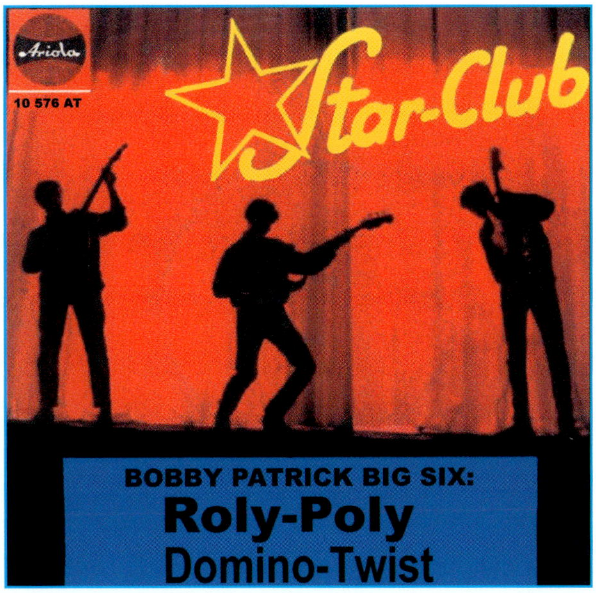
Ariola
10 576 AT
Star-Club
BOBBY PATRICK BIG SIX:
Roly-Poly
Domino-Twist

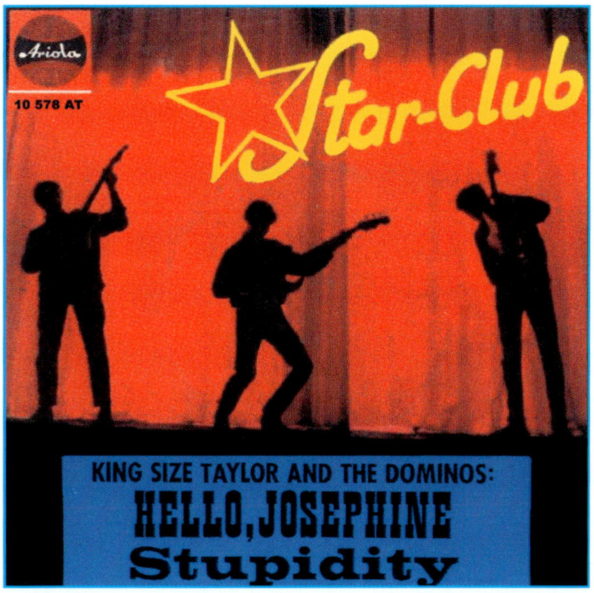
Ariola
10 578 AT
Star-Club
KING SIZE TAYLOR AND THE DOMINOS:
HELLO, JOSEPHINE
Stupidity

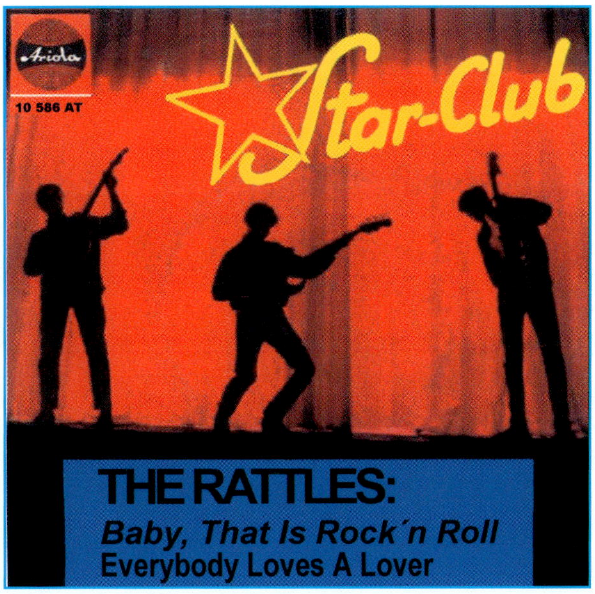
Ariola
10 586 AT
Star-Club
THE RATTLES:
Baby, That Is Rock´n Roll
Everybody Loves A Lover

Ariola
10 600 AT
Star-Club
BOBBY PATRICK BIG SIX:
Shake It Easy, Baby
"Shake" der neue Tanz

Ariola
10 638 AT
Star-Club
THE RATTLES:
Tell Me What Can I Do
Sunbeam At The Sky

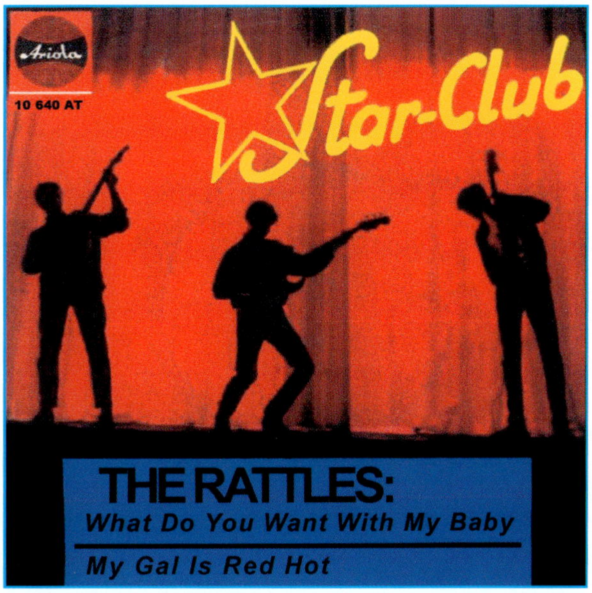
Ariola
10 640 AT
Star-Club
THE RATTLES:
What Do You Want With My Baby
My Gal Is Red Hot

1964

Ariola
10 698 AT
Star-Club
THE RATTLES:
Bye Bye Johnny
Sweet Little Sixteen

Ariola
10 728 AT
Star-Club
KING SIZE TAYLOR AND THE DOMINOS:
I´m Late
I´ve Been Watching You

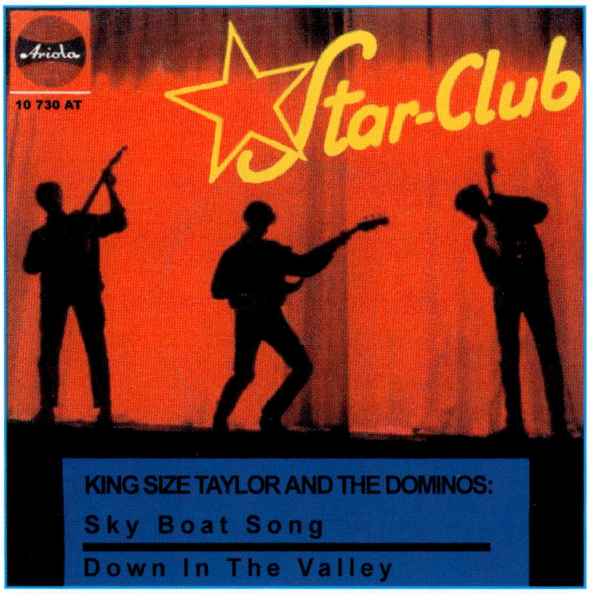
Ariola
10 730 AT
Star-Club
KING SIZE TAYLOR AND THE DOMINOS:
Sky Boat Song
Down In The Valley

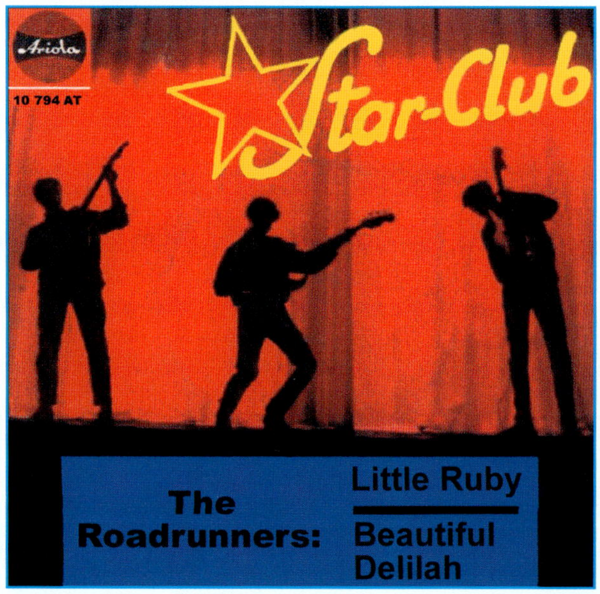
Ariola
10 794 AT
Star-Club
The Roadrunners:
Little Ruby
Beautiful Delilah

Ariola
10 802 AT
Star-Club
THE TEAM BEATS:
Say Mama ■ Sweety Beaty Baby

Ariola
10 934 AT
Star-Club
Memphis Tennessee
THE RATTLES:
Twist And Shout

1964

Ariola
10 640 AT
THE RATTLES
What Do You Want With My Baby
My Gal Is Red Hot
Star-Club

Ariola
10 698 AT
THE RATTLES
Bye Bye Johnny
Sweet Little Sixteen
Star-Club

Ariola
10 794 AT
THE ROADRUNNERS:
Little Ruby
Beautiful Delilah
Star-Club

Ariola
10 934 AT
Memphis Tennessee
THE RATTLES
Twist And Shout
Star-Club

Ariola
18 010 AT
Spanish Harlem
THE RATTLES
Bo Diddley
Star-Club

Ariola
18 074 AT
Lipstick, Powder And Paint
KING SIZE TAYLOR
AND THE DOMINOS
Heeby Jeebies
Star-Club

1964

Mit diesen beiden Singles wurde die **ARIOLA STAR-CLUB** Serie abgeschlossen

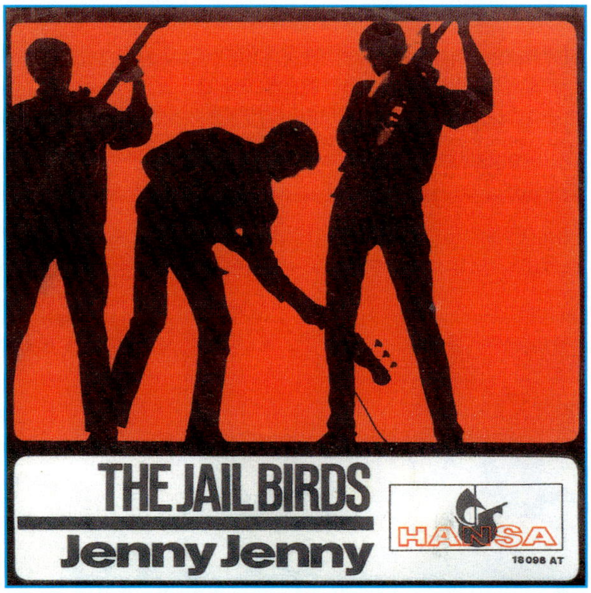

Oft versuchten Plattenfirmen vom Boom, den der **STAR-CLUB** auslöste, zu profitieren. Hier sehen Sie zwei besonders eklatante Beispiele

Sonderveranstaltung

Star-Club

Sonntag, den 3. Februar

Wahl der besten Hamburger Rock 'n Twist Band durch das Publikum für den

Star-Club-Wanderpokal

Es wirken mit:

Mama Bettys Band, The Rodgers, The Breathless, The Strangers, The Rattles, The Tonics.

Einlaß 15 Uhr • Beginn 16.30 Uhr

Eintritt DM 2,—

Der erste **STAR-CLUB** Wettbewerb Sieger: **THE RATTLES**

Achtung!!!

Star-Club

Sondermatinee

Am 3. Februar 1963 ermittelten wir die beste Hamburger Rock'n Twistband. Die Sieger, The Rattles, erhielten einen langfristigen Vertrag bei uns. Außerdem vermittelten wir für sie eine England-tournee sowie Schallplattenaufnahmen, die in Kürze auf dem Markt erscheinen.

Nun suchen wir die besten Hamburger

Rock'n Twist Sängerinnen und Sänger

am Sonntag, dem 3. März 1963

im Star-Club

1. Preis DM 200,–
und Probeaufnahmen

bei **fontana** -Schallplatten

2. Preis DM 100,–
3. Preis DM 50,–

Die Wahl erfolgt durch das Publikum mittels Stimmzetteln.

Anmeldungen erbeten beim Geschäftsführer oder schriftlich an uns.

Der zweite Wettbewerb war nur für Solisten

Star-Club

veranstaltete am 1. Februar 1963 einen Rock-Band-Wettbewerb. Der Siegerband wurde ein Wanderpokal, Schallplattenprobeaufnahmen und ein Engagement im Star-Club in Aussicht gestellt. Das Publikum wählte durch Abgabe von Stimmzetteln, die in eine verschlossene Urne geworfen wurden, und die die Bands anschließend gemeinsam auszählten. Sieger wurden

„The Rattles"

aus Hamburg. Die Band hat seitdem ein fast zusammenhängendes Engagement im Star-Club, so daß sie vom Amateur- ins Berufsmusikerstatut überwechseln konnte. Zwischendurch hat die Band andere Engagements außerhalb Hamburgs durch Vermittlung des Star-Clubs absolviert, zuletzt eine 32tägige Englandtournee mit den Everly-Brothers, Bo Diddley und Little Richard, die sehr erfolgreich war und eine Fülle von Engagementangeboten aus England mit sich brachte mit durchweg sehr beachtlichen Gagenangeboten. Außerdem hat die Band bereits 3 Schallplatten auf dem Markt, die sehr zügig verkauft werden. Wir haben also unsere vor dem Wettbewerb gemachten Zusagen erfüllt.

Dieser Wettbewerb hatte für uns nur den Zweck, auch einmal gute deutsche Rock-Bands ins große internationale Treffen zu führen, denn wir sind der Ansicht, daß wir auf diesem Sektor nicht hinterherzuhinken brauchen. Nach unserer Veranstaltung am 1. Februar regnete es in Hamburg und Umgebung plötzlich „Kapellen-Wettbewerbe", die jedoch wohl, mehr oder weniger getarnt, den Zweck hatten, den Veranstaltern volle Häuser und Kassen zu bringen. Uns ist jedenfalls nicht bekannt, daß irgendeiner der dortigen Siegerbands irgendwelche Förderung angediehen ist. Tatsächlich kann ja auch kaum einer dieser Veranstalter wirksame Förderungsmaßnahmen für die Band treffen, da hierzu weite und vor allen Dingen internationale Beziehungen gehören. Wir schreiben das hier nicht, um irgend jemand abzuwerten, wir möchten jedoch eine klare Grenze ziehen zwischen unseren einmal jährlich stattfindenden Kapellenwettbewerben, die dem Zweck der Nachwuchsförderung dienen, und diesen anderen auf Geschäft ausgerichteten Veranstaltungen.

Star-Club

Star-Club

veranstaltet nun seinen zweiten Kapellenwettbewerb zur Talentauswahl am

1. Dezember 1963.

Wiederum wird die Siegerband ein Engagement im Star-Club sowie Schallplattenprobeaufnahmen bei

Ariola

bekommen. Außerdem werden wir uns auch dieser Band für auswärtige Engagements fördernd annehmen.
Mitwirken können alle deutschen Rock'n-Twist-Bands. Anmeldungen für den Wettbewerb werden bis zum 22. November beim Star-Club angenommen. Die Reihenfolge, in der die Bands bei dem Wettbewerb spielen, wird ausgelost. Die Wahl der besten Band erfolgt wiederum durch Stimmzettelabgabe durch das Publikum. Anmeldungen sind zu richten an

Star-Club
Hamburg-St. Pauli
Gr. Freiheit 39

Der erste Bandwettbewerb mit **ARIOLA**

Star-Club

Das scharfe Wochenende!

Sonnabend, 30. 11.

Neue Bands aus Liverpool

Sonntag, den 1. 12.

Kapellenwettstreit

Es wirken mit
(in alphabetischer Reihenfolge)

The Bats
Big Göff and the Tigers
The Blackies
The Black Stars
The Blizzards
Broom Town Band
The Fireballs
The Flying Arrows
The Four Randers
German Bonds
The Giants
The Navachos
The Nightstorms
The Original Saints
The Outlaws
The Parkers
Peer Odys and the Giants
The Phantom Brothers
Piggy and the Jokers
The Rangers
The Rhythm Brothers
The Screamings
The Sharks
The Shot Guns
The Shooting Stars
The Spotlights
The Strings
The Sweet Berrys
The Tornados
The Yets
The Young Fellows

Einlaß 13 Uhr

Beginn der Veranstaltung 14 Uhr

Eintritt DM 2,-

Star-Club

Beat-Band-Wettbewerb

Vom 17. bis 19. Dezember findet die Vorentscheidung für die Bundesländer Hamburg und Schleswig-Holstein statt. Die drei Siegerbands treten vom 7. bis 9. Januar zur Endausscheidung gegen die Gewinner der anderen Bundesländer an, um die drei besten deutschen Beat-Bands zu ermitteln. Die Siegerband erhält außer einem Platten- und Engagementsvertrag eine Original-

Beatles-Gitarre

Das Instrument ist mit eigenhändigen Autogrammen der vier Beatles versehen und wurde früher von George Harrison benutzt.

Als weitere Trophäe für die Siegerband wurde von der Firma Musik-City, Bowlingcentre am Millerntor, die

Goldene Trixon-Trommel

gestiftet. Beide Instrumente sind bei Musik-City ausgestellt.

Folgende Bands treten zum Wettbewerb an:

Freitag, 17., 18 Uhr

The Angeloes
The Angels
Big Göff & The Tigers
Big Harty & The Cavern Cats
The Black Lords
Blue Sounds
The Buzzards
The Candies
The Churchers
Coochie Company
Crying Wolf & The All-Stars
The Devils
The Dukes
The Earls
The Faces
The Fountains
The Recents

Sbd., 18., 16 Uhr

The High Hats
The Hocks
The Jaguars
The Jinglers
Mike & The Jailbirds
The Nuggets
The Overlords
The Points
The Quartermasters
The Red Roosters
The Roaring Stags
The Screamers
Searching String
The Sect
The Sharks
The Shouts
The Swinging Mods
The Swinging Papoes
The Three Jokers
The Trossachs
The Wags
The X-Rays
Les Clochards
The Cadets

Sonntag, 19., 16 Uhr

Endausscheidung für Hamburg und Schleswig-Holstein mit den jeweiligen drei Siegerbands von Freitag und Sonnabend.

Star-Club

Hamburg, Große Freiheit 39

HEUTE, 19 Uhr
(Einlaß 18 Uhr)

GROSSER AMATEUR-WETTSTREIT MIT 29 BANDS

Wir suchen die HAMBURGER BEATLES

Es wirken mit:

THE BLACK DEVILS	HAMBURG
THE TORNADOS	BLANKENESE
THE BLIZZARDS	STADE
THE IMPERATORS	ALTONA
THE LUNIKS	RENDSBURG
THE SHARKS	HAMBURG
THE VAMPIRS	HAMBURG
THE FIREBIRDS	HAMBURG
THE SHOT GUNS	HARBURG
THE MINSTRELS	STADE
THE BEATNIKS	STADE
THE BEATHOVENS	OLDENBURG
THE HOOTAS	HAMBURG
MIGRATORYS	HAMBURG
THE LORDS	HARBURG
GERMAN BONDS	HAMBURG
THE RIVETS	HAMBURG
THE STRINGS	HAMBURG
THE SCREAMERS	HAMBURG
FOUR RENDERS	HAMBURG
PIGGY AND THE JOKERS	HAMBURG
THE KINCAIDS	HAMBURG
THE POINTS	HAMBURG
THE JAGUARS	REINFELD
THE NEW BEATNIKS	LÜBECK
THE JAGUARS	HERFORD
AVALONS	FLENSBURG
THE DEVILS	QUICKBORN
AOMON KIND	GOSLAR

Eine Sonder-Veranstaltung anläßlich der Erstaufführung des Films „YEAH, YEAH, YEAH" mit den Beatles, die bei uns ihre sensationelle Karriere begannen.

Eine Veranstaltung in Verbindung mit der UNITED ARTISTS Film

Star-Club

Hamburg-St. Pauli
Gr. Freiheit 39

Liebe Star-Club-Freunde,

an der Schwelle zum neuen Jahr möchten wir allen unseren Besuchern danken für die uns bewiesene Treue und Ihr Vertrauen. Nur durch Sie war es uns möglich, mit ständig steigendem Erfolg den von uns kreierten Musikstil weiter zu popularisieren, trotz aller vorhandenen Widerstände und zweckbestimmter Angriffe. Wir hoffen und bitten, daß Sie uns auch weiterhin die bisher bewiesene Zuneigung schenken werden und wünschen Ihnen alles Gute für das neue Jahr.

Wir möchten Ihnen nicht nur einen guten Start ins neue Jahr wünschen, sondern Ihnen einen solchen bereiten mit der Durchführung des

jährlich nur einmal veranstalteten Star-Club , Kapellenwettbewerbs 1965

Dieser unterscheidet sich von allen anderen einschlägigen Veranstaltungen anderer Unternehmen dadurch, daß er ausschließlich der Auswahl aufbaufähiger Bands sowie deren anschließender Betreuung dient. Alle bisher erfolgreichen deutschen Bands sind aus unseren früheren Wettbewerben hervorgegangen, insbesondere die einzigen Bands, die bisher in England gastieren und Anerkennung finden konnten, nämlich die Rattles, German Bonds, Four Renders und Phantom Brothers. In diesem Jahr nehmen die führenden Hamburger Bands sowie eine größere Anzahl von Kapellen teil, die jeweils in ihren Heimatstädten als Spitzenreiter gelten.

Es wirken mit

Freitag, 1. 1.

The Beatstrings	Travemünde
The Blackbirds	Hamburg
The Black Devils	Braunschweig
The Black Stones	Hamburg
The Blizzards	Lübeck
The Braces	Hamburg
Les Clochards	Hannover
The Coasters	Lübeck
The Devils	Quickborn
The Easy Beats	Kellinghusen
The Exciters	Hamburg
The Giants	Hamburg
The Hootas	Bergedorf
The Lafayettes	Hamburg
The Memphis Four	Travemünde
The Minstrels	Stade
The Mysteries	Hamburg
The Rags	Stade

Sonnabend, 2. 1.

Dietmar and the Beatboys	Berlin
The Dynamites	Stuttgart
The Jaguars	Reinfeld
The New Beatniks	Lübeck
The Original Shouts	Lübeck
The Quartermasters	Itzehoe
The Rascals	Harburg
The Revellers	Hamburg
The Shouts	Hamburg
The Stomps	Walsrode
The Tappers	Mölln
The Timids	Hamburg
The Tornado Five	Heide
The Vampires	Hamburg
The Vanguards	Itzehoe
The Wild Cats	Goslar
The Young Fellows	Hamburg

Sonntag, den 3. 1.

findet dann die

Endausscheidung

statt, an der nur die

sechs Siegerbands

beider Vortage teilnehmen.

Einlaß an allen drei Tagen 15 Uhr, Beginn 16 Uhr.

Zeitungsanzeigen für die weiteren **STAR-CLUB** Bandwettbewerbe die einmal im Jahr durchgeführt wurden.

1964

STAR-CLUB 41172/73 CT

Star-Club

THE RATTLES
THE BROOM TOWN BAND
THE FOUR RANDERS

I'm Talkin' About You (Berry)
Got To Find My Baby (Berry)
Good Golly Miss Molly (Blackwell/Marascaso)
Hippy Hippy Shake (Romero)

Im Vertrieb der Ariola-Eurodisc GmbH

KING SIZE TAYLOR 41 168/69 CT

Star-Club

KING SIZE TAYLOR
AND
THE DOMINOS

I've Been Watching You (Shuman/Westlake)
Shake, Shake, Shake (Stevensen/Adams)
Clarabella
I'm Late (Taylor)

30-cm-LP 70 950 IT	30-cm-LP 70 952 IT	30-cm-LP 70 954 IT	30-cm-LP 71 224 IT

Im Vertrieb der Ariola-Eurodisc GmbH

Diese Schallplatte ist mit jedem modernen leichten Tonabnehmer abspielbar. Die Wiedergabe von Stereo-Platten ist auch mit einem Mono-Abspielgerät möglich. Der Stereo-Effekt ergibt sich jedoch nur bei Verwendung eines Stereo-Abspielgerätes. Einstellung 45 UpM! Die Überspielung unserer Schallplatten sowie die Übertragung von Rundfunksendungen unserer Schallplatten auf Band oder Draht, auch zu privatem Gebrauch, sind verboten. Zur Vermeidung unerlaubter Überspielungen sind den Händlern Verleih, Vermietung und Auswahlsendungen nicht erlaubt · Printed in Western Germany

1964
GB

FROM STAR CLUB, HAMBURG

MONO
DFE 8568

TEENBEAT 1
featuring THE RATTLES

Every major city in Western Europe now has its own collection of beat clubs where the young set meets to 'dig' their share of the current trend in pop music. London is famed, for example, for the Marquee, the Saddle Room and the Flamingo, and Liverpool has become internationally famous in the last year for its Cavern Club. High on the list is Hamburg's Star Club, which has been a proving ground for many of the top European groups and ranks in status with the Cavern.
The Rattles are a young German group and although English is not their mother tongue they manage to weave their own interpretation out of the, to them, foreign lyrics. The emperor of the R & B scene, Chuck Berry, has two of his compositions aired – I'M TALKIN' ABOUT YOU and MEMPHIS TENNESSEE. Two more current hits also make an appearance – EVERYBODY LOVES A LOVER and MONEY – to make up the quartet of songs delivered with tremendous style and musical sensibility by this rattling-good group.

Laminated with **'Clarifoil'** *made by British Celanese Limited*

Side 1
1. Everybody Loves A Lover (Allen; Adler)
2. I'm Talkin' About You (Berry)

Side 2
1. Money (Gordy Jnr; Bradford)
2. Memphis Tennessee (Berry)

Licensed by ARIOLA EURODISC GMBH, Germany

DECCA *Regd. Trade Mark*

THE DECCA RECORD COMPANY LIMITED, LONDON, ENGLAND
© 1964, The Decca Record Company Limited, London

Cover photo: Motorcycles by courtesy of BSA Birmingham

Printed in England by MacNeill Press, London, S.E.1.

GB 1964

FROM STAR CLUB, HAMBURG

MONO
DFE 8569

TEENBEAT 2

featuring KING SIZE TAYLOR
AND THE DOMINOS

Every major city in Western Europe now has its own collection of beat clubs where the young set meets to 'dig' their share of the current trend in pop music. London is famed, for example, for the Marquee, the Saddle Room and the Flamingo, and Liverpool has become internationally known in the last year for its Cavern Club. High on the list is Hamburg's Star Club, which has been a proving ground for many of the top European groups and ranks in status with the Cavern.
King Size Taylor with the Dominos are, of course, English and follow in the footsteps of many of their countrymen in their appearances at this club. Judging by the tremendous style and force displayed by this group it doesn't look as if it will be very long before we shall see them sitting at the top of the British hit parade.

Cover photo: Motorcycles by courtesy of BSA Birmingham

Side 1
1. All Around The World (Blackwell; Millet)
2. Slippin' And Slidin' (Penniman; Bocage; Collins; Smith)

Side 2
1. You Can't Sit Down (Clark; Upchurch; Muldrow)
2. Hello Josephine (Domino; Bartholomew)

Licensed by ARIOLA EURODISC GMBH, Germany

DECCA *Regd. Trade Mark*

THE DECCA RECORD COMPANY LIMITED, LONDON, ENGLAND
© 1964. The Decca Record Company Limited, London

Laminated with **'Clarifoil'** *made by British Celanese Limited*

Printed in England by MacNeill Press, London, S.E.1.

1964

FRA

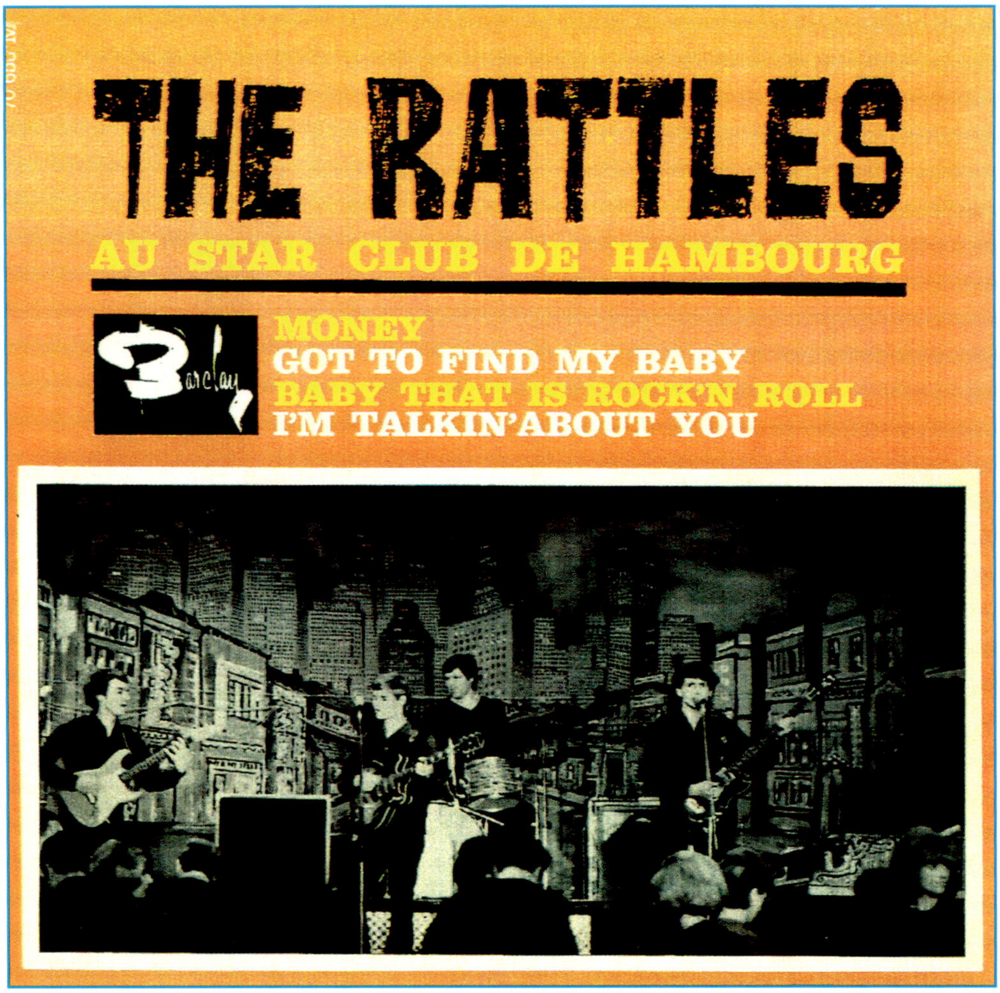

LICENCE GUTERSLOH

THE RATTLES

Au Star Club de Hambourg

45 t. EP - Medium - BARCLAY 70656

Ce disque peut faire partie de votre collection pendant des années. A chaque instant vous pouvez réécouter vos airs préférés, vous vous rappellerez ainsi le plaisir qu'il vous donne maintenant. Nous vous recommandons donc de vérifier fréquemment votre saphir et de le changer aussi souvent qu'il est nécessaire pour conserver la pureté sonore. Nettoyez la surface avec un chiffon humide, assurez-vous de la légèreté de votre pick-up ainsi que de la vitesse de votre tourne-disque.

Quatre jeunes gen. de Hambourg ont conquis l'Angleterre. Pendant que les Beatles (d'Angleterre), remplissent les colonnes des journaux dans le monde entier, un groupe Allemand célèbre son succès le plus énorme en Angleterre avec le « LIVERPOOL SOUND ».

Ce groupe, appelé « THE RATTLES », est cependant composé de quatre jeunes Allemands de Hambourg, baptisés avec l'eau de l'Elbe.

Les trois guitaristes : Achim Reichelt, Hajo Kreuzfeld et Herbert Hildebrandt.

Le drummer : Reinhard Harrach.

Avant leur entrée dans le monde artistique en tant que professionnels, ils étaient encore étudiants, sauf Herbert Hildebrandt, qui était un carrossier très habile.

Photo X

70 656
MEDIUM

45 EP
Médium

MONEY (2'36)
Gordy Jun - Bretford
GOT TO FIND MY BABY (1'46)
Chuck Berry
BABY THAT IS ROCK'N ROLL (2'22)
Leiber - Stoller
I'M TALKIN' ABOUT YOU (1'44) **70 656**
Chuck Berry

THE RATTLES

Imp. GLORY, Paris - 9-64 .Imprimé en France

MEX 1964 ESP

Diese EP ist von King Size Taylor. Allerdings ist auf dem Cover die Bobby Patrick Big Six abgebildet

LP 1964

TWIST-TIME IM STAR-CLUB HAMBURG · 1 70950

TWIST-TIME IM STAR-CLUB HAMBURG · 1

Bye Bye, Johnny (Berry)
Baby That Is Rock 'n' Roll (Leiber/Stoller)
Everybody Loves A Lover (Allen/Adler)
I'm Talkin' About You (Berry)
Brown-Eyed Handsome Man (Berry)
Got To Find My Baby (Berry)
Money (Gordy jun./Bretford)
Then She Kissed Me (Spector/Greenwich/Barry)
Sweet Little Sixteen (Berry)
Roll Over Beethoven (Berry)
Putty Your Hand (Patton/Rogers)
Memphis Tennessee (Berry)

The Rattles

Im Vertrieb der Ariola-Eurodisc GmbH

Platte nur mit staubfreiem Mikrosaphir, Auflagegewicht höchstens 8 g, abspielen. Stereoplatten nur mit Stereosaphir spielen. Einstellung 33 Up/ Die Überspielung unserer Schallplatten sowie die Übertragung von Rundfunksendungen unserer Schallplatten auf Band oder Draht, auch z privatem Gebrauch, sind verboten. Zur Vermeidung unerlaubter Überspielungen sind den Händlern Verleih, Vermietung und Auswahlsendunge nicht erlaubt · Printed in Western Germany

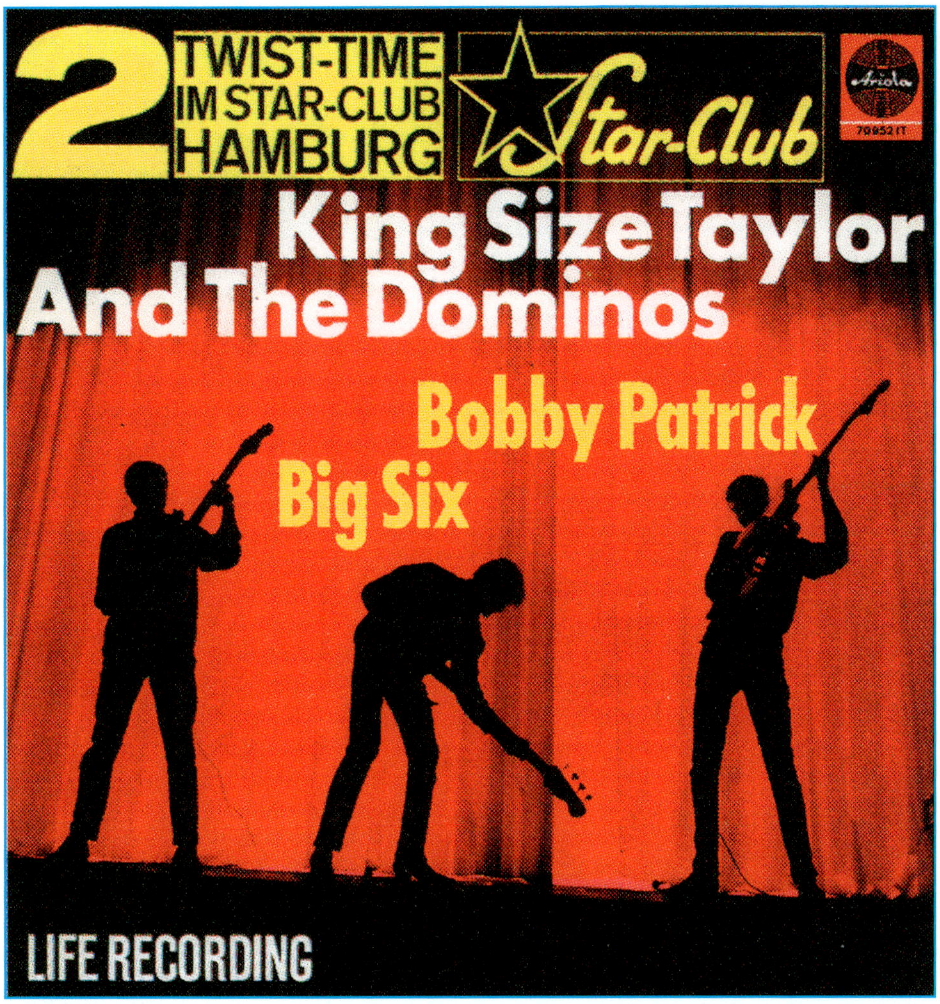

TWIST-TIME IM STAR-CLUB HAMBURG · 2 70952

TWIST-TIME IM STAR-CLUB HAMBURG · 2

All Round The World (Young)
Stupidity (Burke)
Slippin' And Slidin' (Lewis)
Unchain My Heart (Jones/James)
Bad Boy (Robinson/Gordy)
Short On Love (Rodgers/Heart)
Hello, Josephine (Domino/Bartholomew)
You Can't Sit Down (Clark/Muldrow/Upchurch/Mann)

Wilhelm Tell Twist (Rossini)
Domino Twist (Domino/Bartholomew)
Fanny Mae (Brown)
Roly Poly (Berry)
The Dog (Stevenson)
I'm In Love Again (Domino)
Green Onions (Jones/Cropper/Jackson/Steinberg)

King Size Taylor And The Dominos

Bobby Patrick Big Six

Im Vertrieb der Ariola-Eurodisc GmbH

Platte nur mit staubfreiem Mikrosaphir, Auflagegewicht höchstens 8 g, abspielen. Stereoplatten nur mit Stereosaphir spielen. Einstellung 33 Die Überspielung unserer Schallplatten sowie die Übertragung von Rundfunksendungen unserer Schallplatten auf Band oder Draht, au privatem Gebrauch, sind verboten. Zur Vermeidung unerlaubter Überspielungen sind den Händlern Verleih, Vermietung und Auswahlsendu nicht erlaubt · Printed in Western Germany

LP 1964

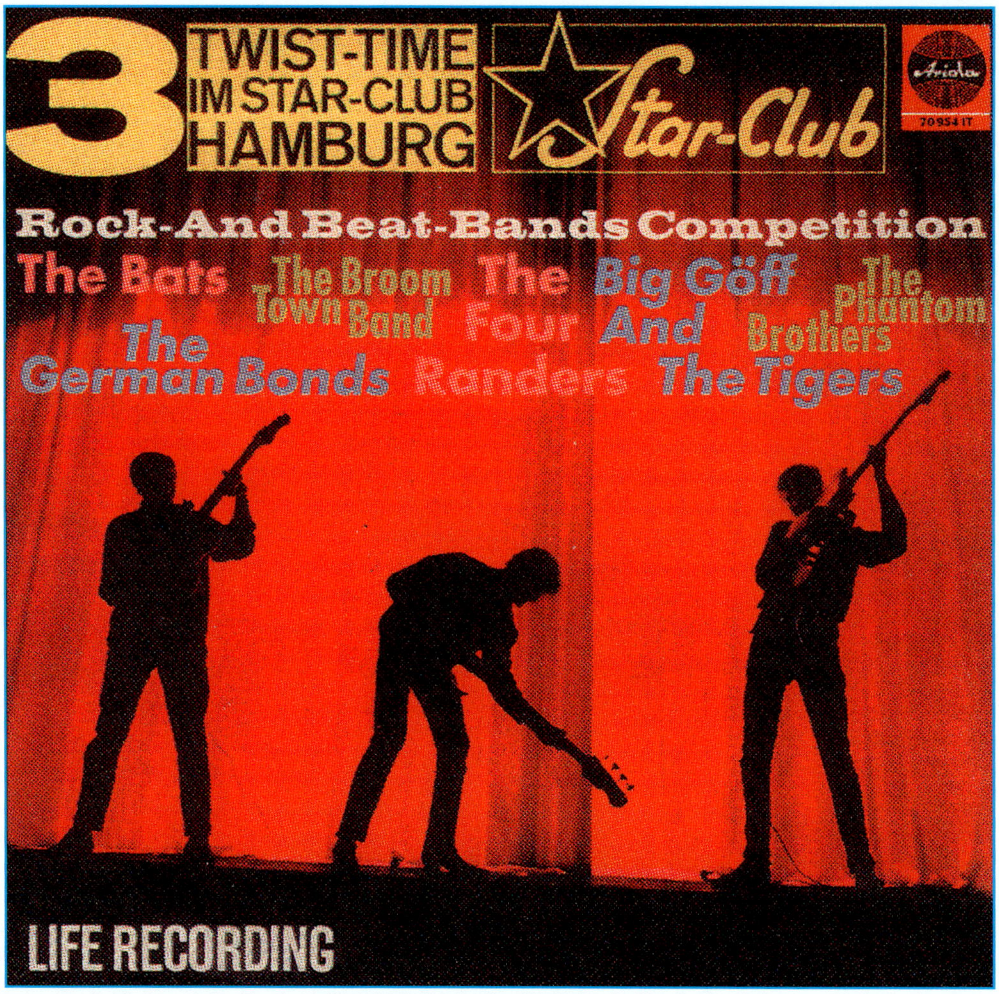

TWIST-TIME IM STAR-CLUB HAMBURG · 3 S 70 955 IT

TWIST-TIME IM STAR-CLUB HAMBURG · 3

Rock- And Beat-Bands Competition

…e Bats

Dizzy Miss Lizzy (Williams)
Farmer John (Terry/Harris)
Sweet Little Rock And Roller (Berry)

The Bats

Some Other Guy (Leiber/Stoller/Barrett)
I'm A Hock For You (Leiber/Stoller)
Sweets For My Sweet (Pomus/Shuman)

The German Bonds

…e German Bonds

Forellen-Twist
Good Golly Miss Molly (Blackwell/Marascaso)

The Broom Town Band

Go, Johnny, Go (Berry)
Beautiful Dreamer (Forster/Martin)
Hippy Hippy Shake (Romero)

The Four Randers

…e Phantom Brothers

Just Falling In Love (Peretti/Creatore/Weiss)
I'll Never Get Over You (Mills)
Mean Woman Blues (Claude/Metrois)

Big Göff And The Tigers

Oh, Carol (Berry)
Shakin' All Over (Heath)

The Phantom Brothers

…Vertrieb der Ariola-Eurodisc GmbH

Platte nur mit staubfreiem Mikrosaphir, Auflagegewicht höchstens 8 g, abspielen. Stereoplatten nur mit Stereosaphir spielen. Einstellung 33 UpM! Die Überspielung unserer Schallplatten sowie die Übertragung von Rundfunksendungen unserer Schallplatten auf Band oder Draht, auch zu privatem Gebrauch, sind verboten. Zur Vermeidung unerlaubter Überspielungen sind den Händlern Verleih, Vermietung und Auswahlsendungen nicht erlaubt · Printed in Western Germany

TWIST-TIME IM STAR-CLUB HAMBURG 4 · THE ROADRUNNERS
71 224 IT
TWIST-TIME IM Star-Club HAMBURG · 4
The Roadrunners
Rip It Up (Blackwell/Marascalco)
You Can Make It If You Try (Arr.: Roadrunners)
Little Ruby (Romero)
Baby You Don't Have To Go (Arr.: Roadrunners)
Slow Down (Arr.: Roadrunners)
That's All Right (Crudup)
Beautiful Delilah (Berry)
Long Tall Sally (Johnson)
Hoochie Koochie Man (McKinley/Morganfield)
You'd Better Move On (Arr.: Roadrunners)
Roadrunner (McDaniels)
Im Vertrieb der Ariola-Eurodisc GmbH

4
TWIST-TIME IM STAR-CLUB HAMBURG
Star-Club
Ariola
The Roadrunners
LIFE RECORDING
STEREO

Star-Club
Ariola
Time mit King Size Taylor And The Dominos
STEREO

STAR-CLUB TIME MIT KING SIZE TAYLOR
71 430/31
Star-Club Time mit King Size Taylor And The Dominos
Live-Recording
Star-Club
I've Been Watching You (Shuman/Westlake)
All Around The World (Young)
I'm Late (Taylor)
Down In The Valley (Burke/Berns)
She Said Yeah
You Make Me Happy (Curtiss)
Sherry Baby (Gaudio)
Shake, Shake, Shake (Stevensen/Adams)
Sky Boat Song (Taylor)
Golly Golly What (Shuman/Westlake)
Bad Boy (Robinson/Gordy)
Clarabella
Im Vertrieb der Ariola-Eurodisc GmbH

KING SIZE TAYLOR AND THE DOMINOS · BOBBY PATRICK BIG SIX
71 764/65 IT
King Size Taylor And The Dominos
Star-Club
Bobby Patrick Big Six
Heeby Jeebies (Jackson/Marascalco)
Oo Papa Doo (Singleton)
Wa Watussi (Kallman/Appel)
Let's Dance (Lee)
Broken Arrow (Trad.)
Lipstick, Powder And Paint (Stone)
Twistin' The Night Away (Cooke)
Let The Four Winds Blow (Bartholomew/Domino)
Hello (Ortwein/Sondhof)
African Waltz (Trad.)
Your Cheatin' Heart (Williams)
New Orleans (Dusley)
Im Vertrieb der Ariola-Eurodisc GmbH

King
liverpool beat
Size Taylor
Star-Club
And The Dominos
Bobby Patrick Big Six

LP 1964

ROCK AND BEAT IM STAR-CLUB HAMBURG | P 1

The Rattles | The Bats

ROCK AND BEAT IM STAR-CLUB HAMBURG

The Rattles
Bye Bye Johnny (Berry)
Everybody Loves A Lover (Allen/Adler)

King Size Taylor And The Dominos
Unchain My Heart (Jones/James)
Stupidity (Burke)

The Four Randers
Beautiful Dreamer (Forster/Martin)
Hippy Hippy Shake (Romero)

The Rattles
Memphis Tennessee (Berry)
Roll Over Beethoven (Berry)

Bobby Patrick Big Six
Wilhelm Tell Twist (Rossini)
Roly Poly (Berry)

The Bats
Dizzy Miss Lizzy (Williams)
Farmer John (Terry/Harris)

The Roadrunners
Beautiful Deliah (Berry)
Roadrunner (McDaniels)

The Rattles
Sweet Little Sixteen (Berry)
Mashed Potatoes (Dessy-Rozier)

King Size Taylor And The Dominos | Bobby Patrick Big Six

Ariola-Sonderauflage

Diese Schallplatte ist mit jedem modernen leichten Tonabnehmer abspielbar. Die Wiedergabe von Stereo-Platten ist auch mit einem Mono-Abspi gerät möglich. Der Stereo-Effekt ergibt sich jedoch nur bei Verwendung eines Stereo-Abspielgerätes. Einstellung 33 UpM! Die Überspielung unser Schallplatten sowie die Übertragung von Rundfunksendungen unserer Schallplatten auf Band oder Draht, auch zu privatem Gebrauch, sind verbote Zur Vermeidung unerlaubter Überspielungen sind den Händlern Verleih, Vermietung und Auswahlsendungen nicht erlaubt · Printed in Weste Germany

1964 Deutschland

1964 Deutschland

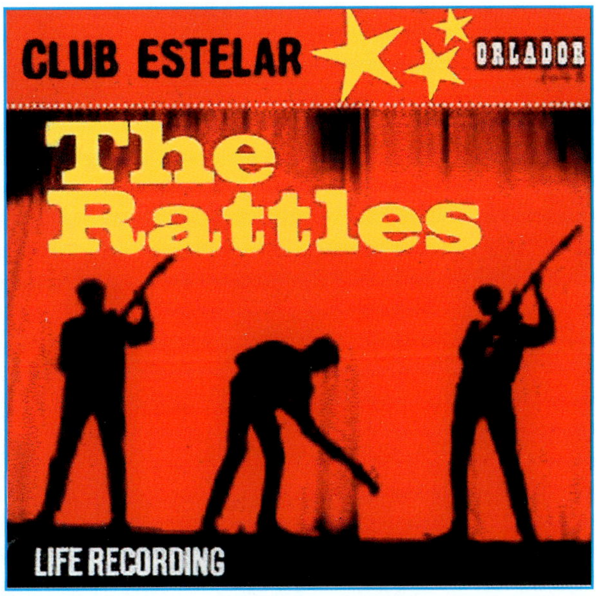

1964 Spanien

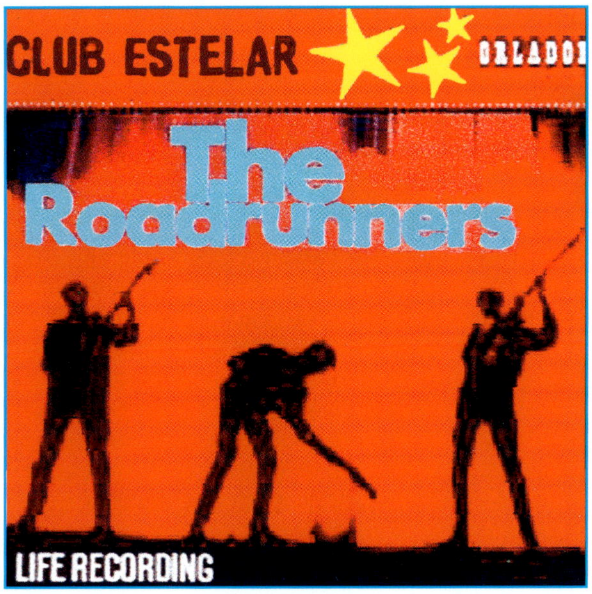

1964 Spanien

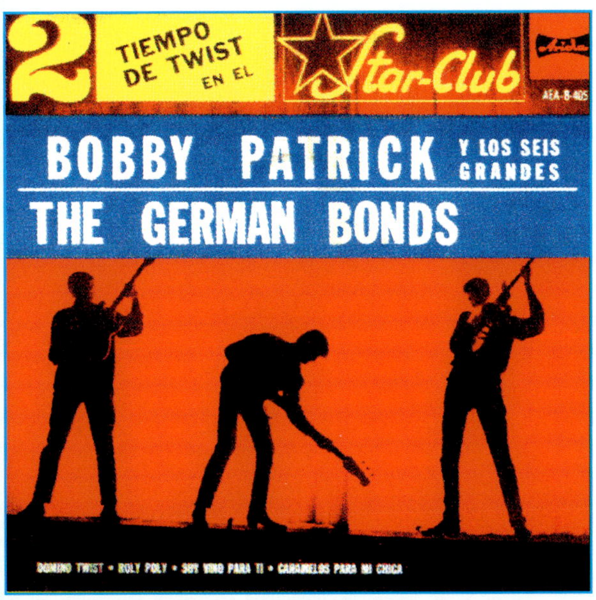

1964 Mexico

1964 Mexico

Der Eingang des **STAR-CLUB HAMBURG** auf dem Höhepunkt der Beat-Ära

Gene ist da!!!

ab heute

Star-Club

Hamburg-St. Pauli, Große Freiheit 39

Gene Vincent

and Sound Inc.

außerdem heute letzter Tag

Wee Willie Harris

Eintritt 1,– DM

STAR-Club - Hamburg - ROCK N'TWIST-ZENTRALE

STAR-Club-Hamburg-ROCKN'TWIST

TWIST-ZENTRALE-STAR-CLUB

ROCKN'-TWIST-FESTIVAL 62

GENE VINCENT King of Rock 61 in USA

Davy Jones, Tony Sheridan, The Bachelors
Tanya Day, Roy Young, Tex Roberg
und den Rock- und Twist-Bands:
The Beatles, The Graduates, Gerry and The Pacemakers
The Starliners, Roy and Tony's Star Inc.

vom 28. Mai bis 11. Juni 1962
mit Welt-Star-Besetzung

Star-Club

Hamburg-St. Pauli, Große Freiheit 39
– Unveränderte Preise –

Treffpunkt der Rock'n Twist-Weltelite

Nur noch heute und Sonnabend, den 8. 12.

Emile Ford and the Checkmates

Wegen Erkrankung d. Stars

Jerry Lee Lewis

wird dessen Gastspiel erst Anfang 1963 stattfinden.

Star-Club
Große Freiheit 39

Star-Club

Hamburg-St.-Pauli, Große Freiheit 39

Heute letzter Tag

Jerry Lee Lewis

Eintritt frei!!

Von 18 bis 19 Uhr gibt Jerry Lee Lewis
eine Autogrammstunde bei Radio Wilke
am Nobistor

100 000 Mark für Bill Haley!

Ab Montag 14 Tage in Hamburg

Jetzt Twist-Star: Bill Haley

Von H. FLESNER

Hamburg, 22. Sept.

Das ist Anpassungsvermögen: Bill Haley, der „Vater des Rock'n'Roll", gastiert ab Montag als Twist-Star in Hamburg! Zwei Wochen lang wird er mit seinen „Comets" im „Star-Club" auf der Großen Freiheit in die Saiten seiner Gitarre greifen — und er kassiert dafür einen stolzen Preis: Bill und seine sechs Musikanten kassieren für die 14 Tage die Kleinigkeit von 100 000 Mark!

Das ist, nüchtern betrachtet, genau fünfmal soviel wie der Sachschaden (20 000 DM), den entfesselte Halbstarke vor genau vier Jahren in „Planten un Blomen" anläßlich des ersten Hamburger Haley-Konzerts anrichteten. Nur mit Mühe konnte damals unter Einsatz von berittener Polizei und Tränengas die Ruhe wiederhergestellt werden.

Wahrscheinlich wird es diesmal gesitteter zugehen. Die „Lederjacken" von damals sind inzwischen brave Bundeswehrsoldaten geworden. Und die Halbstarken wachsen offensichtlich nicht nach.

Für Fans: Bill Haley, der soeben in südwestdeutschen US-Clubs gespielt hat, wird Montag mittag auf dem Hamburger Hauptbahnhof erwartet.

Die Rockn' Twist-Zentrale Hamburgs

Star-Club

Hamburg-St. Pauli

präsentiert

vom 24. Sept. bis 7. Okt. 1962

Bill Haley

and his Comets

DM 2,–

BILL HALEY

and his Comets spielen im Star-Club

Hamburg-St. Pauli

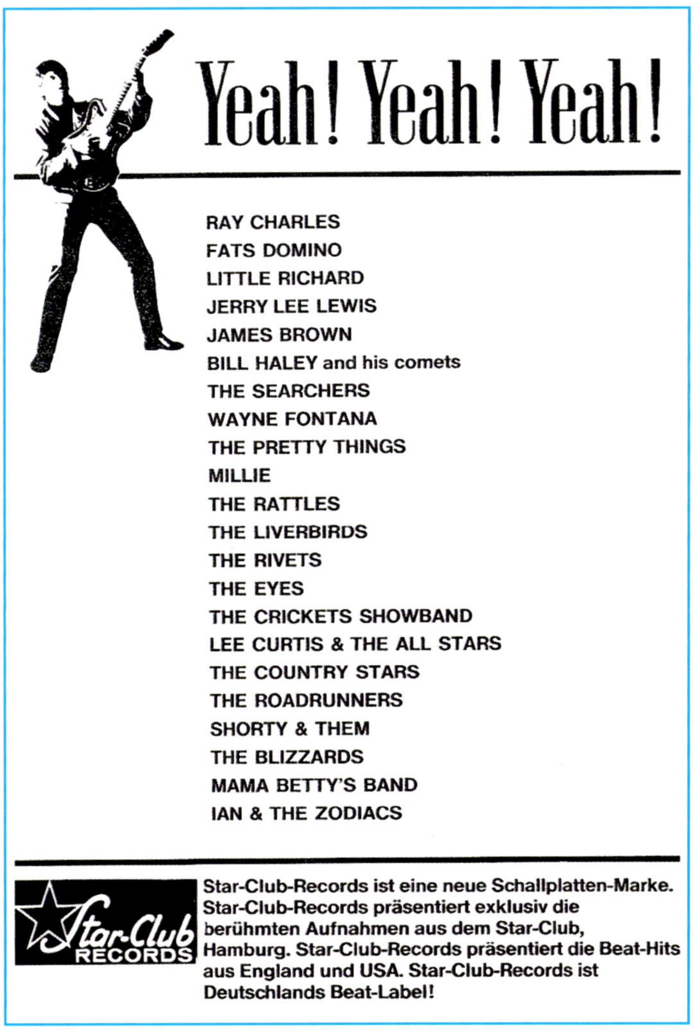

DIE WERBUNG FÜR DAS NEUE LABEL, DAS SPÄTER ZUR LEGENDE WERDEN SOLLTE...

Star-Club RECORDS
THE SEARCHERS

Star-Club
148 500 STF
THE SEARCHERS
I SURE KNOW
A LOT ABOUT LOVE
DON´T YOU KNOW

Star-Club RECORDS
LITTLE RICHARD

Star-Club
148 501 STF
LITTLE RICHARD
WHOLE LOTTA
SHAKIN´ GOIN´ ON
GOODNIGHT IRENE

Star-Club RECORDS
THE RATTLES

Star-Club
148 502 STF
THE RATTLES
GEH ZU IHM
BYE, BYE BABY

Star-Club RECORDS
THE RATTLES

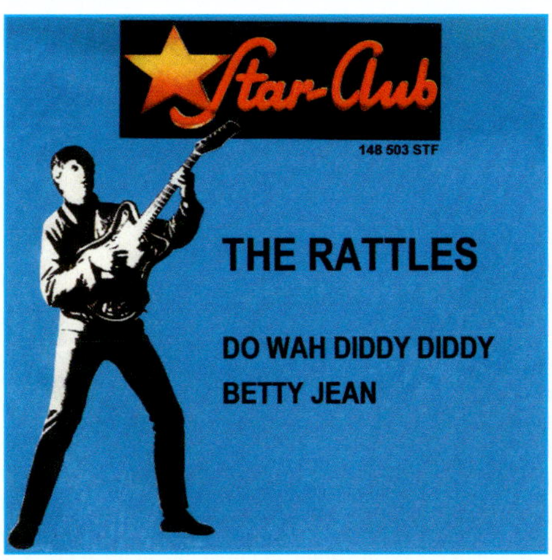
Star-Club
148 503 STF
THE RATTLES
DO WAH DIDDY DIDDY
BETTY JEAN

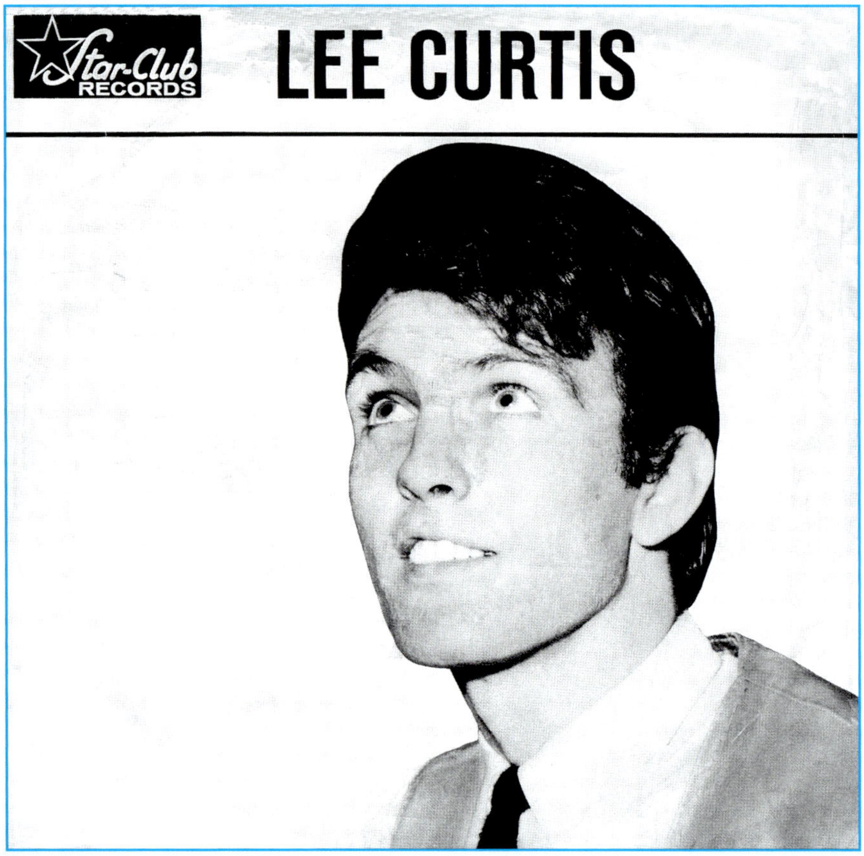
Star-Club RECORDS
LEE CURTIS

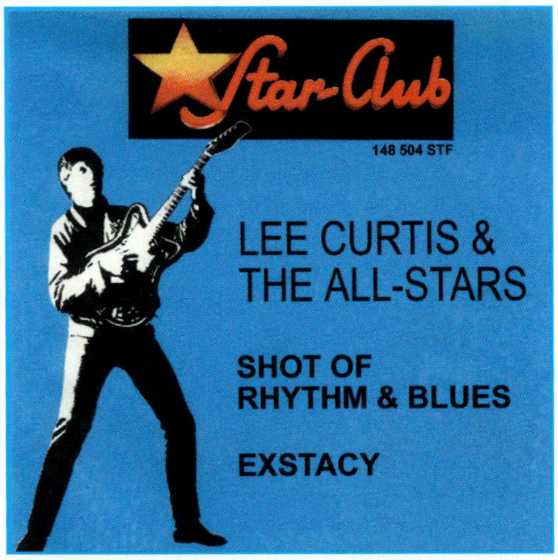
Star-Club
148 504 STF
LEE CURTIS &
THE ALL-STARS
SHOT OF
RHYTHM & BLUES
EXSTACY

Star-Club RECORDS
FATS DOMINO

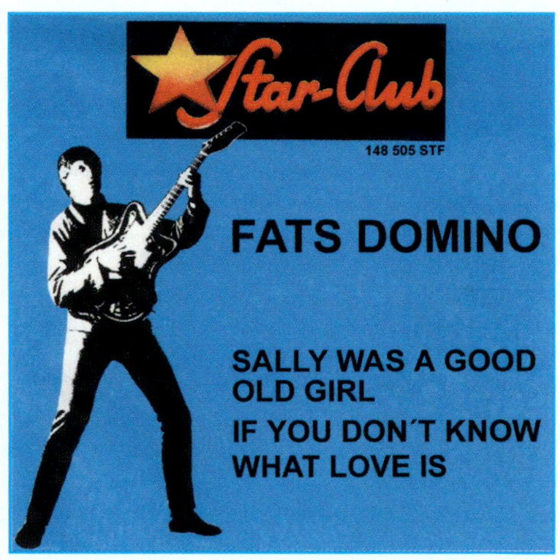
Star-Club
148 505 STF
FATS DOMINO
SALLY WAS A GOOD
OLD GIRL
IF YOU DON´T KNOW
WHAT LOVE IS

Star-Club RECORDS
JAMES BROWN

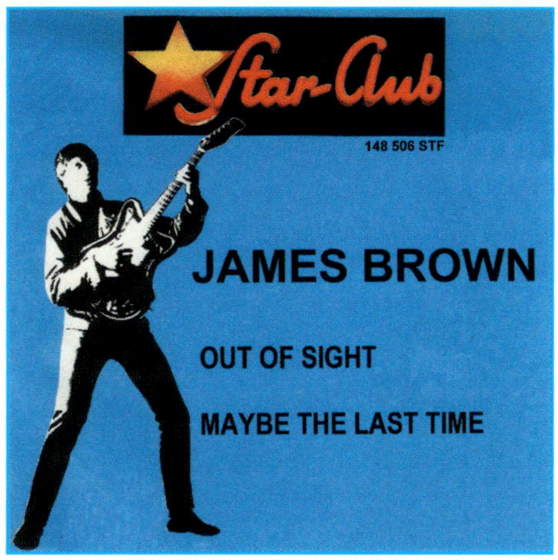
Star-Club
148 506 STF
JAMES BROWN
OUT OF SIGHT
MAYBE THE LAST TIME

Star-Club RECORDS
JERRY LEE LEWIS
& THE NASHVILLE TEENS

Star-Club
148 507 STF
JERRY LEE LEWIS
& THE NASHVILLE TEENS
HIGH SCHOOL CONFIDENTIAL
LEWIS´ BOOGIE

Star-Club
RECORDS
THE LIVERBIRDS

Star-Club
148 508 STF
THE LIVERBIRDS
SHOP AROUND
IT´S GOT
TO BE YOU

Star-Club
RECORDS
JERRY LEE LEWIS

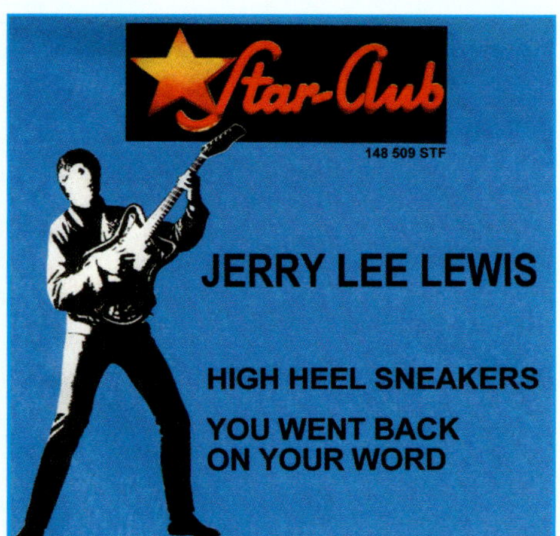
Star-Club
148 509 STF
JERRY LEE LEWIS
HIGH HEEL SNEAKERS
YOU WENT BACK
ON YOUR WORD

Twens und Teenager rasten: Die „Searchers" in Hamburg

„Tausend Nadelstiche" versetzten am Wochenende 3096 Teenager und Twens im Hamburger Star-Club auf der Großen Freiheit in Raserei: „The Searchers" — vier ehe-

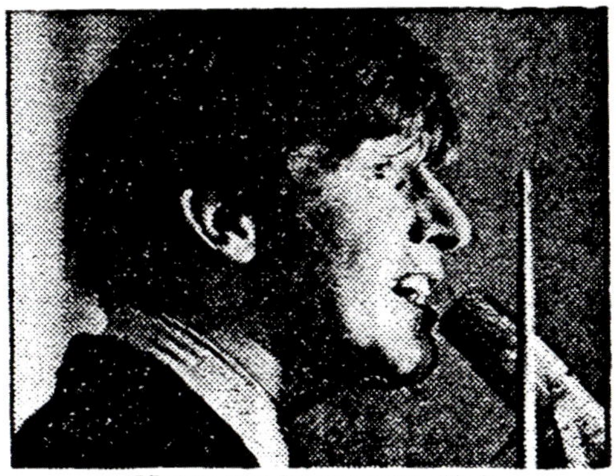

Sänger und Schlagzeuger Chris

malige junge Kohlentrimmer aus Liverpool und heute die schärfste Konkurrenz der vielzitierten „Beatles" — brachten mit ihrem größten Twist-Platten-Erfolg „Tausend Nadelstiche" den Star-Club zum Überkochen.

Mit drei Gitarren und einem Schlagzeug produzierten Mike, Toni, Chris und John jenen Twist-Radau, der — wie das Foto oben beweist — auch der Hamburger Jugend unter die Haut geht.

Nach ihrem Auftritt in der Hansestadt reisten die vier jungen Männer nach Berlin

Genau wie die „Beatles" hatten auch die „Searchers" ihre Karriere im Hamburger Star-Club begonnen. Die „Beatles" werden wahrscheinlich in diesem Frühjahr ebenfalls nach Deutschland kommen. Hamburg steht bisher jedoch nicht auf ihrem Programm tc/to

THE SEARCHERS spielen im Star-Club Hamburg-St. Pauli

Rückschau

Im Star-Club spielten (13. 4. 1962 bis 31. 8. 1963)

		Tage
The Beatles	Liverpool	79
Gerry and the Pacemakers	Liverpool	105
Tanya Day	Clifton	42
The Starliners	Birmingham	30
Davy Jones	USA	126
Gene Vincent	USA	42
The Bachelors	London	84
The Graduates	London	70
The Jaybirds	Birmingham	30
Buddy Britten and the Regents	Clifton	31
The Big Three	Liverpool	72
Cliff Bennett and the Rebell Rousers	London	144
Tex Roberg	Südafrik. Union	70
The Undertakers	Liverpool	140
Johnnie Kidd and the Pirates	London	42
The Strangers	Liverpool	122
King Size Taylor and the Dominos	Liverpool	332
Sound Inc	London	58
The Swinging Bluegenes	Liverpool	31
Bill Haley and the Comets	USA	28
The Statesmen	Manchester	61
The Searchers	Liverpool	126
Little Richard	USA	14
Fats Domino	USA	1
Emile Ford	London	42
The Original Checkmates	London	31
Bobby Patrick Big Six	London	30
Johnnie and the Hurricanes	USA	19
Carol Elvin	London	45
Vince Taylor and the Playboys	London (Paris)	21
Joey Dee and the Starliters	USA	14
Tony Sheridan and the Beat Brothers	London	394
Wee Willie Harris	London	31
Billy J. Kramer and the Dakotas	Liverpool	31
The Rattles	Hamburg	154
Peter Nelson and the Travellers	London	31
Cliff Adams and the Twilights	London	30
Lee Curtis and the All Stars	Liverpool	31
Johnnie Milton and the Condors	London	28
Jerry Lee Lewis	USA	8
The Outlaws	London	21
Screaming Lord Sutch	London	31
The Savages	London	31
Bern Elliott and the Fenmen	London	42
The Flintstones	London	31
Jimmy Justice and the Exheckers	London	8
Chubby Checker	USA	2
Brenda Lee	USA	1
Red Price Combo	London	2
Ray Charles and his Orchestra	USA	1
The Raylettes	USA	1
Tommy Roe	USA	4
Fats and his Cats	Frankfurt	63
Jerry Williams and the Violents	Stockholm	1
Dava Dacosta and his Strollers	London	1
Bo Diddley with Duchess and Jerome	USA	3
David and the Embers	London	31
Rikki Allen Trio	London	31
The Everly Brothers	USA	2
The Kricketts	USA	2
Barry St. John	London	31

Vorschau

Im Star-Club werden spielen:

King Size Taylor and the Dominos	1. 9. 63 — 31. 10. 63
Emile Ford and Bobby Patrick Big Six	1. 9. 63 — 9. 9. 63
Barry St. John	1. 9. 63 — 9. 9. 63
Mark Peters and the Silhouttes	1. 9. 63 — 30. 9. 63
The Rattles	1. 9. 63 — 25. 9. 63
Tony Sheridan and the Beat Brothers	10. 9. 63 — 19. 10. 63
Gene Vincent	8. 9. 63 — 13. 9. 63
The Outlaws	8. 9. 63 — 13. 9. 63
Cliff Bennett and the Rebell Rousers	10. 9. 63 — 9. 10. 63
Bo Diddley with Duchess and Jerome	20. 9. 63 — 21. 9. 63
The Everly Brothers	27. 9. 63 — 28. 9. 63
Steve Aldo and the Challengers	1. 10. 63 — 31. 10. 63
Rory Storm and the Hurricanes	10. 10. 63 — 10. 11. 63
Freddie Starr and the Midnighters	19. 10. 63 — 20. 11. 63
Buddy Britten and the Regents	1. 11. 63 — 30. 11. 63
The Rattles	1. 11. 63 — 30. 11. 63
The three Bells	20. 10. 63 — 10. 11. 63
Duane Eddy	1. 11. 63 — 3. 11. 63
Chuck Berry	8. 11. 63 — 9. 11. 63
The Topspots with Rikky Gleason	9. 11. 63 — 9. 12. 63
The Kubas	20. 11. 63 — 22. 12. 63
Dee Dee Sharp	22. 11. 63 — 23. 11. 63
Gerry U. S. Bonds	30. 11. 63 — 7. 12. 63
The Escorts	30. 11. 63 — 1. 1. 64
Lee Curtis and the All-Stars	30. 11. 63 — 31. 12. 63
Beryl Marsden	30. 11. 63 — 31. 12. 63
Roy and the Dions	7. 12. 63 — 5. 1. 64
Joe Brown and his Bruvvers	14. 12. 63 — 15. 12. 63
The Roadrunners	20. 12. 63 — 20. 1. 64
Johnny Kidd and the Pirates	25. 12. 63 — 7. 1. 64
Fats and his Cats	15. 1. 64 — 31. 1. 64
Farons Flamingos	4. 1. 64 — 2. 2. 64
The Beatcombers	10. 1. 64 — 10. 2. 64
The Tornados	11. 1. 64 — 16. 1. 64
The Mojos	18. 1. 64 — 19. 2. 64
The Cyclons	1. 2. 64 — 1. 3. 64
The Detours	8. 2. 64 — 8. 3. 64
The four Cleffs	20. 2. 64 — 20. 3. 64
Carl Terry and the Cruisers	10. 3. 64 — 9. 4. 64
The Incas	1. 4. 64 — 4. 5. 64
Ian and the Codiacs	16. 5. 64 — 30. 5. 64

Außerdem spielen zusätzlich, je nach Bedarf, während dieses Zeitraumes Tony Sheridan and the Beat Brothers, The Rattles, sowie King Size Taylor and the Dominos.

Diese drei Bands sind für unser Haus als Tournee-Bands engagiert und spielen zwischen den jeweiligen Gastspielen an anderen Plätzen in unserem Club.

Die obige Liste wird von uns durch laufende Neuengagements vervollständigt.

Bitte informieren Sie sich!

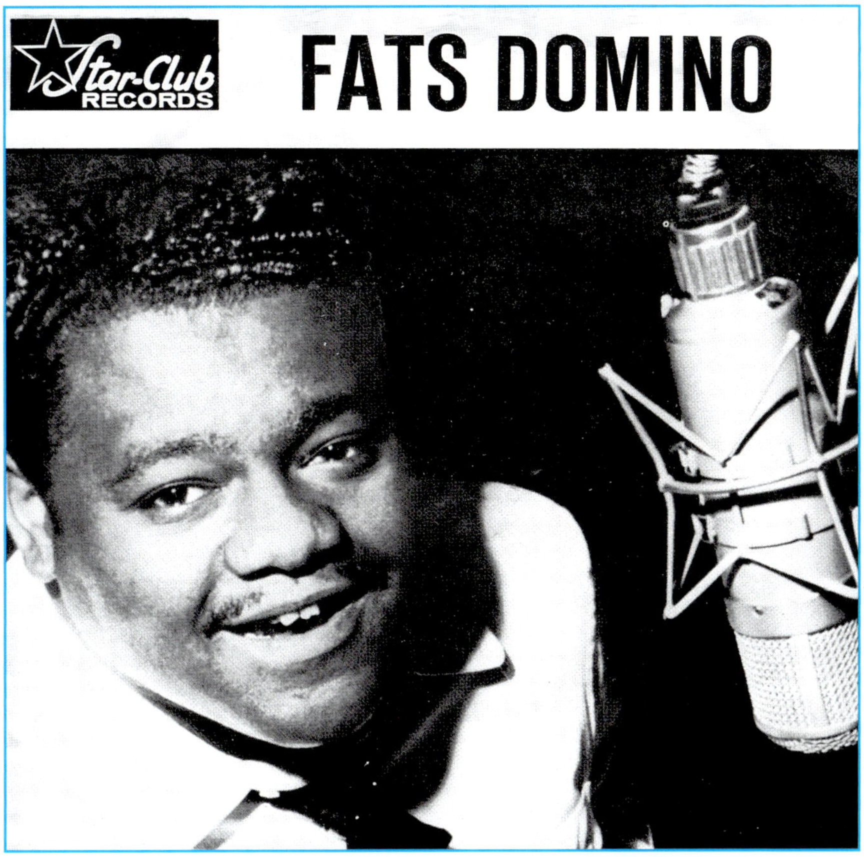
Star-Club
RECORDS
FATS DOMINO

Star-Club
148 510 STF
FATS DOMINO
HEARTBREAK HILL
KANSAS CITY

Star-Club
RECORDS
MILLIE

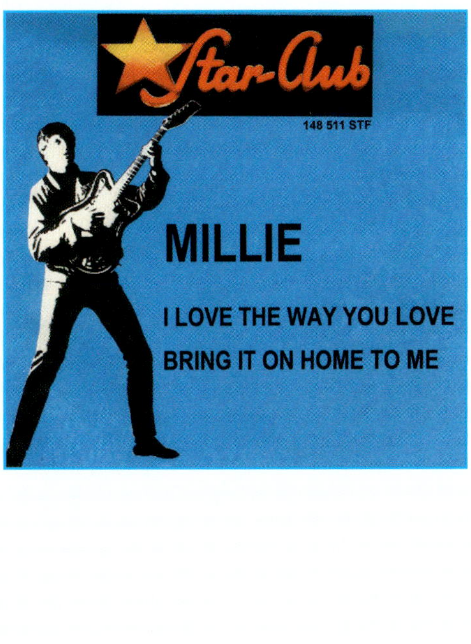
Star-Club
148 511 STF
MILLIE
I LOVE THE WAY YOU LOVE
BRING IT ON HOME TO ME

Star-Club RECORDS
THE RATTLES

Star-Club
148 512 STF
THE RATTLES
SHAME, SHAME, SHAME
SOMEONE WHO
IS JUST LIKE YOU

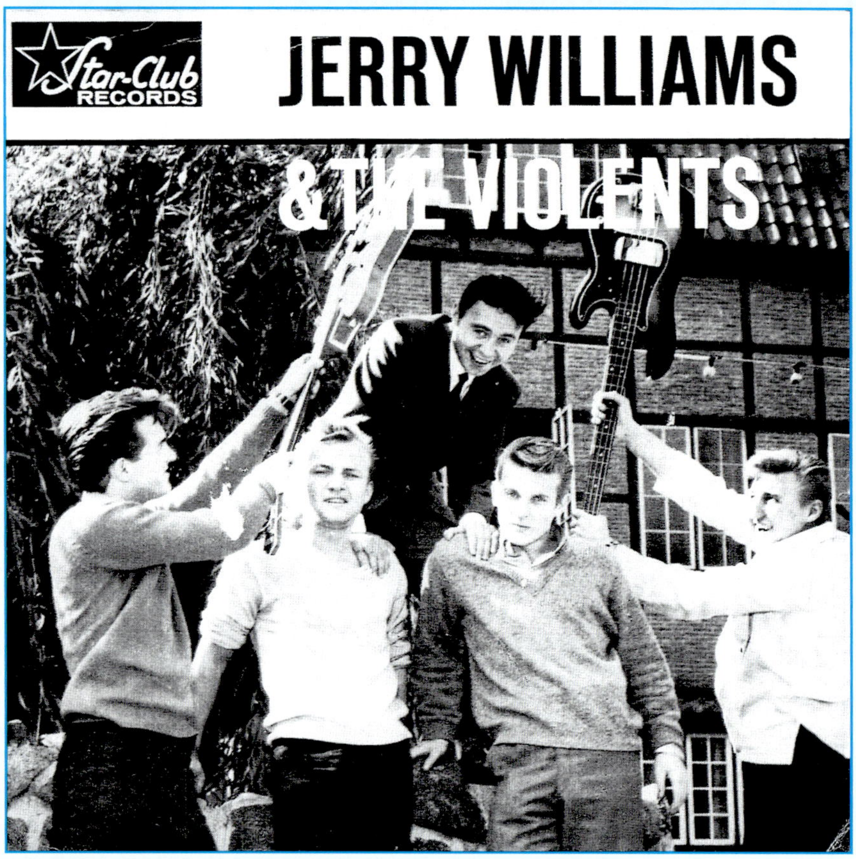
Star-Club RECORDS
JERRY WILLIAMS
& THE VIOLENTS

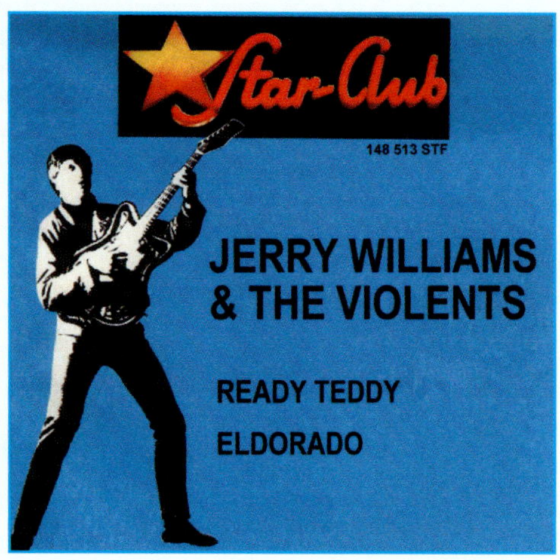
Star-Club
148 513 STF
JERRY WILLIAMS
& THE VIOLENTS
READY TEDDY
ELDORADO

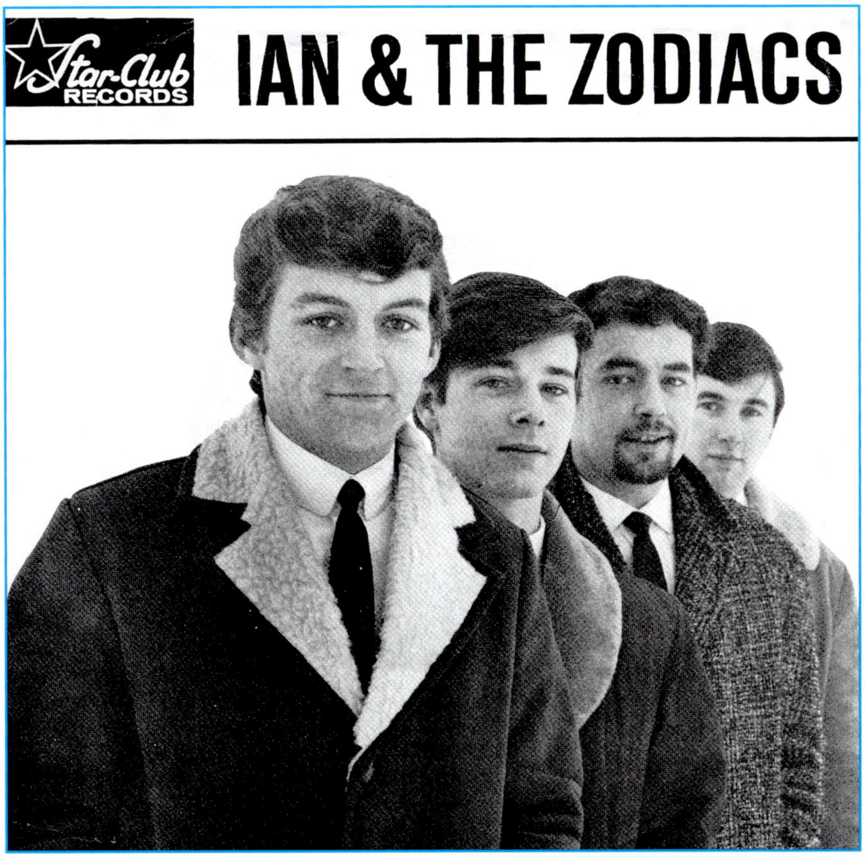
Star-Club
RECORDS
IAN & THE ZODIACS

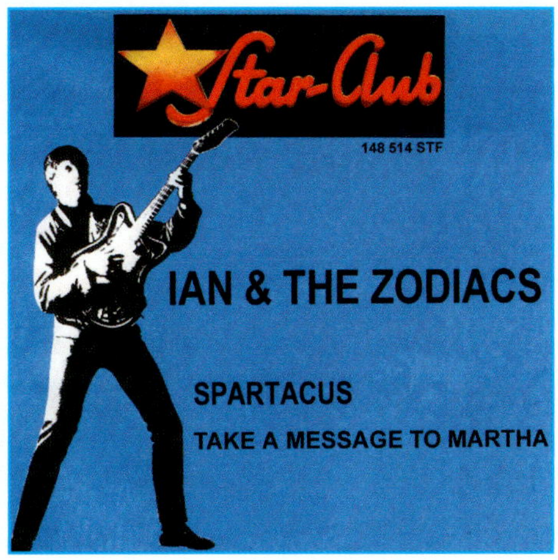
Star-Club
148 514 STF
IAN & THE ZODIACS
SPARTACUS
TAKE A MESSAGE TO MARTHA

Star-Club
RECORDS
MICHAEL & THE
FIREBIRDS

Star-Club
148 515 STF
MICHAEL & THE
FIREBIRDS
LASS SIE GEHN
(SHE´S NOT THERE)
MAKE ME HAPPY

Star-Club RECORDS
THE BLIZZARDS

Star-Club
148 516 STF
THE BLIZZARDS
ISABELL
VIEL ZU SCHÖN

Star-Club RECORDS
MAMA BETTY'S BAND

Star-Club
148 517 STF
MAMA BETTY´S BAND
DIE LIEBESMEDIZIN
(LOVE POTION NR. 9)
WIE JOHN, PAUL, GEORGE UND RINGO
Deutsche Originalaufnahmen

Star-Club
RECORDS
THE RIVETS

Star-Club
148 518 STF
THE RIVETS
NOW DECIDE
LUCILLE

Star-Club
RECORDS
THE EYES

Star-Club
148 519 STF
THE EYES
SHE
PEANUT BUTTER

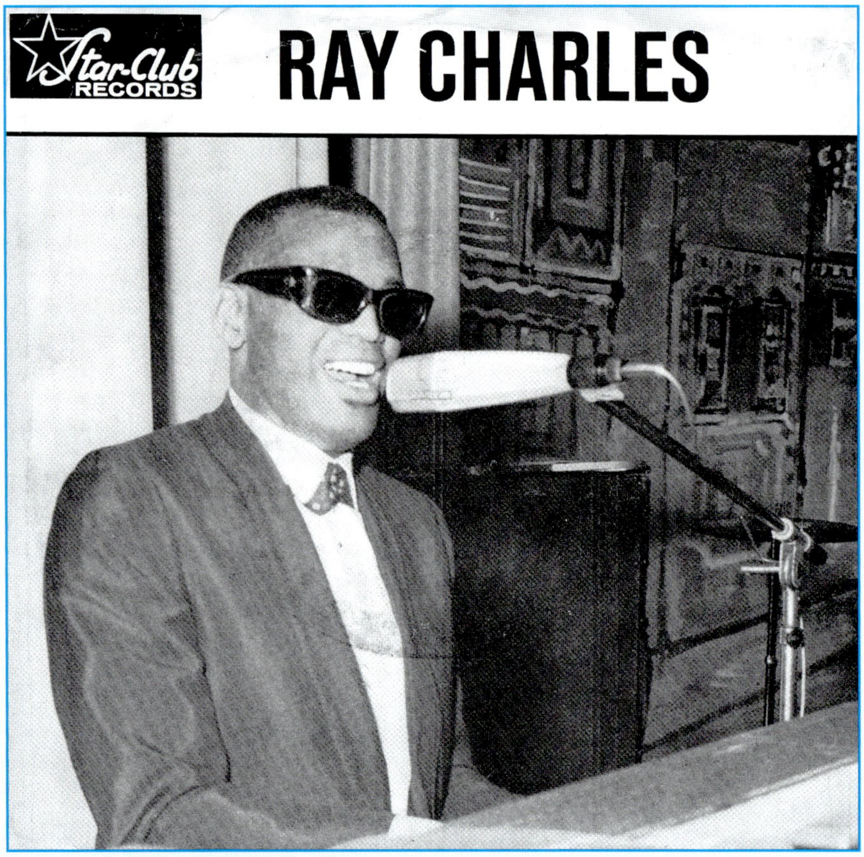
Star-Club RECORDS
RAY CHARLES

Star-Club
148 520 STF
RAY CHARLES
„LIVE"
MAKIN´ WHOOPEE (vocal)
MAKIN´ WHOOPEE (instrumental)

Star-Club RECORDS
THE CRICKETS
SHOW BAND

Star-Club
148 521 STF
THE CRICKETS
SHOW BAND
MONKEY TIME
YOU´RE NO GOOD

JOHNNY PARIS
RAY CHARLES

Star-Club

Johnny and the Hurricanes
Weltstar-Band aus USA
The Beatels – The Strangers
King Size Taylor and the Dominos
Tony Sheridan with Star-Combo
Carol Elvin
Teenager-Star aus London
Hbg.-St. Pauli, Gr. Freiheit 39
An beiden Feiertagen
Beginn 4 Uhr nachm.

Die Sternstunde
eines neuen Tanzes
Mashed Potatoes
ist der letzte Heuler in USA!!
Johnny and the Hurricanes
brachten ihn mit.
Star-Club
Täglich 5 Weltklasse-Bands
Johnny and the Hurricanes, The Beatles, The Strangers, King Size Taylor, Tony Sheridan with Star Combo and Girl — Singer Carol Elvin
Hamburg-St. Pauli • Gr. Freiheit 39

JOHNNY PARIS
Johnny and The Hurricanes spielen im Star-Club
Hamburg-St. Pauli

Star-Club
Hamburg-St.-Pauli, Große Freiheit 39

The biggest Weekend

Freitag, den 10. Mai
Ray Charles
and his Big-Band
sowie 6 Weltklasse-Bands
Kartenvorverkauf ab 14 Uhr
Einlaß 18 Uhr
Eintritt DM 20,–

Sonnabend, den 11. Mai
Einmaliges Gastspiel der
Comet Rock'Dancing-Show
aus Berlin mit
The Twangy Gang and
the Singing Strings
8 Bands

Sonntag, den 12. Mai
Rock u. Twist-Tanz Städtekampf Hamburg - Berlin
8 Bands
Einlaß 14 Uhr, Beginn 16 Uhr

Montag, den 13. Mai
Jerry Lee Lewis
Beginn des einwöchigen
GASTSPIELS
Außerdem
täglich 5 Spitzenbands
Eintritt DM 3,–

THE BEATLES

Star-Club
Hamburg, Große Freiheit 39
Die Wiege der Beatles
bringt die
Welturaufführung der ersten deutschen Originalaufnahme der Beatles
am 5. 3. 1964
THE BEATLES RECORD PARTY
SIE HÖREN DIE ERSTE
BEATLES-AUFNAHME IN DEUTSCH
UND ANDERE BEATLES-PLATTEN
Zu gewinnen:
100mal die deutsche Beatles-Schallplatte
100 BEATLES SOUVENIRS
einmalig am 5. 3. 1964

Star-Club
Hamburg, Große Freiheit 39
und **UNITED ARTISTS** Film
SUCHEN
anläßlich der Deutschen Erstaufführung des mit Spannung erwarteten Beatle-Films
„YEAH, YEAH, YEAH"
DIE HAMBURGER BEATLES

In einem großen Amateur-Band-Wettstreit am Freitag, 24. Juli 1964, 19.00 Uhr

1. PREIS: DM 500,–
sowie Teilnahme an der Endausscheldung in einer großen „Bravo"-Publikums-Show
ferner: ein Schallplattenvertrag und ein Agentur-Engagement!

Teilnahmeberechtigt sind nur Amateur-Bands! Frühzeitige Anmeldung bei der Direktion erbeten!

Star-Club
Hamburg-St.-Pauli
Gr. Freiheit 39
SONNTAG, 6. Sept. 64

16.00 Uhr
Einlaß 15.00 Uhr

Die mit Spannung erwartete
DEUTSCHE ENDAUSSCHEIDUNG
des großen Amateur-Band-Wettbewerbs
Wir suchen die „DEUTSCHEN BEATLES"
mit den Bundes-Siegern der Vorentscheidungen.
Es treffen aufeinander:

THE RIVETS (Hamburg)
THE LORDS (Berlin)
THE KRAUTS (Frankfurt/M.)
THE GERMANS (Bremen)
THE MINSTRELLS (Stade)
THE TORNADOS (Hamburg)
THE ECHOES (Frankfurt/M.)

1. Preis: 1000,– DM
sowie Schallplatten- und Agentur-Vertrag
2. Preis: 500,– DM
Preisverteilung durch TONY SHERIDAN

Eine Sonderveranstaltung in Verbindung mit der UNITED ARTISTS Film
und der Illustrierten BRAVO

Heute!
Star-Club
Hamburg, Große Freiheit 39
Weltpremiere
der ersten deutschen Schallplatte der
Beatles
200 der deutschen Premierenplatte sowie 100 Beatles Souvenirs werden verlost. ● Wir bitten, zur Verlosung die Eintrittskarten aufzubewahren.
Eintritt DM 1,–

THE RATTLES
148 522 STF
Star-Club RECORDS
LA LA LA
THERE GOES MY HEART AGAIN

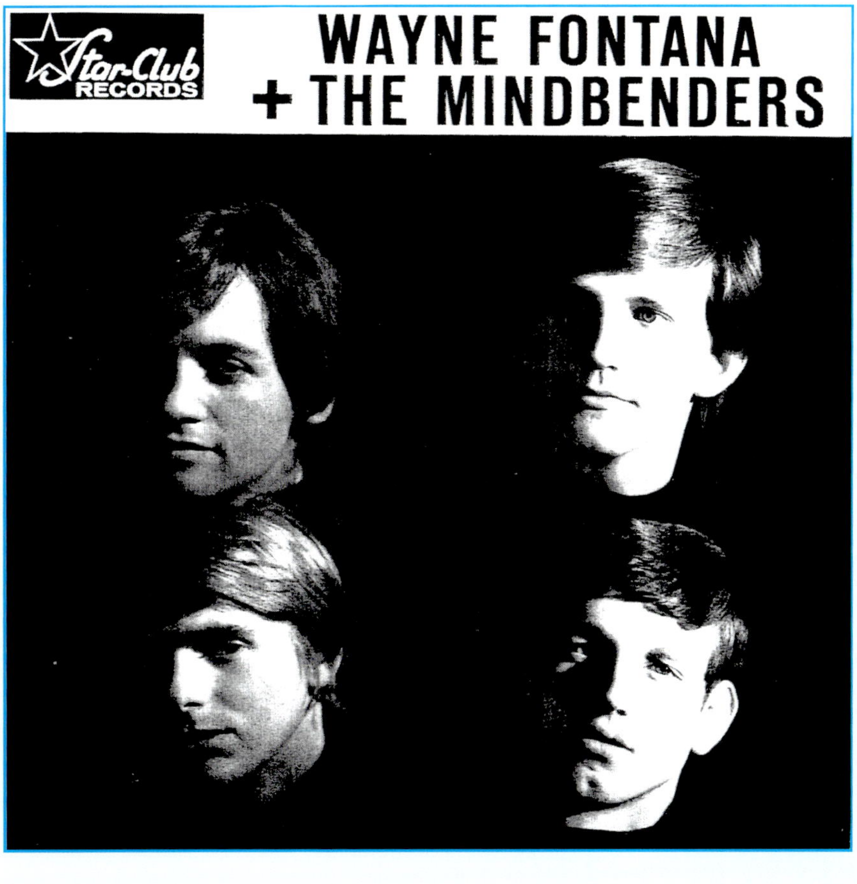
Star-Club RECORDS
WAYNE FONTANA
+ THE MINDBENDERS

Star-Club
148 523 STF
WAYNE FONTANA
+ THE MINDBENDERS
GAME OF LOVE
SINCE YOU BEEN GONE

1965

Star-Club
RECORDS
THE PRETTY THINGS

Star-Club
148 524 STF
THE PRETTY THINGS
HONEY I NEED
I CAN NEVER SAY

Star-Club
RECORDS
LITTLE RICHARD

Star-Club
148 525 STF
LITTLE RICHARD
IT AIN´T WHATCHA DO
BLUEBERRY HILL

Star-Club
RECORDS
THE LIVERBIRDS

Star-Club
148 526 STF
THE LIVERBIRDS
DIDDLEY DADDY
LEAVE ALL YOUR LOVES
IN THE PAST

Star-Club
RECORDS
THE MAGGOTS

Star-Club
148 527 STF
THE MAGGOTTS
HA, HA, MISTER FROGGIE
IT´S NO GOOD

Star-Club RECORDS
148 528 STF
Pam
Sylvia
Mary
Valerie
THE LIVERBIRDS
Peanut Butter
WHY DO YOU HANG AROUND ME

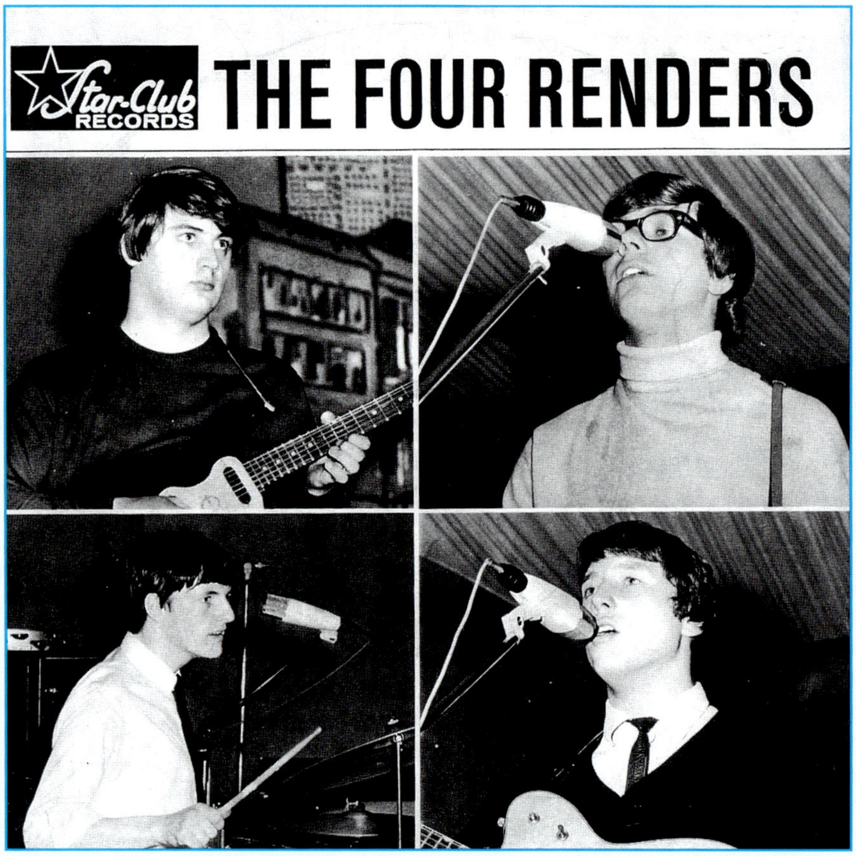
Star-Club RECORDS
THE FOUR RENDERS

Star-Club
148 529 STF
THE FOUR RENDERS
UNDER THE BOARDWALK
LONG TALL TEXAN

Star-Club RECORDS
THE LONDONERS

Star-Club
148 530 STF
THE LONDONERS
BRING IT ON HOME TO ME
THAT´S MY DESIRE

Star-Club RECORDS
THE GERMAN BONDS

Star-Club
148 531 STF
THE GERMAN BONDS
SONATA FACILE
SO MYSTIFYING

Star-Club
148 532 STF
TEAM BEATS BERLIN
SICK AND TIRED
DOCTOR FEEL GOOD

Star-Club RECORDS
TEAM BEATS BERLIN

Wayne Fontana &
The Mindbenders
IT'S JUST A LITTLE BIT TOO LATE
LONG TIME COMIN'
148 533 STF
Star-Club RECORDS

Star-Club RECORDS
THE PRETTY THINGS

Star-Club
148 534 STF
THE PRETTY THINGS
CRY TO ME
GET A BUZZ

Star-Club RECORDS
IAN & THE ZODIACS

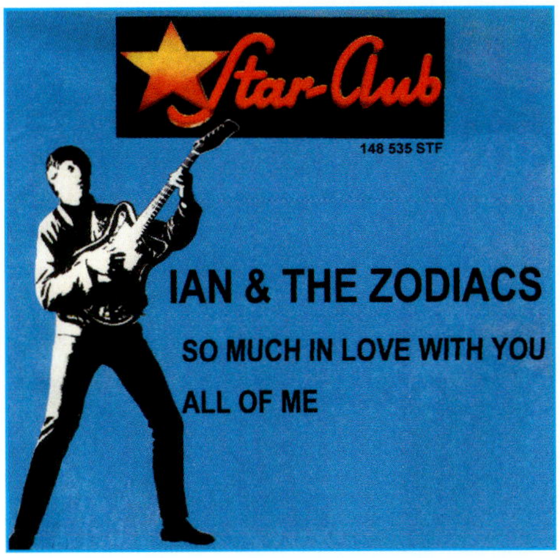
Star-Club
148 535 STF
IAN & THE ZODIACS
SO MUCH IN LOVE WITH YOU
ALL OF ME

1966

Rückseite

Star-Club RECORDS
THE RATTLES

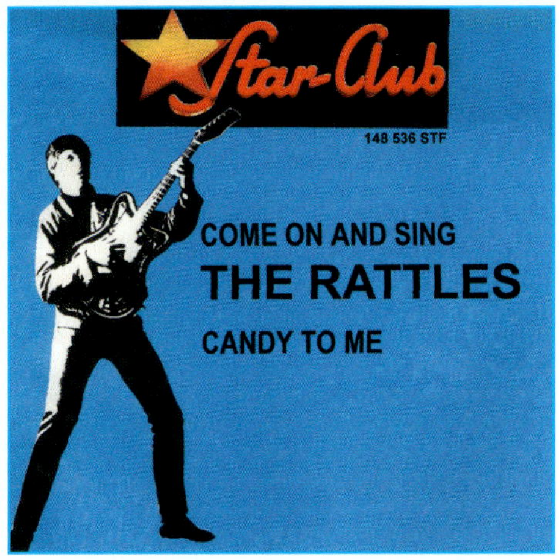
Star-Club
148 536 STF
COME ON AND SING
THE RATTLES
CANDY TO ME

Star-Club RECORDS
THE RIVETS

Star-Club
148 538 STF
THE RIVETS
DIE WELT IST VOLL MUSIK
KOMM !

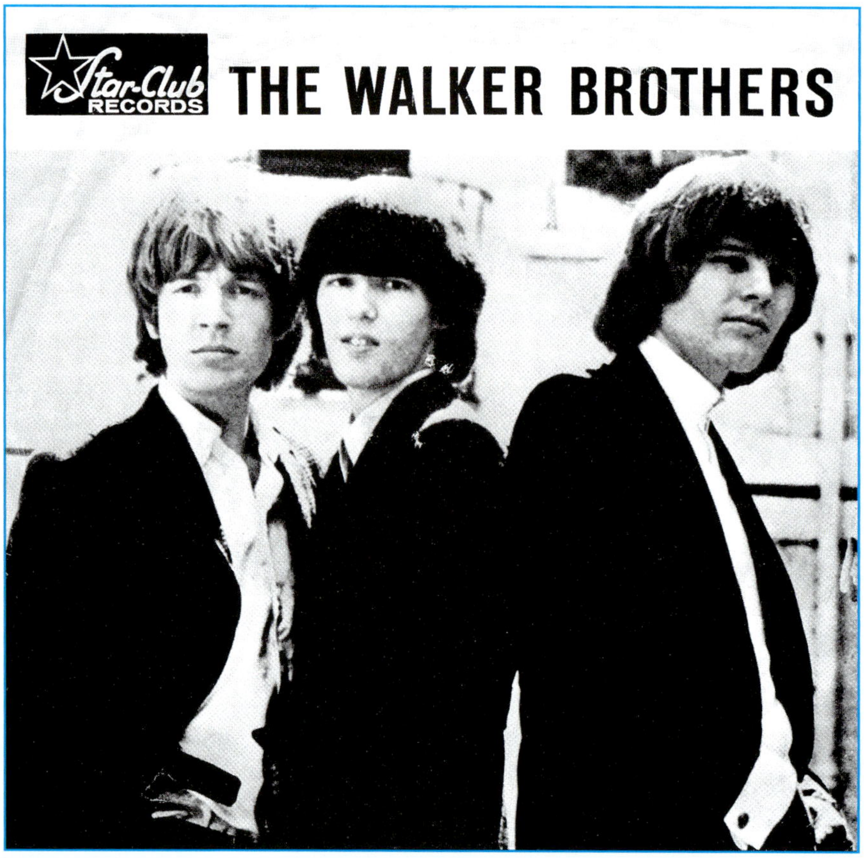
Star-Club
RECORDS
THE WALKER BROTHERS

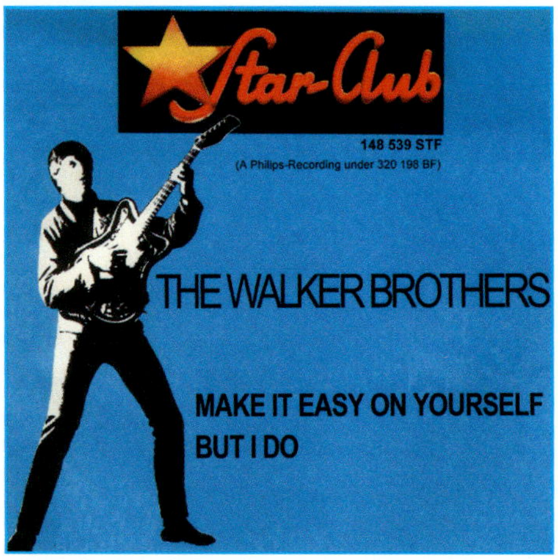
Star-Club
148 539 STF
(A Philips-Recording under 320 198 BF)
THE WALKER BROTHERS
MAKE IT EASY ON YOURSELF
BUT I DO

Dizzy Miss Lizzie / C'mon Home Baby
148 540 STF
(A Fontana recording)
THE ESCORTS
Star-Club
RECORDS
BEAT

Pat (rechts) und Vico gaben im „Star-Club" viele Autogramme: Zwischendurch: „Prost Milch!"

2 Glas Milch – im Nachtklub

Star-Sänger Fats Domino

Das war das „große Faß" für die Twist-Tänzer im „Star-Club" auf der Großen Freiheit: Der amerikanische Schlager-Star Pat Boone („Speedy Gonzales") und sein Schweizer Kollege Vico Torriani besuchten den Club!

Fragende Gesichter bei dem Kellner, als die beiden „Spitzenreiter" in dem Nachtklub — zwei Gläser Milch verlangten!

Aber Zauber der Organisation: Zwei Minuten später stand die Milch trotzdem auf dem Tisch!

Pat — Vater von vier Kindern und Besitzer von 13 Goldenen Schallplatten — bedauerte, nicht einige Tage in Hamburg bleiben zu können:

Zu gern hätte er heute abend im „Star-Club" den farbigen Show-Giganten Fats Domino und ab morgen seinen ebenfalls farbigen Landsmann Little Richard singen gehört. Dafür besuchte er dann mit Vico u. a. noch das „Hippodrom". H. F.

Die Striptease-Damen im „Hippodrom" unterbrachen ihr Programm, als Pat und Vic aufs Pferd stiegen

Montag, den 2. 12.
Für 7 Tage
Joey Dee and the Starliters
mit seiner großen Show
Dazu neues Programm mit 4 englischen Bands aus Liverpool
Star-Club
Hamburg-St. Pauli
Gr. Freiheit 39

„Ya Ya" sang super

Stürmische Ovationen bereiteten Twistfans im Hamburger Starklub auf St. Pauli dem amerikanischen Super-Twiststar Joey Dee. Der 23 Jahre alte Künstler ist berühmt für sein überschäumendes Temperament, mit dem er seine neuen Schlager kreiert. Joey Dee, der auch im Basketball und Baseball seinen Mann steht, beschäftigt sich auch in seiner Freizeit mit Musik und Tanz. Kein Wunder, dass er es in seinem Beruf zu einer international so anerkannten Stellung gebracht hat. In Hamburg hat Joey Dee während seines Gastspiels viele neue Freunde gewonnen.

Joey Dee wurde am 11.6.1940 in Passaic, New Jersey, geboren. Er hat 5 Schwestern und 3 Brüder im Alter von 17 bis zu 42 Jahren. Er hat schwarze Augen und schwarze Haare. Lieblingsspeisen: Pizza, Spaghetti und heisse Würstchen. Ausserdem liebt er es, sich bequem und salopp zu kleiden.

Die Gruppe Joey Dee und The Starliters spielt schon 3 Jahre zusammen, davon über ein Jahr lang allein in der Peppermint Lounge, New York, wo sie den Twist kreierte.

Die Starliters bestehen aus vier Mann: Carlton Latimor (22) - Orgel, Willie Davis (21) - Schlagzeug, Larry Vernieri (21) und David Brigati (21) - Gesang und Tanz.

Star-Club
Hamburg-St. Pauli, Gr. Freiheit 39
Ab Sonntag, den 20. 1.
Wee Willie Harris
and his Group
sowie 4 englische Spitzenbands
Achtung!!
Der Beginn des
Joey Dee
Gastspiels, das am 21. 1. beginnen sollte, wird auf den 25. 1. verlegt, weil durch den Hafenarbeiterstreik in USA die Schiffsverbindungen gestört sind.

JOEY DEE
and the STARLITERS spielen im Star-Club
Hamburg-St. Pauli

1966

Star-Club RECORDS

THE RATTLES

Star-Club
RECORDS
148 542 STF
SHAME AND SCANDAL IN THE FAMILY
NOBODY BUT YOU
LEE CURTIS
AND THE ALL-STARS

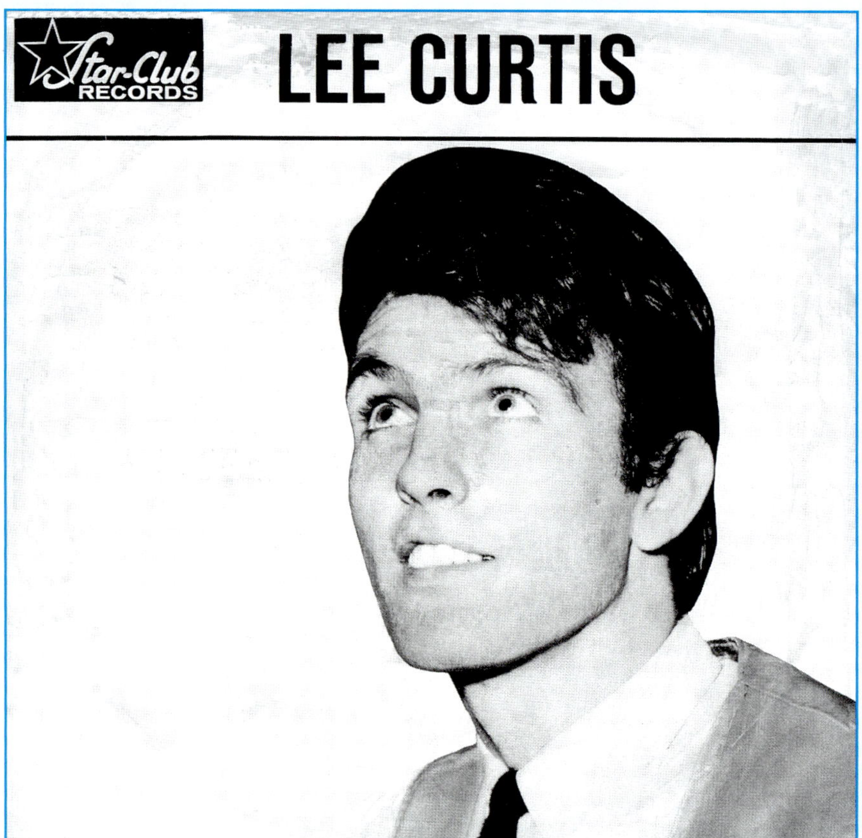
Star-Club
RECORDS
LEE CURTIS

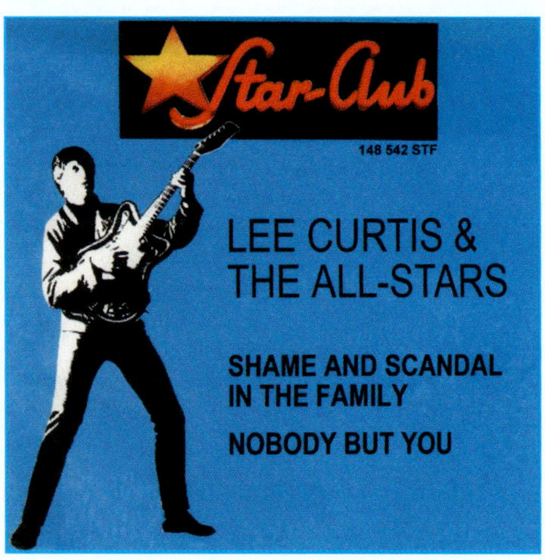
Star-Club
148 542 STF
LEE CURTIS & THE ALL-STARS
SHAME AND SCANDAL IN THE FAMILY
NOBODY BUT YOU

IAN & THE ZODIACS
WHY CAN'T IT BE ME
148 543 STF
Star-Club RECORDS
LEAVE IT TO ME

Star-Club RECORDS
TEAM BEATS BERLIN

Star-Club
148 544 STF
TEAM BEATS BERLIN
THE BATTLE OF NEW ORLEANS
NEW ORLEANS

1966

148 545 STF
Star-Club RECORDS
THE RIVETS
THE GIRL I LOVE
TIME FOR LOVE

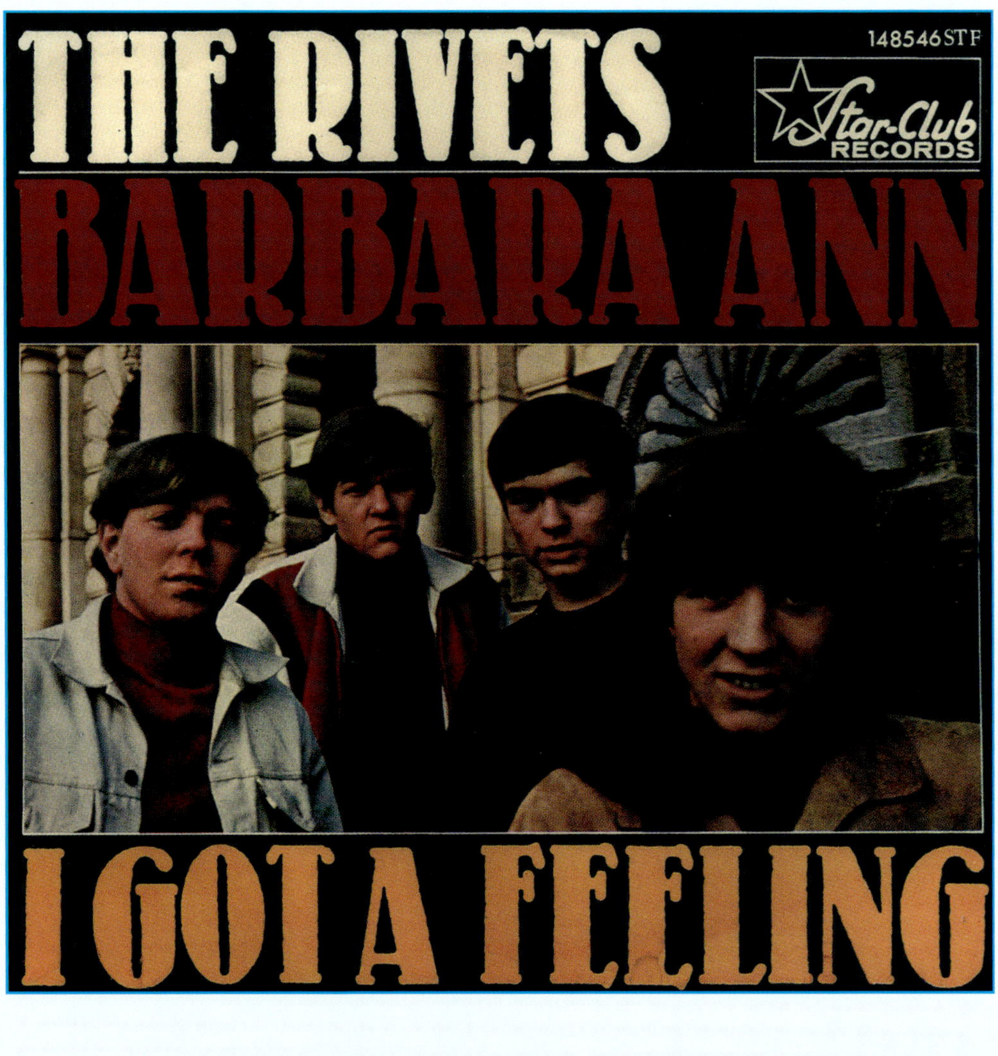
THE RIVETS
148546STF
Star-Club RECORDS
BARBARA ANN
I GOT A FEELING

SHA-LA-LA-LA-LEE
OLD McDONALD
148 547 STF
Star-Club
RECORDS
THE "IN" CROWD

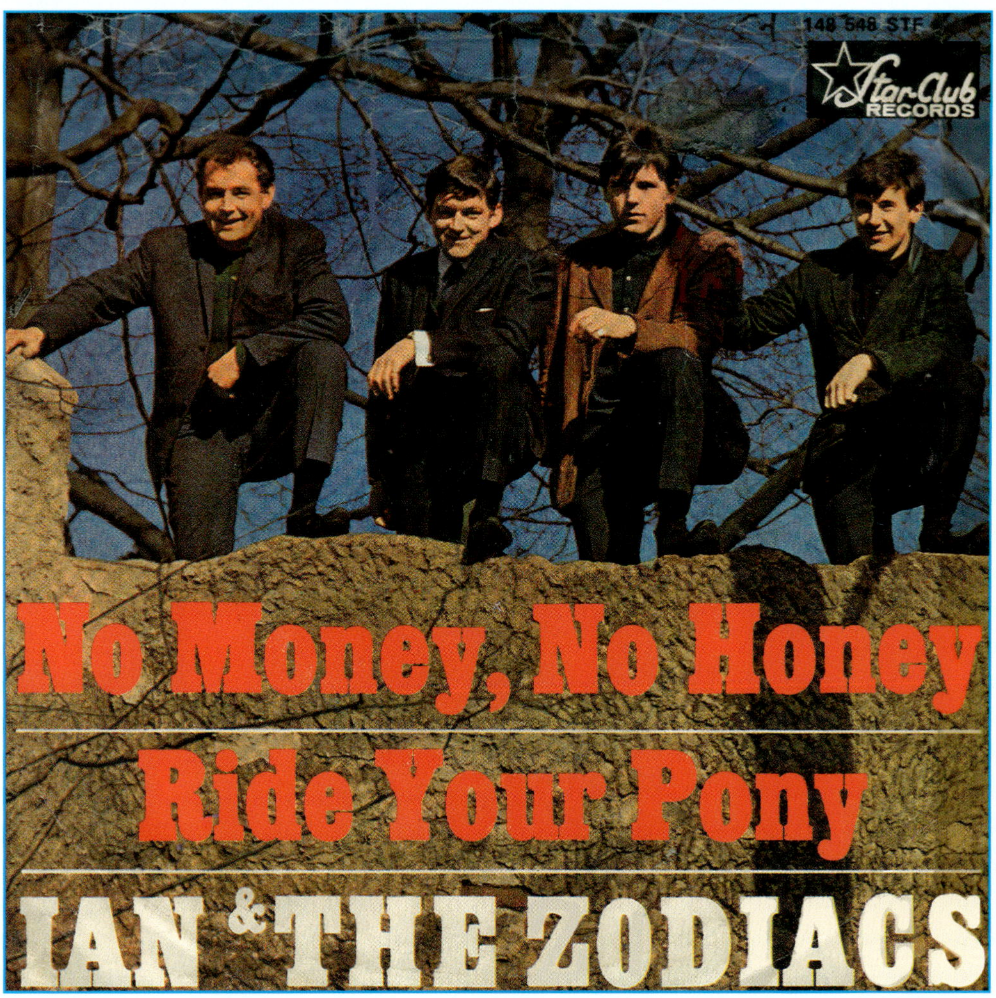
148 548 STF
Star-Club
RECORDS
No Money, No Honey
Ride Your Pony
IAN & THE ZODIACS

1966

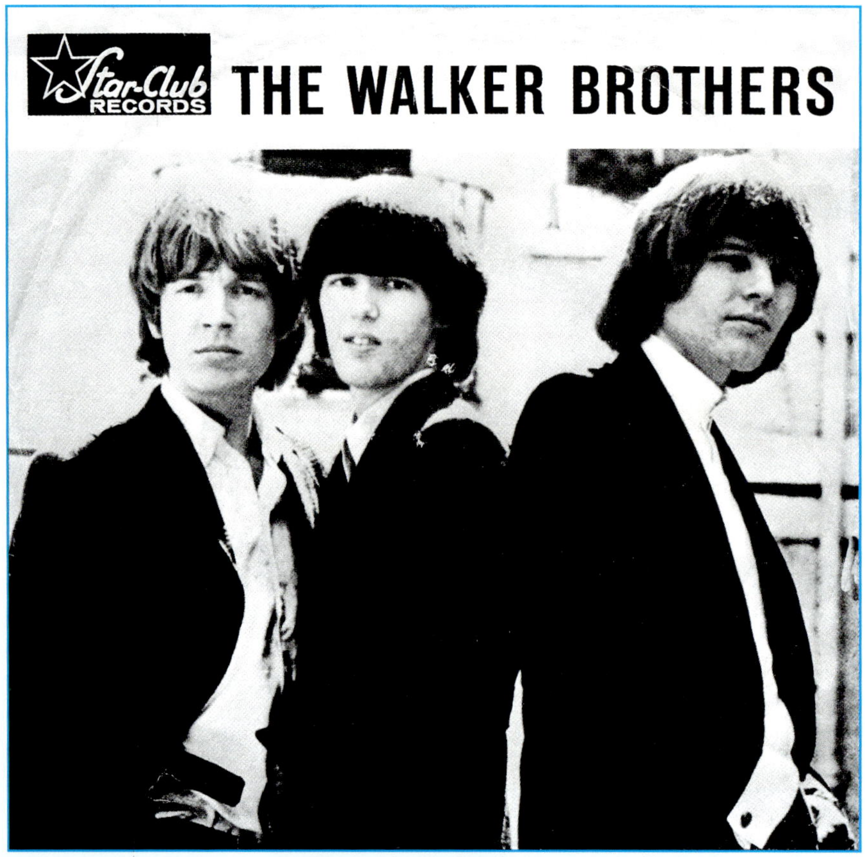
Star-Club RECORDS
THE WALKER BROTHERS

Star-Club
148 549 STF
Philips-Produktion 320 214 BF
THE WALKER BROTHERS
THE SUN AIN´T GONNA SHINE ANYMORE
YOU´RE ALL AROUND ME

PHILIPS-PRODUKTION 320 214 BF
THE WALKER BROTHERS
The Sun Ain't Gonna Shine Anymore
Star-Club RECORDS
148 549 STF
You're All Around Me

THE PHANTOM BROTHERS
CHICAGO
IT AIN'T NECESSARILY SO
060 003
148 550 STF
Star-Club RECORDS
ALWAYS THE 'IN' SOUND
Star Club

THE ODD PERSONS
HAND JIVE
I'M CRYIN'
060 003
148 551 STF
Star-Club RECORDS
ALWAYS THE 'IN' SOUND
Star Club

1966

1966

THE REMO FOUR
Peter Gun · Mickey's Monkey
148 552 STF
Star-Club RECORDS

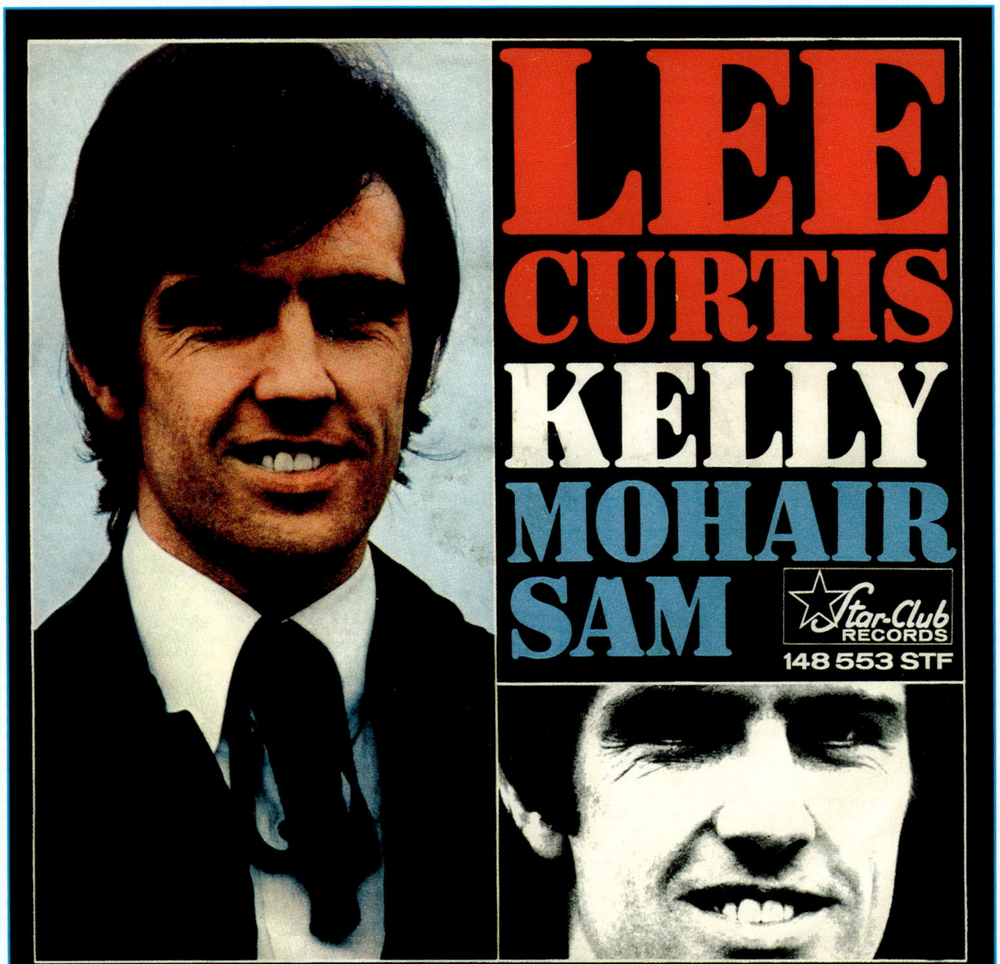
LEE CURTIS
KELLY
MOHAIR SAM
Star-Club RECORDS
148 553 STF

1966

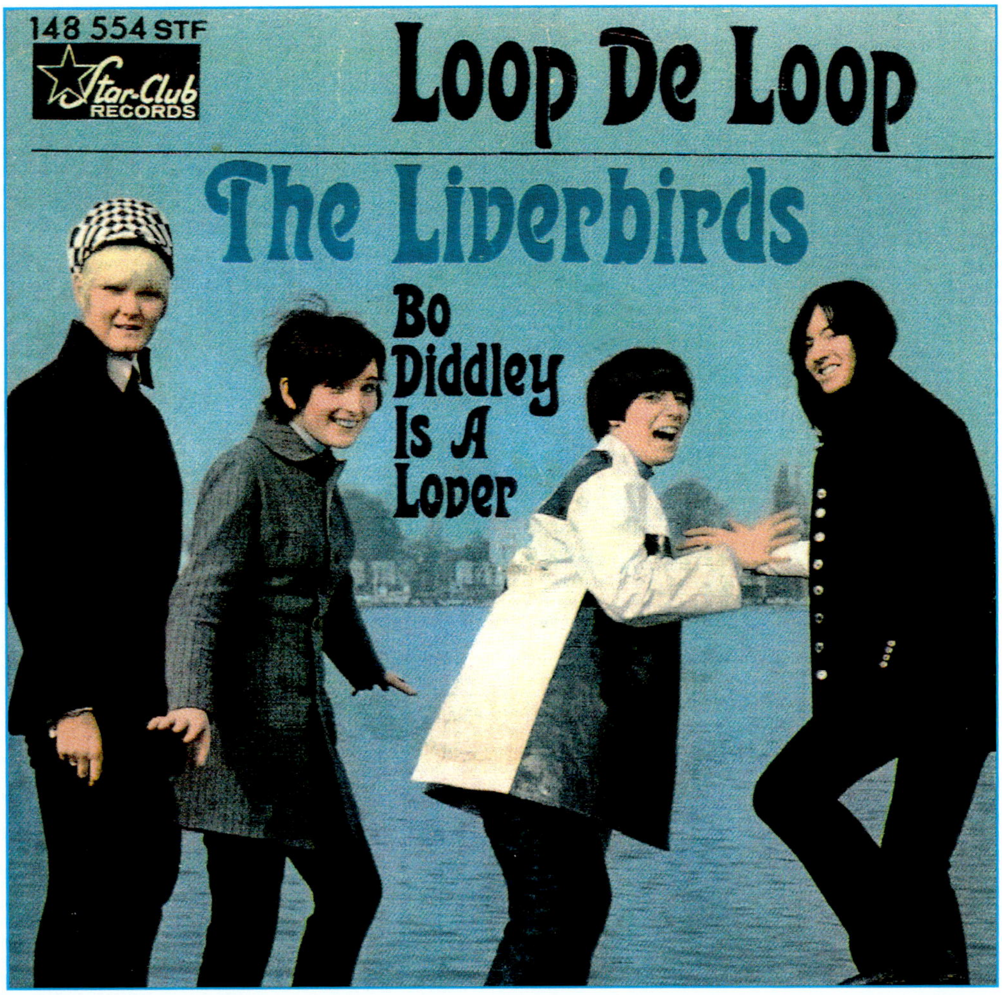
148 554 STF
Star-Club RECORDS
Loop De Loop
The Liverbirds
Bo Diddley Is A Lover

THE RATTLES
148 555 STF
Star-Club RECORDS
LOVE OF MY LIFE
SAY ALL RIGHT

1966

THE FACES
Sieger des Star-Club-Beat-Festival
CRY CRY CRY
STAY AWAY
148 556 STF
060 003
Star-Club RECORDS
ALWAYS THE 'IN' SOUND
Star Club

THE PRETTY THINGS
COME SEE ME
£.s.d.
148 557 STF
Star-Club RECORDS

THE MINDBENDERS
CAN'T LIVE WITH YOU,
CAN'T LIVE WITHOUT YOU
ONE FINE DAY
060 003
148 558 STF
Star-Club RECORDS
ALWAYS THE 'IN' SOUND
Star Club

THE MERSEYS
Star-Club RECORDS
SORROW
SOME OTHER DAY
148 559 STF
BEAT

1966

1966

THE RIVETS
L-O-V-E • YUM YUM
148 561 STF
Star-Club
RECORDS

148 562 STF
Star-Club
RECORDS
COUNTRY STARS
BUSTED
MY GRAND-
FATHER'S
CLOCK

Brendas große Schau

Die zwölffache amerikanische Schallplatten-Millionärin Brenda Lee (18) lieferte am Wochenende im Hamburger Vergnügungs-

Brenda Lee

viertel St. Pauli eine große Schau. Sie sang 40 Minuten im „Star-Club" auf der Großen Freiheit und kassierte 20 000 DM dafür. Es war ihr einziger Auftritt in Deutschland.

Sie bekommt 500 Mark Gage pro Minute: Brenda (1,43 m groß) mit ihrer Band auf St. Pauli

BRENDA LEE

singt im Star-Club

Hamburg-St. Pauli

Brunswick-Archiv

Star-Club

Hamburg-St. Pauli, Große Freiheit 39

Sonnabend, den 9. März

Brenda Lee

nur einen Tag

dazu die Sensation dieses Monats

in Hamburg

Fats and his Cats

Im weiteren Programm

The Original Checkmates

King Size Taylor
and the Dominos

The Roadrunners

The Beatcombers

The Phantom Brothers

Ab Montag zusätzlich

Tony Sheridan mit

Bobby Patrick Big Six

Star-Club

Star-Club

Rock n' Twist-Parade 1962

Hamburg-St. Pauli, Große Freiheit 39

Getränkeauswahl

Drinks   Grand choix de boissons   Stor sortering i drycker

Flasche Bier	0,33 l	1,50	Eierlikör	2 cl	1,50
Kännchen Kaffee		1,50	Curacao	2 cl	1,50
Glas Wein		1,50	Cherry Brandy	2 cl	1,50
Rum-Grog	4 cl	3,00	Pfefferminzlikör	2 cl	1,50
Steinhäger	2 cl	1,50	Cacao mit Nuß	2 cl	1,50
Doornkaat	2 cl	1,50	Apricot Brandy	2 cl	1,50
Aquavit	2 cl	1,50	Triple Sec	2 cl	1,50
Gin	2 cl	1,50	Cassis-Likör	2 cl	1,50
Jamaica-Rumverschnitt	2 cl	1,50	Cordial-Medoc	2 cl	1,50
Reiner Weinbrand	2 cl	1,50	Masuren-Kaffee	2 cl	1,50
Flensburger Dokator	2 cl	1,50	Bärenfang	2 cl	1.50
Underberg	2 cl	1,50	Jägermeister	2 cl	1,50
Wodka	2 cl	1,50	Mampe Halb und Halb	2 cl	1,50
Old Skotch Whisky	2 cl	2,50	Cointreau, orig. franz.	2 cl	2,50
Orig. Franz. Cognac	2 cl	2,50	Cartreuse, orig. franz.	2 cl	2,50
Orig. Pernod Fils	2 cl	2,50			

dazu Soda . . . . . DM 0,50

Coca-Cola	1,20	Zitronen-Limonade	1,20
Fanta	1,20	Apfelsaft	1,20

Preise zuzüglich 10 % Personalzuschlag.
Extra charge for staff 10 %.
Supplement pour personnel 10 %.
Till priserna räknas 10 % Personalavgift.

Das Personal ist angewiesen, Rechnung zu erteilen, auf den Pfennig abzurechnen und berechtigt, sofort zu kassieren.
Waiters are instructed to submit accounts, they must not round off amounts and they are authorized to collect accounts immediately.
Le personnel est tenu de remettre une note en rendant compte par addition jusqu'au pfennig, et est autorisée à demander un règlement immédiat.
Personalen är anvisad att lämna en nota och räkna mycket noga samt berättigad att genast inkassera beloppet.

Flaschenware umseitig. For bottled beverages see reverse side.
Tarif des boissons en bouteilles au verso. Drycker i flaskor se omstaende sida.

Star-Club

Ab 27. August endlich wieder in Hamburg

Cliff Bennett
and the
Rebel-Rouser
mit
Roy Young
an Piano und Orgel.
Weiterhin bis zum
31. August

Fats and his Cats
die führende deutsche Soul-Band und
bis 11. September

The King-Pins
aus Manchester.

Ab 1. September
Linda Laine and the Sinners
aus Birmingham und
ab 3. September
Terry King and the Saints
aus Manchester.

Achtung !!

Die in Ahrweilers Café am Jungfernstieg unterbrochene Vorentscheidung des
Beat-Band-Wettbewerbes der „Box" des Hamburger Abendblattes wird am 4. Sept., 16 Uhr,
im Star-Club zu Ende geführt

1966

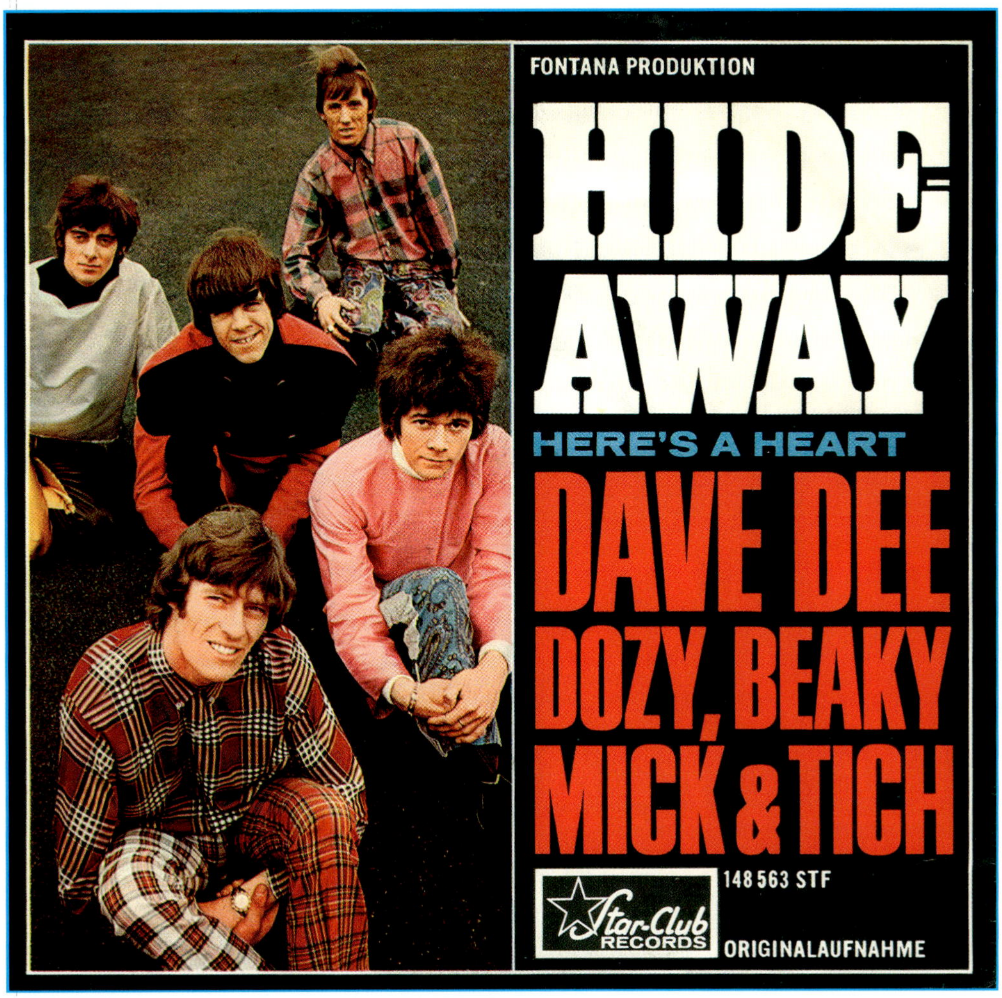

FONTANA PRODUKTION
HIDE-
AWAY
HERE'S A HEART
DAVE DEE
DOZY, BEAKY
MICK & TICH
148 563 STF
Star-Club RECORDS
ORIGINALAUFNAHME

THE CHEETAHS
RUSSIAN BEAT SONG
THE GAMBLE
148 564 STF
Philips-Produktion 326 765 BF
060 003
Star-Club RECORDS
ALWAYS THE 'IN' SOUND
Star Club

1966

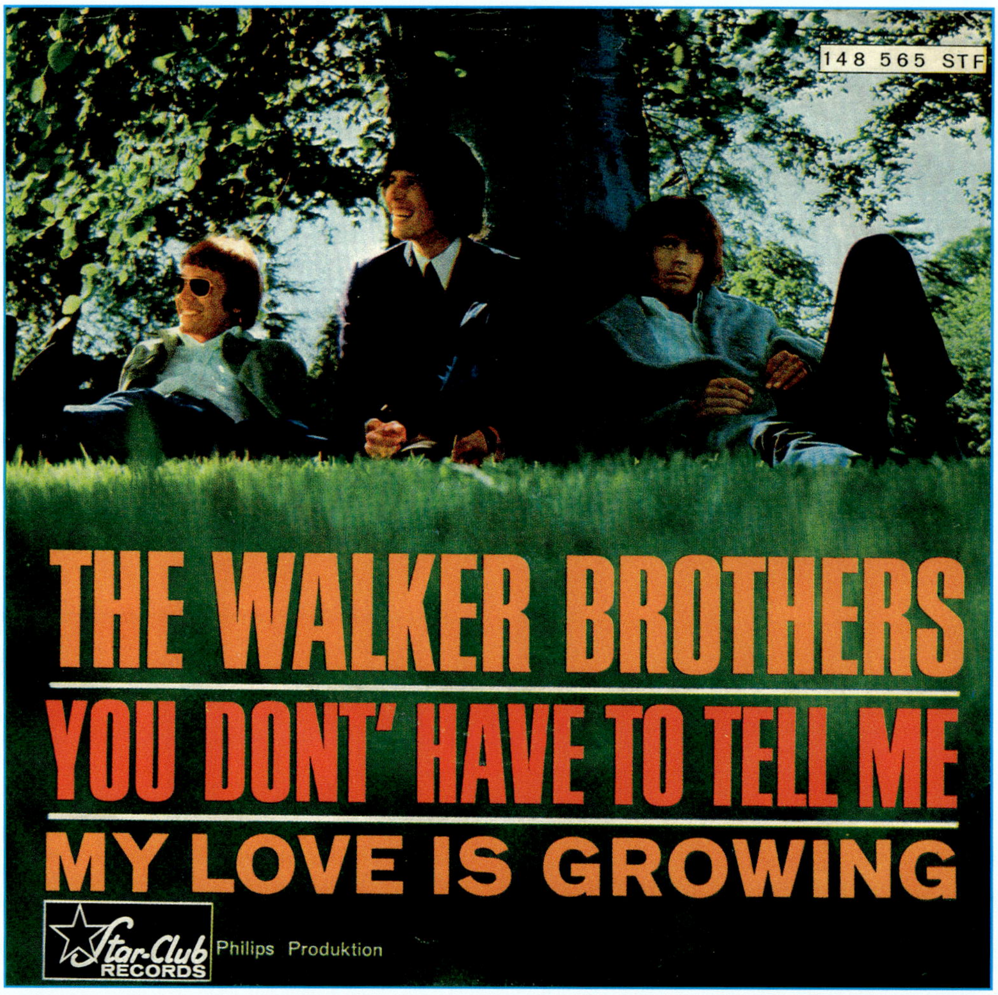

148 565 STF
THE WALKER BROTHERS
YOU DONT' HAVE TO TELL ME
MY LOVE IS GROWING
Star-Club RECORDS
Philips Produktion

148 566 STF
Star-Club RECORDS
PAUL NERO'S
BLUE SOUNDS
& DAVY JONES
King Lonely
The Blue
Searchin'

THE PRETTY THINGS
A HOUSE IN THE COUNTRY
ME NEEDING YOU
Star-Club RECORDS
148 567 STF

148 568 STF
Fontana Produktion
DAVE DEE DOZY BEAKY MICK & TICH
BEND IT
YOU MAKE IT MOVE
Star-Club RECORDS

1966

1966

148 569 STF
GOTTA GET A GOOD THING GOING
WILLOW TREE
Star-Club RECORDS
THE KING PINS

THE WALKER BROTHERS
148 570 STF
Star-Club RECORDS
Philips Produktion
ANOTHER TEAR FALLS
SATURDAY'S CHILD

148 571 STF
Star-Club RECORDS
THE RATTLES
IT IS LOVE
HEY SALLY

148 572 STF
IAN & THE ZODIACS
Na-Na-Na-Na-Na
Any Day Now
Star-Club RECORDS

1966

148 573 STF
Star-Club RECORDS
DAVE DEE, DOZY, BEAKY, MICK & TICH
Hard To Love You
No Time

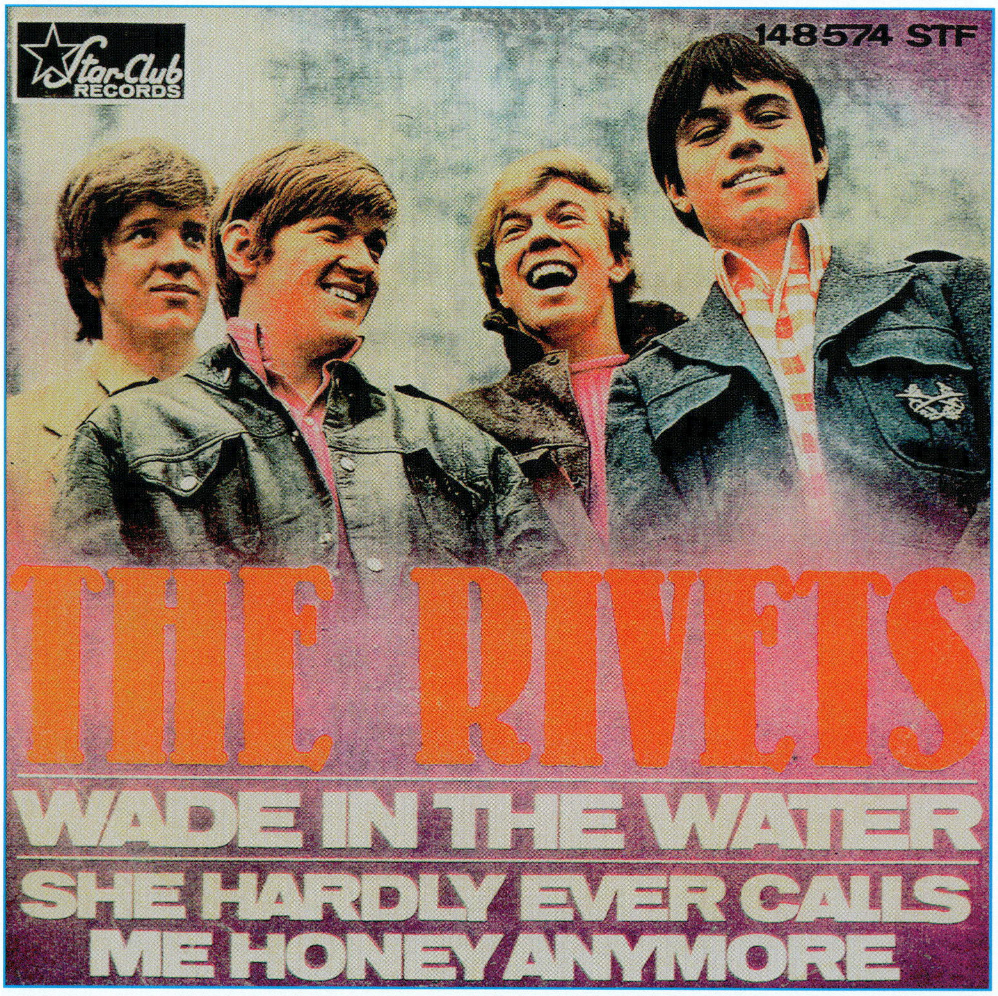
Star-Club RECORDS
148 574 STF
THE RIVETS
WADE IN THE WATER
SHE HARDLY EVER CALLS
ME HONEY ANYMORE

148 575 STF
Eine Fontana Produktion
DAVE DEE, DOZY, BEAKY, MICK & TICH
Star-Club RECORDS
Save Me
Shame

148 576 STF
the pretty things
Star-Club RECORDS
Buzz The Jerk
Progress

1967

1967

148 577 STF
REMO FOUR
Star-Club RECORDS
LIVE LIKE A LADY
SING HALLELUJAH

148 578 STF
THE HI-FI'S
MUM, MUM, MUM MUM
Star-Club RECORDS
I'M A BOX!
NO TWO WAYS

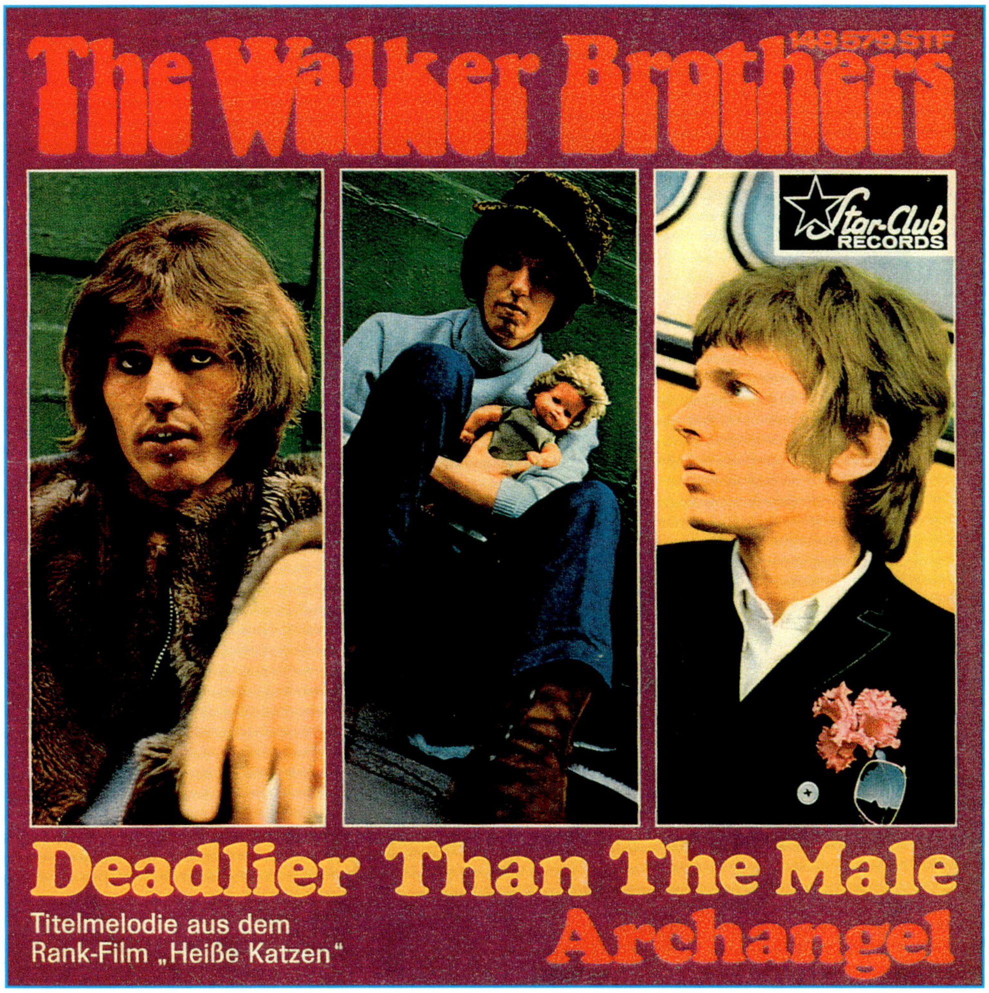
The Walker Brothers
148 579 STF
Star-Club
RECORDS
Deadlier Than The Male
Archangel
Titelmelodie aus dem
Rank-Film „Heiße Katzen"

THE WALKER BROTHERS
Deadlier Than The Male
Archangel
Aus dem Rank-Film
„HEISSE KATZEN"
THE WALKER BROTHERS
YOU DONT' HAVE TO TELL ME
MY LOVE IS GROWING
148 565 STF
THE WALKER BROTHERS
ANOTHER TEAR FALLS
SATURDAY'S CHILD
148 570 STF
The Walker Brothers
158 026 STY
PORTRAIT
158 028 STY
Hollywoodstar
ELKE SOMMER

Rückseite

Diese Single gab es nur im Lochcover

Millie: Die Schlagerrakete aus Jamaika

Millie singt eine Mischung aus Volks- und Beat-Musik

Heute in Hamburg

rde. **Hamburg, 21. 7.**

Ein schlanker, kaffeebrauner Teenager landet heute mittag auf dem Flughafen Fuhlsbüttel: Millie, die Schlager-Rakete aus Jamaika.

Nach ihrem „My Boy Lollipop" wurde die 16jährige mit einem Schlage weltberühmt.

Inzwischen hat Millie auch die erste deutschsprachige „Scheibe" besungen.

Nach ihrer Ankunft um 13.55 Uhr auf dem Hamburger Flughafen wird Millie gleich zu Proben in die Wandsbeker Musikstudios fahren.

Hier wurde eigens für den singenden Teenager eine Band zusammengestellt: die „Blue Sounds".

Heute abend tritt Millie im Star-Club an der Großen Freiheit auf. Das grazile, farbige Mädchen wurde bereits mit 12 Jahren auf der Zuckerinsel Jamaika entdeckt.

Ein geschäftstüchtiger Manager stellte Millie schließlich in England vor.

Dort gelang es der 16jährigen gegen die Beatle-Masche erfolgreich zu bestehen.

Millies kreierte den „Blue-Beat": Eine Mischung aus Südsee-Rhythmen und der erfolgreichen Beat-Musik.

Trotz ihrer 16 Jahre ist Millie der Erfolg nicht in den Schoß gefallen. Das junge Mädchen mußte hart arbeiten. Sie ist das jüngste Kind einer zwölfköpfigen Familie auf der Zuckerinsel.

MILLIE mit "My Boy Lollipop"
am 21. Juli 1964 im Star-Club, Hamburg

Mit Tarnkappe

Unter „Beatle"-Perücke und hinter einer Sonnenbrille versteckt: Jazzstar Klaus Doldinger

Jazzmusiker Klaus Doldinger: Ausflug in die Schlager-Branche

Hamburg, 22. Juli

Mit rotblonder „Beatle"-Perücke und großer Sonnenbrille trat gestern abend einer der bekanntesten deutschen Tenorsaxophonisten in Hamburg auf: Der Jazz-Musiker „Oskar" Klaus Doldinger begleitete mit seinen „Blue Sounds" die „Schlagerrakete" Millie im Star-Club.

Doldinger und Millie haben in Hamburg den „Blue Beat" aus der Taufe. „Blue Beat" ist eine Mischung aus Südsee-Rhythmen und der Beat-Musik.

Die sechs Musiker der „Blue Sounds" stammen ausnahmslos aus der Jazz-Branche. Ihr Chef: **„Paul Nero"** alias Klaus Doldinger.

Die Band ist als „Geheimwaffe" gegen die „Beatle-Masche" gedacht. Sie spielt die unverfälschte Beat-Musik negro-amerikanischen Ursprungs.

Gestern abend war mit einer 35-Minuten-Show Premiere. Klaus Doldinger hofft, daß die Jazz-Freunde ihm den Ausflug ins „Kommerzielle" nicht verübeln!

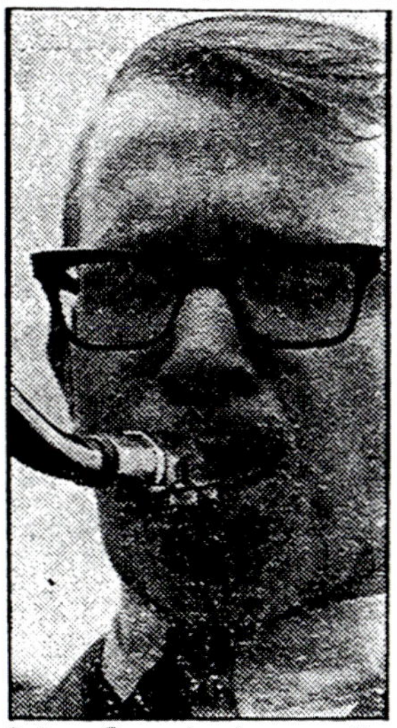

Seine Freunde kennen ihn so: Doldinger ohne Tarnung

FATS DOMINO traf 1962 in Hamburg mit Gerry and the Pacemakers ...

... und den „Searchers" zusammen.

Star-Club präsentiert:

Fats Domino

am 29. Oktober 1962. – Vorverkauf DM 5,– ab heute.

(Postversand von Karten gegen Voreinsendung des Eintrittsgeldes)

Star-Club

Hamburg-Altona
Gr. Freiheit 39

Sonntag, 21. März

Fats Domino

and his Band

Nur 1 Tag

Eintritt 5,— DM

148 581 STF
The Walker Brothers
Stay With Me, Baby
Turn Out The Moon
Star-Club RECORDS

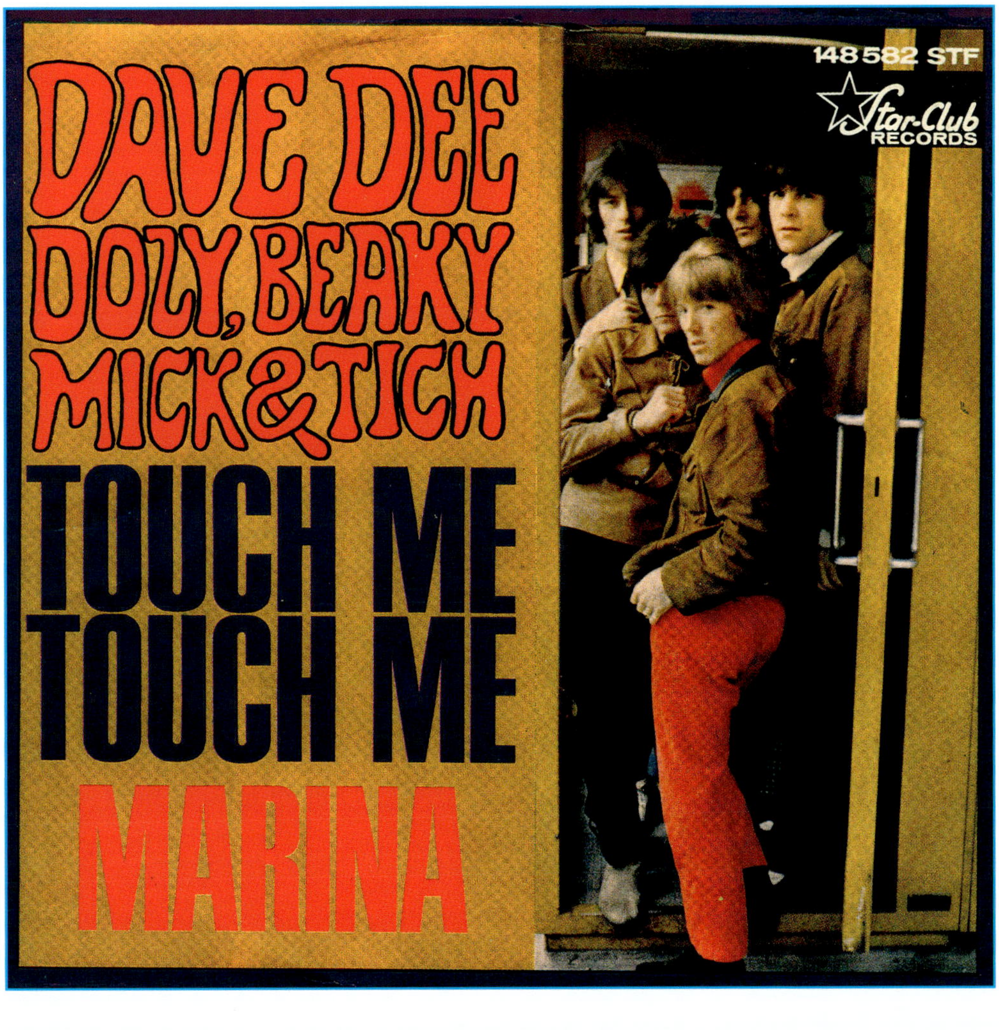
148 582 STF
Star-Club RECORDS
DAVE DEE
DOZY, BEAKY
MICK & TICH
TOUCH ME
TOUCH ME
MARINA

1967

1967

148 583 STF

THE RATTLES REMEMBER FINALE LIGURE

DIE NEUESTE LANGSPIELPLATTE DER RATTLES

Star-Club RECORDS

Seite 1

It Is Love
Shotgun
I Will Always
Stay Your Friend
Souki Souki
Rugy's Girl
Nurse Elisah
Remember Finale

Seite 2

Callboy
Another Saturday Night
Hold On I'm Coming
Our Way Of Thinking
Sweet Dreams
Don't Run Away
We've Got To Go Now

BESTELL-NR.: STEREO 158 031 STY

Rückseite

148 584 STF
THE HIFIS
Star-Club RECORDS
SNAKES AND LADDERS
TREAD SOFTLY FOR THE SLEEPERS

148 585 STF
OKAY
Star-Club RECORDS
HE'S A RAVER
DAVE DEE, DOZY
BEAKY, MICK & TICH

1967

148 586 STF
Star-Club RECORDS
THE SCREAMERS
One Way Love • Indication

THE PRETTY THINGS
148 587 STF
Star-Club RECORDS
Children
My Time

1967

148 588 STF
The Walker Brothers
Walking In The Rain
Baby, Make It The Last Time
Star-Club RECORDS

148 589 STF
Star-Club RECORDS
THE RIVETS
THE LION
Wimoweh
Make Up My Mind

1967

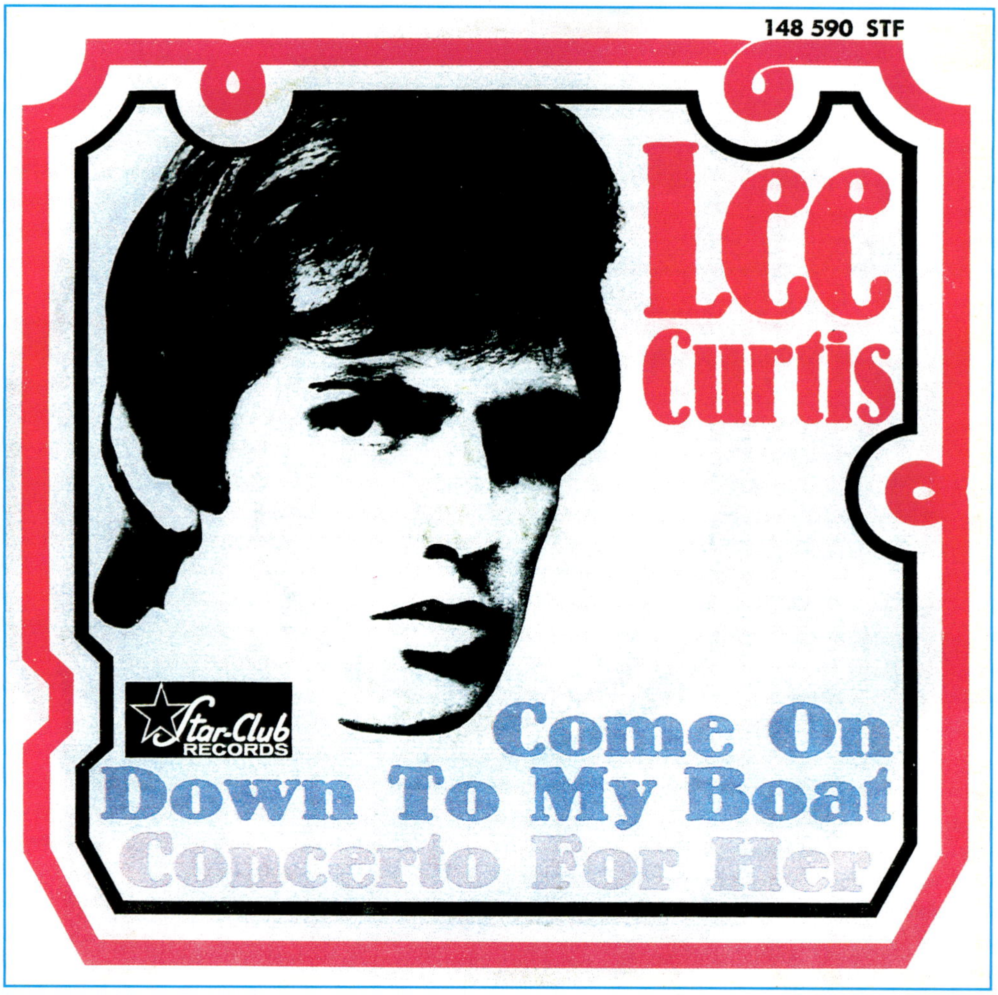
148 590 STF
Lee
Curtis
Star-Club
RECORDS
Come On
Down To My Boat
Concerto For Her

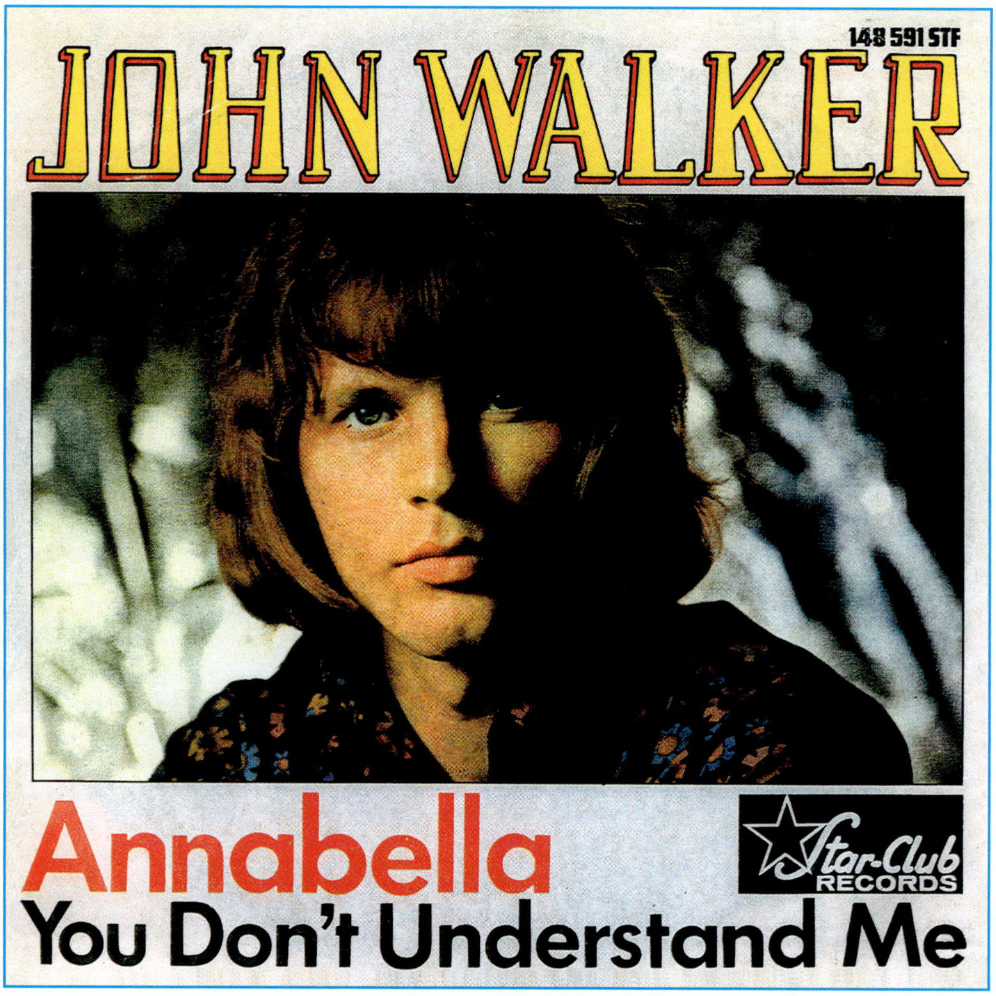
148 591 STF
JOHN WALKER
Annabella
Star-Club
RECORDS
You Don't Understand Me

1967

Diese Single gab es nur im Lochcover

1967

148 593 STF
Star-Club RECORDS
The ONES
LADY GREENGRASS
LOVE OF MINE
MUSIC FOR HIPPIES

148 594 STF
THE RATTLES PRESENT:
Star-Club RECORDS
HERBERT und BIRGIT
HEY JEAN, HEY DEAN
WESTERN IMPRESSION

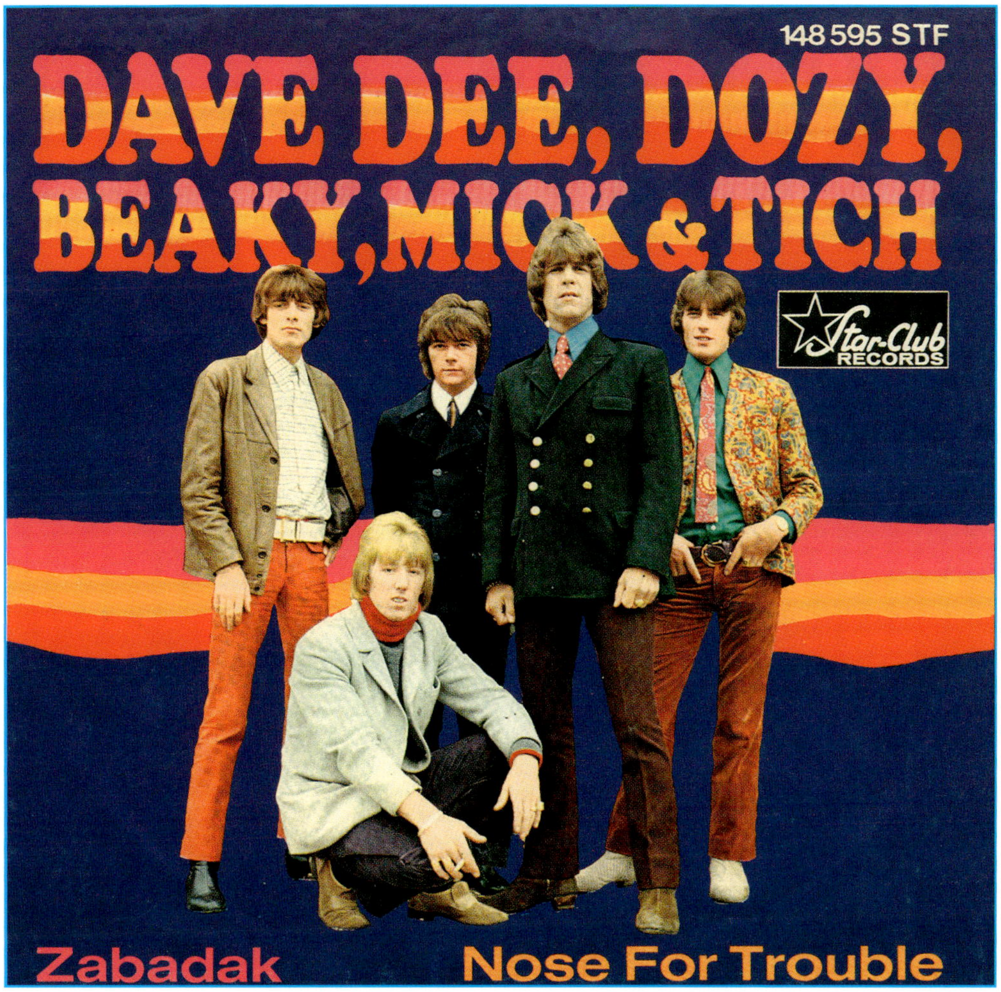
148 595 STF
DAVE DEE, DOZY, BEAKY, MICK & TICH
Star-Club RECORDS
Zabadak
Nose For Trouble

148596 STF
The Pretty Things
Star-Club RECORDS
Death Of A Socialite
Photographer

1967/1968

1967

Diese Single gab es nur als
„Unverkäufliche Musterplatte“
Sie erschien später mit Bildcover
auf FONTANA

Hier endet die Serie der Singles auf STAR-CLUB RECORDS

Star-Club

Hamburg-St. Pauli, Große Freiheit 39

Heute und morgen

The Everly Brothers

with the Krickets

sowie 5 englische Spitzenbands

Eintritt Freitag 3,–, Sonnabend 5,–

The Everly Brothers

singen im Star-Club

RCA

RCA VICTOR

DUANE EDDY

am 1., 2. u. 3. Nov. im **Starclub**

Star-Club

Hamburg-St. Pauli, Große Freiheit 39

Wegen des großen Erfolges verlängert bis einschließlich Mittwoch

Duane Eddy

The three Bells

Freddy Starr and the Midnighters

Rory Storm and the Hurricanes

Bobby Patrick Big Six und

Tony Sheridan

Eintritt: 2,– DM

TONY SHERIDAN
Polydor
Personal-Manager HORST FASCHER
STAR-CLUB · HAMBURG · GROSSE FREIHEIT 39

CAROL ELVIN
singt im
Star-Club
Hamburg-St. Pauli

BUDDY BRITTEN
singt im
Star-Club
Hamburg-St. Pauli

THE THREE BELLS
singen im
Star-Club

DAVY JONES
singt im
Star-Club
Hamburg-St. Pauli

THE UNDERTAKERS
spielen im
Star-Club
Hamburg-St. Pauli

EMILE FORD
singt im
Star-Club
Hamburg-St. Pauli

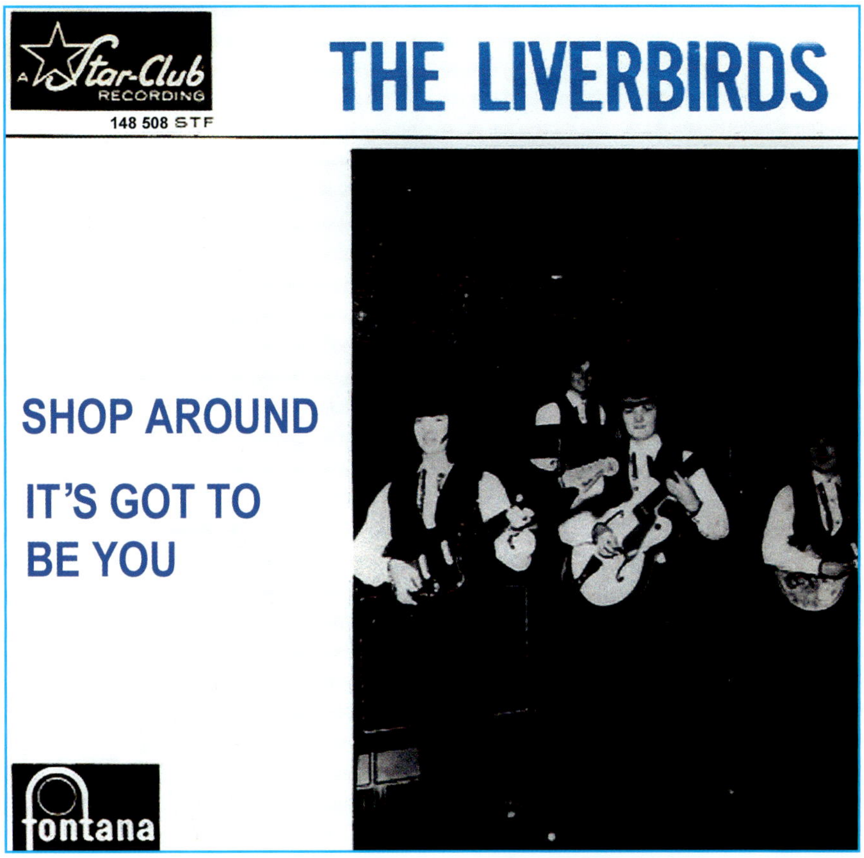
A Star-Club RECORDING
148 508 STF
THE LIVERBIRDS
SHOP AROUND
IT'S GOT TO BE YOU
fontana

(NL)

A Star-Club RECORDING
fontana
THE LIVERBIRDS
SHOP AROUND
IT'S GOT TO BE YOU

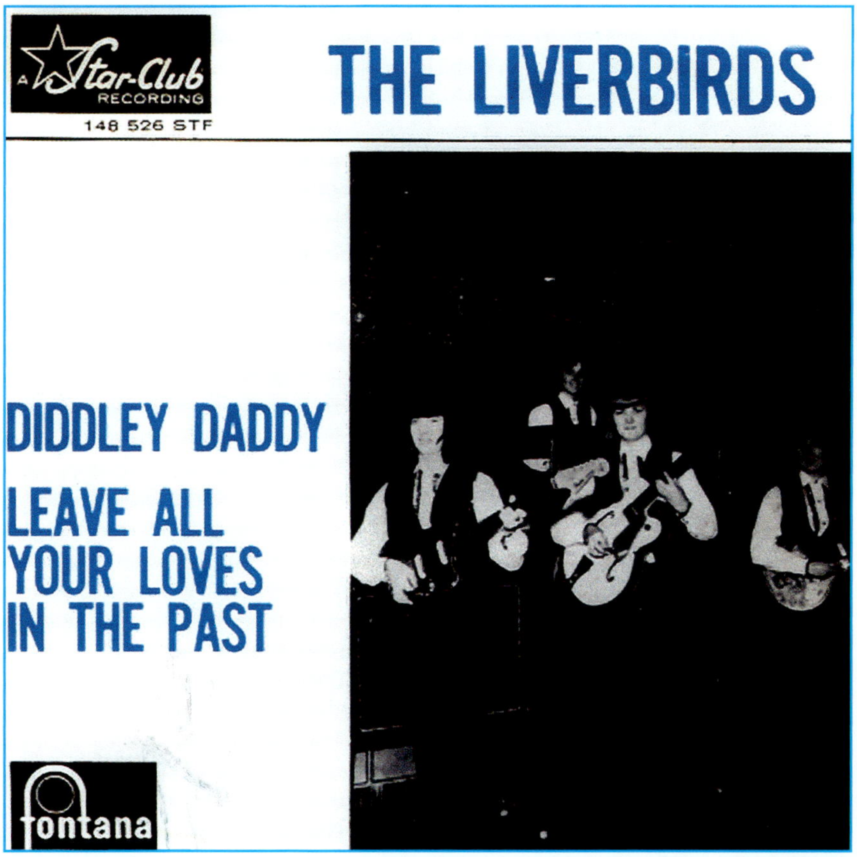
A Star-Club RECORDING
148 526 STF
THE LIVERBIRDS
DIDDLEY DADDY
LEAVE ALL YOUR LOVES IN THE PAST
fontana

(NL)

A Star-Club RECORDING
fontana
THE LIVERBIRDS
DIDDLEY DADDY
LEAVE ALL YOUR LOVES IN THE PAST

RATTLES
Star-Club
SHAME SHAME SHAME
COME ON ANU SING
fontana
Star-Club

(ITA)

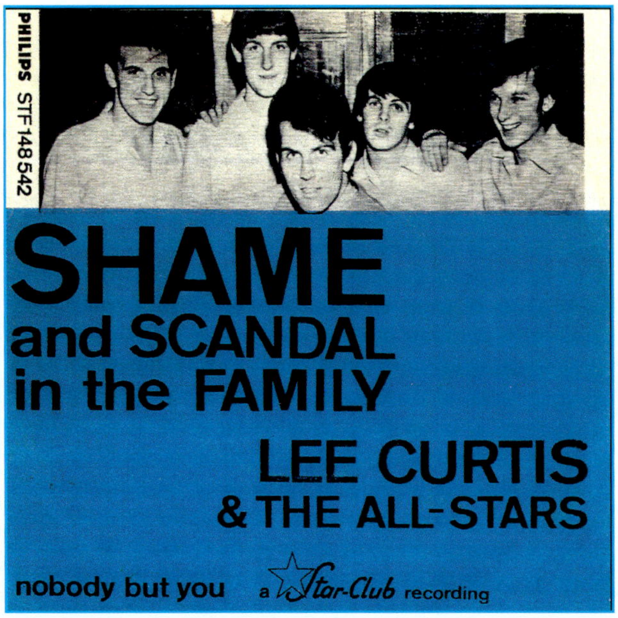
PHILIPS STF 148 542
SHAME
and SCANDAL
in the FAMILY
LEE CURTIS
& THE ALL-STARS
nobody but you
a Star-Club recording

(DAN)

466.030 ME
LES RATTLES
fontana
Face 1
SHA-LA-LA-LA-LEE
(Lynch - Shuman)
- Stopping in -
LAS VEGAS
(Bob Bouber)
Face 2
COME ON AND SING
(Achim Reichel)
LA LA LA LA LA
(Claurence Paul)
a Star-Club RECORDING

466.030 ME
LES RATTLES
SHA-LA-LA-LA-LEE
COME ON AND SING
LA-LA-LA-LA-LA
LAS VEGAS
A STAR-CLUB RECORDING
fontana

(FRZ)

THE RATTLES-1967 **(JAP)** Dieses Cover trügt - Achim Reichel war nicht mehr dabei

THE RATTLES-1966 **(JAP)**

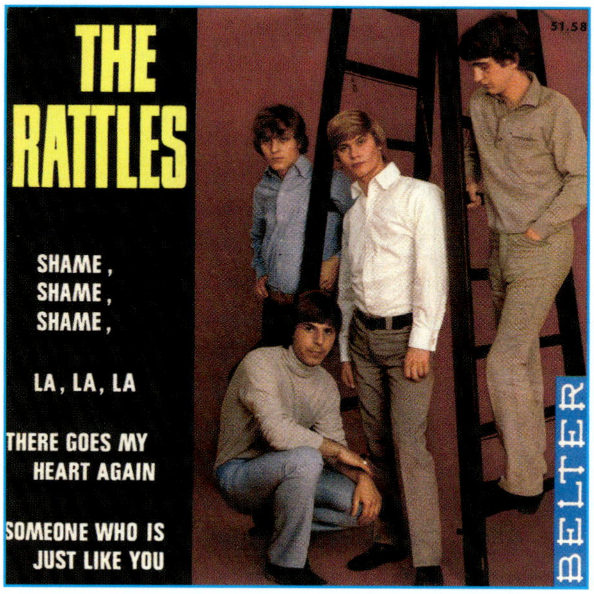

1965 **(ESP)**

1965 **(BRA)**

1966 **(JAP)**

1967

THE RATTLES-1967 **(JAP)**

THE LIVERBIRDS-1967 **(JAP)**

1964

P 48 036 L
PHILIPS
P 48 036 L
PHILIPS
M 33

TWIST IM Star-Club HAMBURG

A-SEITE:

1. Wilhelm-Tell-Ouvertüre (Rossini)
2. Leichte Kavallerie (Suppé)

SOUNDS INC. / Alan „Boots" Holmes (ts, bs, fl) • Griff West (ts) • Barrie Cameron (bs, org) • Johnny St. John (g), Wes Hunter (g), Tony Newman (dr)

3. Shimmy, shimmy (Ballard)
4. Hippy hippy shake (Romero)

THE RATTLES / Joachim Reichel • Herbert Hildebrandt • Hans-Joachim Kreutzfeld • Dieter Sadlowski

5. Loop de loop (Yann/Dong)

PETER NELSON & THE TRAVELLERS Peter Lamscomb • Tony Hall • John Mc Donald • R. Swimshore

6. Beautiful dreamer (arr. Searchers)
7. Sweet nothin's (Self)
8. Shakin' all over (Johnny Kidd)

THE SEARCHERS / Christopher Crummey • Michael Prendergast • John Mc Wally • Anthony Jackson

Sounds Inc.

The Rattles

Rikki Barnes

Roy Young

The Travellers

The Searchers

B-SEITE:

1. C-Jam-Twist (Ellington) (Instrumental)
2. Rip it up (Blackwell / Marascalco) (Roy Young, vc)
3. Keep a knockin' (Penniman) (Roy Young, vc)
4. Margie (Davis, Conrad / Robinson) (Roy Young, vc)
5. Skinny Minny (Haley) (Dan Sherry, vc)
6. What'd I say? (Charles) (Dan Sherry, vc)

STAR COMBO / Dan Sherry (g, vc) • Roy Young (org, vc) • Cohn Melander (g) • Rikki Barnes (ts) • Johnny Watson (dr)

P 48 052 L PHILIPS P 48 052 L

„SWEETS FOR MY SWEET"

THE SEARCHERS AT THE Star-Club HAMBURG

Seite 1:

Sweets for my sweet
Ain't that just like me?
Listen to me
I can tell
Sick and tired
Mashed potatoes

Seite 2:

I sure know a lot about love
Rosalie
Led in the game
Hey, Joe
Always it's you
Hully Gully
What'd I say

ABGENUTZTE SAPHIRNADELN SCHADEN DER SCHALLPLATTE. NACH CA. 60 STUNDEN SPIELDAUER SAPHIR ERNEUERN!

Anfang 1962, zu einem Zeitpunkt, zu dem man den Twist bereits als „alten Hut" abtun wollte, leuchteten in Hamburg und Umgebung von vielen Reklamewänden knallrote Plakate, auf denen folgender Slogan zu lesen war: „Schluß mit der Dorfmusik! Am 1. Mai eröffnet der Star-Club seine Türen – Deutschlands Rocking-Twist-Zentrum!"

Ohne Zweifel war der Zusatz damals ein Superlativ, doch der findige Manager Manfred Weissleder hat den zahlreichen Fans, die seinen Club besuchen, wirklich etwas zu bieten. Auf der Bühne des Star-Clubs rollt Abend für Abend ein Nonstop-Programm mit mindestens vier verschiedenen internationalen Bands ab. Die Gruppen hat Manfred Weissleder in England selbst kontraktiert und ihnen die Möglichkeit gegeben, für einige Monate in seinem Club zu spielen. Schon damals konnte er feststellen, daß besonders die Gruppen gefeiert wurden, die nicht unbedingt ein Plagiat des Hitsounds der *Shadows* waren. Die gefeierten Gruppen kamen meist aus Liverpool. Diese Bands hatten einen Sound, der als absolut neu anzusprechen war. Ihre Namen waren: Gerry and the Pacemakers, The Undertakers, The Beatles, The Searchers, um nur die Gruppen aufzuzählen, die nach ihrer Rückkehr in ihre Heimat England kometenhaft in die Top Fifty der englischen Hitparaden aufstiegen. Es dürfte durchaus interessant sein, daß alle diese Gruppen ihren Stil und ihre Perfektion erst in Deutschland, nämlich im Star-Club, gebildet haben.

Seine inzwischen internationale Bedeutung verdankt der Star-Club allerdings einer anderen Tatsache. Es gibt heute kaum einen amerikanischen Top-Artisten, der noch nicht im Star-Club gastierte. Gastspiele mit Ray Charles, Fats Domino, Brenda Lee, Chubby Checker, Little Richard, Bill Haley, Tommy Roe, Joey Dee usw. gehören zu den monatlichen Attraktionen des Star-Clubs. Kein Wunder also, daß es kaum eine Zeitung gibt, die nicht schon über den Star-Club berichtete, kein Wunder, daß die Schallplatten-Industrie eine Reihe von inzwischen bekannten Artisten direkt aus dem Star-Club verpflichtete, so die Haus-Band des Clubs „Tony Sheridan and the Star Combo" sowie „King Size Taylor and the Dominoes".

Das Aufnahmeteam der Philips zog im Frühjahr 1963 in den Star-Club ein, um dort den Original-Star-Club-Sound und die dazugehörige Atmosphäre einzufangen. Es entstand aus dem aufgenommenen Material eine erste 30-cm-Langspielplatte „Twist im Star-Club Hamburg", *PHILIPS* P 48 036 L, die einen Querschnitt durch das Programm darstellen soll. Die zweite Schallplatte nun ist ganz den *SEARCHERS* gewidmet. Wir hören die Band hier so, wie sie allabendlich im Star-Club auf der Bühne stand, von ihren Fans umjubelt! Nach ihrer Rückkehr in ihre Heimat entstanden mit dieser Gruppe Schallplatten-Aufnahmen, die jetzt die englischen Hitparaden anführen.

So reiht sich auch diese Band in die Gruppe der Formationen ein, die ihren Erfolg im Hamburger Star-Club begründeten.

In the beginning of 1962 when – at least here in Germany – one was just about to consign the twist-rage to the scrap-heap, there were posters in glaring red colour to be seen on all advertisement-pillars in Hamburg and surroundings reading: "Let's knock off that stale music! On May 1st the Star-Club is opening its doors. Germany's rocking-twist centre."

There is no doubt that this promising supplement was an enormous superlative at its time. But, as a matter of fact, its ingenious manager Manfred Weissleder could really offer the numerous fans crowding his club, quite a lot indeed. Every night there is a non-stop stage show featuring at least four different bands. Manfred Weissleder himself selected those groups in England, mostly offering them to play at his club for a period of several months. At that time already he found out, that mainly those groups brought down the house who did not necessarily perform a more or less successful imitation of "The Shadows'" hit sound.

The most impressive and successful groups starring at the club, come from Liverpool. They had created their own specific sound and called themselves: Gerry and the Pacemakers, The Undertakers, The Beatles, The Searchers; just to mention those groups who comet-like broke into the Top Fifty of the English charts after their return to England. It may be interesting to know that all these groups have developed their proper style and achieved perfection in Germany, i. e. right at the Star-Club in Hamburg.

Nevertheless the present international reputation of the Star-Club however is based on another fact. There is hardly any nowaday American top artist that has not yet been at the Star-Club with a starring performance. Personal appearances of Ray Charles, Fats Domino, Brenda Lee, Chubby Checker, Little Richard, Bill Haley, Tommy Roe, Joey Dee, etc. represent the monthly attractions of the Star-Club. No wonder, that there is hardly any German newspaper to be found that did not yet report on the Star-Club, no wonder that the record industry signed on a number of artists right at the Star-Club, artists that meanwhile become very popular, as for instance the house-band of the Club itself "Tony Sheridan and the Star Combo" as well as "King Size Taylor and the Dominoes". No wonder that fans from all over Germany and even from the neighbouring countries are heading for Hamburg and make a night of it, listening to that striking kind of music, no wonder that *PHILIPS'* recording-team installed themselves in the Star-Club to live-record the inimitable original Star-Club sound and its catching atmosphere.

Out of several hours of live-recorded material there was compiled a first 12" LP titled "Twist at the Star-Club Hamburg" – *PHILIPS* P 48 036 L – which represents an impressive cross-section of an every night's program.

The second disk at hand is featuring but the *SEARCHERS*. Here we can hear the band cut live in full action on the stage of the Star-Club, hailed enthusiastically by their countless fans! – After their recent return to England there were recordings made by this group, that are now topping the English charts. In this way also the *SEARCHERS* rank among those bands, that began their career at the Star-Club in Hamburg.

Recorded: "live" at the Star-Club, Hamburg – Producer: Siegfried E. Loch – Technik: Hans-Georg Dozel – Coverfoto: Siegfried E. Loch – Supervision: Manfred Weissleder

K 10/1333 8. 63

P 48 068 L **PHILIPS** P 48 068 L

TWIST IM Star-Club HAMBURG

(live recording)

Seite 1:	Seite 2:
Baby, That's Rock And Roll	Sticks And Stones
The Stomp	Hippy Hippy Shake
Go To Him	Ain't She Sweet
Zipp-A-Dee-Doo-Da	Johnny Be Good
Mashed Potatoes	Twist And Shout
Hello	Dream Baby
Cryin', Waitin', Hopin' You Come Back	P. S. I Love You

THE RATTLES

Joachim Reichel

Herbert Hildebrandt

Hans Joachim Kreutzfeld

Reinhard Tarrach

Eine neue „heiße Welle" in der Musik hat ihren Siegeszug angetreten: der Liverpool-Sound. Noch vor einem Jahr betrachtete man teils verwundert, teils amüsiert die äußeren Erscheinungen jenes Fiebers, das die junge Generation auf der britischen Insel erfaßt hatte. Inzwischen ist der Liverpoolbeat zum Herzschlag des Show-Business der ganzen Welt geworden, was einer Sensation gleichkommt: in den USA sind die hart-rockenden Gruppen der jungen Leute, die singen und sich in packendem Drive selbst auf ihren Stahlseiten-Gitarren begleiten, auf dem unaufhaltsamen Vormarsch; sie notieren erste Plätze auf den Hitparaden.

Eine der Quellen, aus denen die heiße Springflut, der „Liverpool-Sound" hervorbrach, war und ist der Star-Club in Hamburg. Dieser Club hat nicht nur Namen wie The Beatles, The Searchers, The Undertakers und andere mehr lange vor dem „großen Start" des Liverpool-Sounds präsentiert, aus ihm ging auch die einzige deutsche Band hervor, die Vergleichen mit den englischen Vorbildern standhält: THE RATTLES. Die „Rattles" absolvierten inzwischen bereits zwei Erfolgstourneen durch England. Ihr unerwarteter Erfolg im Heimatlande des Liverpool-Beats drückt am besten eine Kritik des „Melody Makers" aus, jener Zeitung des Show-Business, die wie ein Seismograph neue Entwicklungen aufspürt und ans Tageslicht bringt: „Der größte Erfolg in Liverpool's ‚Cavern' seit Bestehen der Beatles sind deren deutsches Gegenstück ‚THE RATTLES'. Diese sensationelle Gruppe kommt aus dem Hamburger Star-Club und ist die einzige deutsche Band, die es geschafft hat, in England einen Fan-Club zu besitzen (28. Dezember 1963)."

Mit dieser Schallplatte präsentieren wir Ihnen nun die dritte Langspielplatte innerhalb der Star-Club-Serie. Sie ist, wie auch die Langspielplatte mit den Searchers, nur einer Gruppe gewidmet. Hören Sie, wie die Rattles von ihrem enthusiastischen Publikum gefeiert werden.

P. S. Reinhard Tarrach, den neuen Schlagzeuger der Rattles, hören Sie auf Seite 1 im 1. bis 4. Titel. Bei allen übrigen Titeln sorgte Dieter Sadlowski für den Rhythmus.

The Liverpool-beat has set out on a world-wide victorious advance which actually seems irresistible. Yet one year ago "well-informed quarters" were inclined to assume that the new craze from England would restrict itself to the continent. In the meantime however we were all set right. In the US coast-to-coast hit parades as well as in those of New Zealand, Liverpool bands are presently topping the charts.

However we should not forget one thing: Just as the meanwhile world-famous Peppermint Lounge in New York was the birthplace of the overlasting twist rage, one of the principal places in the process of formation of this latest wave was and remains the Star-Club in Hamburg. Right here not only The Beatles, The Searchers, The Undertakers among others presented themselves to the public long before they were launched and broke out nation-wide, the Star-Club was also the "germ-cell" for the one and only group of German origin that is comparable and can cope with these English models: The Rattles.

In the meantime the Rattles have been in England twice for personal and TV appearances. Their unexpected overwhelming success in the home country of their models cannot be appreciated better than by the critique of the „Melody Maker" stated in the December 28th, 1963 edition reading: "Biggest hit at Liverpool's Cavern since the Beatles are their German counterparts — THE RATTLES. The group is from Hamburg's Star Club and is the only German group with a British fan club".

This disk at hand is already the third follow-up LP within our Star-Club series, featuring like the Searchers LP just one group only. Listen to the Rattles as they are hailed by their enthusiastic fans.

P. S. Tracks 1—4 on side 1 present the Rattles' new member Reinhard Tarrach, drums. On all other tracks rythm is done by Dieter Sadlowski.

Aus dem Philips-Repertoire

Twist im Star-Club Hamburg — Mit den Rattles / Searchers / Star-Combo u. a.
P 48 036 L / 30 cm

Sweets For My Sweet — Eine „Live-Show" mit den Searchers im Star-Club
P 48 052 L /; 30 cm

twen-party — Presley's große Erfolge in Instrumentalversion
B 14 532 L / 30 cm

K 10/178 2. 64

Jerry Lee Lewis
PHILIPS
"LIVE" AT THE Star-Club
HAMBURG

P 14 546 L
PHILIPS
P 14 546 L
PHILIPS
M 33
Jerry Lee Lewis „Live" At The „Star-Club" Hamburg
SEITE 1
I Got A Woman
High School Confidential
Money
Matchbox
What'd I Say – Part I
What'd I Say – Part II
SEITE 2
Great Balls Of Fire
Good Golly, Miss Molly
Lewis' Boogie
Your Cheating Heart
Hound Dog
Long, Tall Sally
Whole Lotta Shakin' Goin' On
Jerry Lee Lewis (voc. & Piano) and The Nashville Teens

1964

PHILIPS

stereo 843 933 PY
auch mono abspielbar

bp
beat & prosa

Diese Live-Aufnahme dokumentiert den sensationellen Erfolg des bisher einmaligen Experiments. 1500 junge Menschen – Hunderte fanden keinen Einlaß mehr und mußten umkehren – erlebten im Hamburger „Star-Club" auf St. Paulis „Großer Freiheit" die beispiellose Veranstaltung „Beat und Prosa". Noch nie haben Publikum und Presse, Film und Fernsehen ähnliche Anlässe so enthusiastisch und uneingeschränkt gelobt. Diese twen-Platte ist ein ungewöhnliches Erlebnis für alle, die nicht dabei waren, und für die Zeugen ein bedeutendes und wertvolles Dokument.

Fritz J. Raddatz: „Zärtlich und grausam zugleich, zupackend, spielerisch variierend das scheinbar nicht variable Detail – so stellt Hubert Fichtes Sprache eine Welt her nach vorgegebenem Modell. Aus der kunstvollen Monotonie seiner Worte bildet sich eine neue Realität, die auf seltsame Weise das verändert, was sie im Abbild meint: Jäcki und Jürgen, und Heidi und Ramonita, und Loddl und der nackte Mann, der Lydia heißt, erhalten plötzlich die Fähigkeit, über sich selbst auszusagen. Die vorgeblich teilnahmslose Repetition von Hubert Fichtes Stil setzt einen geheimen Mechanismus in Gang, der Figuren zu Gestalten werden läßt, Schemen zu Menschen. Mit den dünnen, mitunter bösen Ziselierungen einer Kaltnadelradierung läßt diese Prosa Temperamente und Wünsche, Qualen, Sehnsüchte und Räusche kenntlich werden, Impulse nicht nur der Provos und Gammler, sondern einer ganzen jungen Generation zwischen San Franzisko und Moskau.

Das Experiment dieser Texte mit heißer Beat-Musik war eigentlich keines: genau der hämmernde, unerbittliche, gelegentlich weiche, gelegentlich rasend harte Rhythmus dieser Musik ist die spontane musikalische Artikulation dessen, was in Fichtes Prosa bedacht, nein analysiert wird. Der sensationelle Erfolg dieser literarischen Lesung auf Hamburgs Reeperbahn, an der Entstehungsstätte der Beatles, hängt mit diesem mühelosen Synchron zweier Medien zusammen."

Dieter E. Zimmer schrieb in der ZEIT: „Hier im ‚heiligen Sanktus-Paulus-Village', erschlug der Beat die Prosa nicht; beide koexistierten, mehr: sie machten gemeinsame Sache, sie dementierten das angebliche Schisma zwischen der Sub-, der Pop-Kultur, die ihre Kleidung und Sprache und Umgangsformen hat, und der seriösen, der höheren, der dunkel gekleideten, ‚eigentlichen' Kultur. Hier, im ‚Star-Club', wurde eine andere Form ausprobiert, und sie funktionierte: nicht Jazz, sondern Beat; nicht Markt, sondern Schuppen. Die Diskrepanz schien fast ausgelöscht. Der Dichter fand zwanglos ein neues Publikum."

Hubert Fichte liest aus seinem Roman „Die Palette"*

Seite 1

That's Nice (M. Dallon) 2:56
Ian & The Zodiacs

Jäckis erster Besuch in der Palette (H. Fichte) Hubert Fichte 4:12

Ride Your Pony (Neville) 2:42
Ian & The Zodiacs

Vierter Besuch (H. Fichte) 3:00
Hubert Fichte

Alabamy Bound (Trad./Arr. F. Grignard) Ferre Grignard 3:43

Lexicon (H. Fichte) 6:14
Hubert Fichte

RSSSTT Blues (F. Grignard) 2:05
Ferre Grignard

Seite 2

Passionsmarsch (H. Fichte) 7:57
Hubert Fichte

Drunken Sailor (Trad./Arr. F. Grignard) Ferre Grignard 3:08

Die Blume zu Saaron (H. Fichte) 6:41
Hubert Fichte

Respect (Redding) 2:29
Ian & The Zodiacs

Gabelung vor der Palette (H. Fichte) Hubert Fichte 0:36

No Money – No Honey (K. Doldinger/I. Edwards/Ch. Flynn) Ian & The Zodiacs 1:55

Musik: Ian & The Zodiacs (Liverpool)
Ferre Grignard (Antwerpen)

recorded „live" at the Star-Club, Hamburg, October 2nd, 1966

Recording Engineer: Luwig Bender

Producer: Siegfried E. Loch

* © Rohwohlt-Verlag, Reinbek b. Hamburg

Diese Stereo-Schallplatte ist mit jedem modernen Leicht-Tonabnehmer abspielbar. Der Stereo-Effekt ergibt sich jedoch nur bei Verwendung eines Stereo-Abspielgerätes.

Das Programm der twen-Serie besorgt die Redaktion der Zeitschrift twen in Zusammenarbeit mit der Philips Ton Gesellschaft mbH. Hamburg.

Prediger mit 27 „Goldenen"

Little Richard gastierte im Hamburger Star-Club

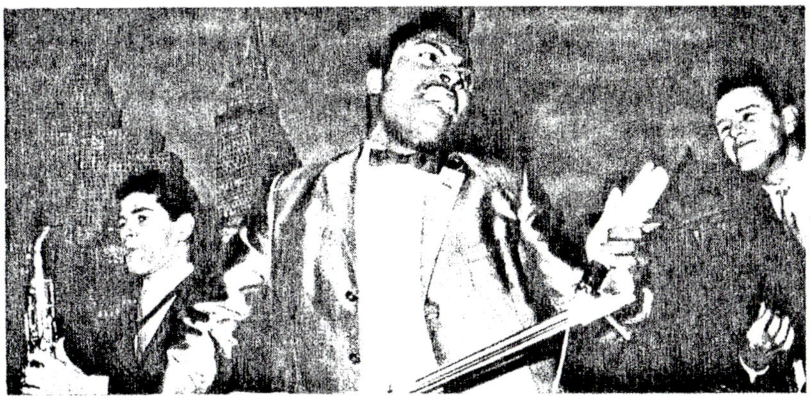

Die Karriere dieses kleinen Negersängers ist märchenhaft. 1955 wurde er entdeckt. Mit „Tutti Frutti" wurde er über Nacht berühmt. Bei seinen Gastspielen stürmten die Fans die Kassen. Seine Platten brachten Rekordumsätze. 27mal konnte er über eine Million Stück von einer Platte verkaufen. Hollywood zahlte ihm Stargagen. Doch 1957 — auf dem Höhepunkt seiner Laufbahn — hatte er plötzlich von dem ganzen Rummel die Nase voll. Er trat in eine Religionsschule in Alabama ein. Der König des Rock'n'-Roll zog als Laienprediger durch die Lande. Doch die Auflagen seiner Platten erreichten weiterhin schwindelnde Höhen. Und immer wieder fragten die Fans: „Wo bleibt Little Richard?" Endlich folgte er diesem Ruf – und feierte ein triumphales Comeback.

Gerade rechtzeitig zu seinem Gastspiel erschien eine neue Platte (Mercury 127 063) von Little Richard. Die Titel heißen „Joy, Joy, Joy" und „He got what he wanted".

Das ist der Höhepunkt der Show. Little Richard verteilt seinen Schlips, seinen Gürtel, seine Manschettenknöpfe mit echten Perlen und seine Schuhe an die begeisterten Zuschauer.

Star-Club präsentiert:

Fats Domino

am 29. Oktober 1962. – Vorverkauf DM 5,– ab heute.
(Postversand von Karten gegen Voreinsendung des Eintrittsgeldes)

Little Richard

ab 30. Oktober bis 12. November, kein Vorverkauf.
Hamburg-Altona, Gr. Freiheit 39 – Tel.: 31 23 00

Star-Club
Gr. Freiheit 39

Little Richard
Heute letzter Tag
Eintritt frei!

Europa-Start vor den Hamburger Fans

Chuck Berry für einen Tag auf St. Pauli

rde. Hamburg, 3. Juni

Den Europastart des amerikanischen Sängers Chuck Berry werden die Hamburger Rock- und Beat-Fans erleben. Das Idol der amerikanischen Teenager kommt für einen Tag nach Hamburg. Chuck Berry wird am Freitagabend im Star-Club gastieren. Der erfolgreiche Sänger und Gitarrespieler aus Tennessee soll eine fünfstellige Gage erhalten. Bereits am Sonnabend fliegt Chuck Berry nach Berlin. Er wird auf einer Veranstaltung des Hamburger Star-Clubs in der Deutschlandhalle auftreten. Auch die „Rattles“ aus Hamburg sind in Berlin mit von der Partie.

Singt einen Abend: Chuck Berry

Mit dieser Informationsplatte begann die legendäre Serie der Schallplatten auf dem Label von **STAR-CLUB RECORDS.**

97 Singles und 38 LPs erschienen in dieser Serie offiziell.

In diesem Buch sind alle abgebildet - die interessanten Rückseiten haben wir zum Nachlesen extra groß gestaltet.

111 371 L

PHILIPS

Informationsplatte

Star-Club RECORDS

November 1964

Seite 1

Lfd. Nr.	Bestell-Nr. Verlag	Titel und Interpreten Komponist und Texter	Spiel-dauer
1	148 503 STF Trio Music Aberbach	**Do Wah Diddy Diddy** (Greenwich) The Rattles	2'13 voc.
2	148 502 STF Aberbach	**Geh' zu ihm** (Reichel) The Rattles	2'36 voc.
3	148 506 STF* Melodie der Welt	**Out Of Sight** (Wright) James Brown	2'16 voc.
4	148 508 STF Jobete	**Shop Around** (Robinson/Gordy) The Liverbirds	2'48 voc.
5	148 504 STF Campell Conelly	**Exstacy** (Manston) Lee Curtis & The All-Stars	2'47 voc.
6	148 500 STF Pan Music Ltd.	**I Sure Know A Lot About Love** (Klein) The Searchers	2'24 voc.
7	148 507 STF Dr. Busse	**High School Confidential** (Lewis/Hargrave) Jerry Lee Lewis & The Nashville Teens	2'05 voc.
8	148 501 STF Marlyn Music Pub. Inc.	**Whole Lotta Shakin' Goin' On** (David/Williams/Mellin) Little Richard	2'15 voc.

* Veröffentlichung zurückgestellt!

Seite 2

1	148 001 STL Gerig	**House Of The Rising Sun** (Gallico) Shorty & Them	4'27 voc.
2	148 001 STL	**Have You Ever Had The Blues** (Logan/Price) The Roadrunners	3'00 voc.
3	148 000 STL Conrad Music	**Shame, Shame, Shame** (Reed) The Rattles	2'25 voc.
4	148 003 STL	**Before You Accuse Me** The Liverbirds	2'42 voc.
5	148 005 STL Crossroad/ Planemar Music	**The Night Time** (Brown/Nappy) Davy Jones	2'45 voc.
6	148 005 STL Capriccio	**Twistin' Wilhelm Tell** (Rossini/Nero) The Blue Sounds Inc.	2'04 insl.
7	148 005 STL Tangerine Music	**Sticks And Stones** (Turner/Tibus) Ray Charles	2'14 voc.
8	148 005 STL Tideland Aberbach	**What Am I Living For** (Jay/Harris) Millie	2'40 voc.

LP 1964

Star-Club RECORDS

mono 148 000 STL
stereo 158 000 STY

THE RATTLES

1. SEITE		2. SEITE	
Shout	3 : 57	You Better Stop	2 : 53
Hootchie Cookie Man	2 : 57	Do Wah Diddy Diddy	2 : 15
Too Much Monkey-Business	2 : 30	Just Like I Treat You	3 : 18
Shame, Shame, Shame	2 : 27	Someone Who Is Just Like You	2 : 05
Far, Far Away	2 : 58	Mister Moonlight	3 : 38
I'm Gonna Do It	2 : 10	Betty Jean	2 : 37
		I Should Have Known Better	2 : 50

Star-Club SHOW 2 — SHORTY AND THEM — THE ROAD-RUNNERS
Star-Club SHOW 3 — LEE CURTIS & THE ALL-STARS
Star-Club SHOW 4
Star-Club SHOW 5 — JERRY WILLIAMS AND THE VIOLENTS
Star-Club SHOW 6 — 11 STARS AT THE STAR-CLUB

Fotos: Vorderseite: Hansi Hoffmann Rückseite: Hansi Hoffmann Star-Club-Records im Vertrieb der PHILIPS TON GESELLSCHAFT M. B. H.

Star-Club
SHOW 2
SHORTY AND THEM
THE ROAD-RUNNERS

Star-Club RECORDS
mono 148 001 STL
stereo 158 001 STY
THE ROADRUNNERS-SHORTY & THEM
1. SEITE THE ROADRUNNERS
Mary Ann 2:25
Have You Ever Had The Blues . 3:00
My Baby Left Me 3:35
Hitchhike 2:20
Cry Cry Cry 3:04
Got My Mojo Working . . . 5:20
2. SEITE SHORTY & THEM
Caroll 2:31
Dimples 5:48
House Of The Rising Sun . . 4:27
Farmer John 2:09
Walkin' The Dog Part I
Rock Around The Clock
Walkin' The Dog Part II . . 7:06
Star-Club SHOW 1 THE RATTLES
Star-Club SHOW 3 LEE CURTIS & THE ALL-STARS
Star-Club SHOW 4
Star-Club SHOW 5 JERRY WILLIAMS AND THE VIOLENTS
Star-Club SHOW 6 11 STARS AT THE STAR-CLUB
Fotos: Vorderseite: Hansi Hoffmann Rückseite: Hansi Hoffmann Star-Club-Records im Vertrieb der PHILIPS TON GESELLSCHAFT M.B.H.

mono 148 002 STL
stereo 158 002 STY

LEE CURTIS & THE ALL-STARS

1. SEITE

Memphis Tennessy	3:10
Mess Of Blues	2:32
When I Get Paid	3:00
It's Only Make Believe	2:50
I've Got My Eyes On You	2:15
Boys	2:57
Boppin' The Blues	2:37

2. SEITE

My Baby	2:40
Where Have All The Flowers Gone	3:45
Blue Suede Shoes	2:02
Let's Stomp	2:30
Hello, Josephine	2:53
Can't Help Falling In Love	3:21

Fotos: Vorderseite: Hansi Hoffmann Rückseite: Hansi Hoffmann Star-Club-Records im Vertrieb der PHILIPS TON GESELLSCHAFT M. B. H.

LP 1965

Star-Club RECORDS

mono 148 003 STL
stereo 158 003 STY

THE LIVERBIRDS

1. SEITE

Johnny B. Goode	2:25
Can't Judge A Book By Looking At The Cover	2:59
Love Hurts	3:00
Talking About You	3:03
Mona	3:22
Money	3:10

2. SEITE

Too Much Monkey Business	2:38
Road Runner	3:06
Diddley Daddy	3:48
Hands Off	2:35
Before You Accuse Me	2:42
Leave All Your Old Loves	3:00
Got My Mojo Workin'	3:18

Fotos: Vorderseite: Hansi Hoffmann Rückseite: Hansi Hoffmann Star-Club-Records im Vertrieb der PHILIPS TON GESELLSCHAFT M. B. H.

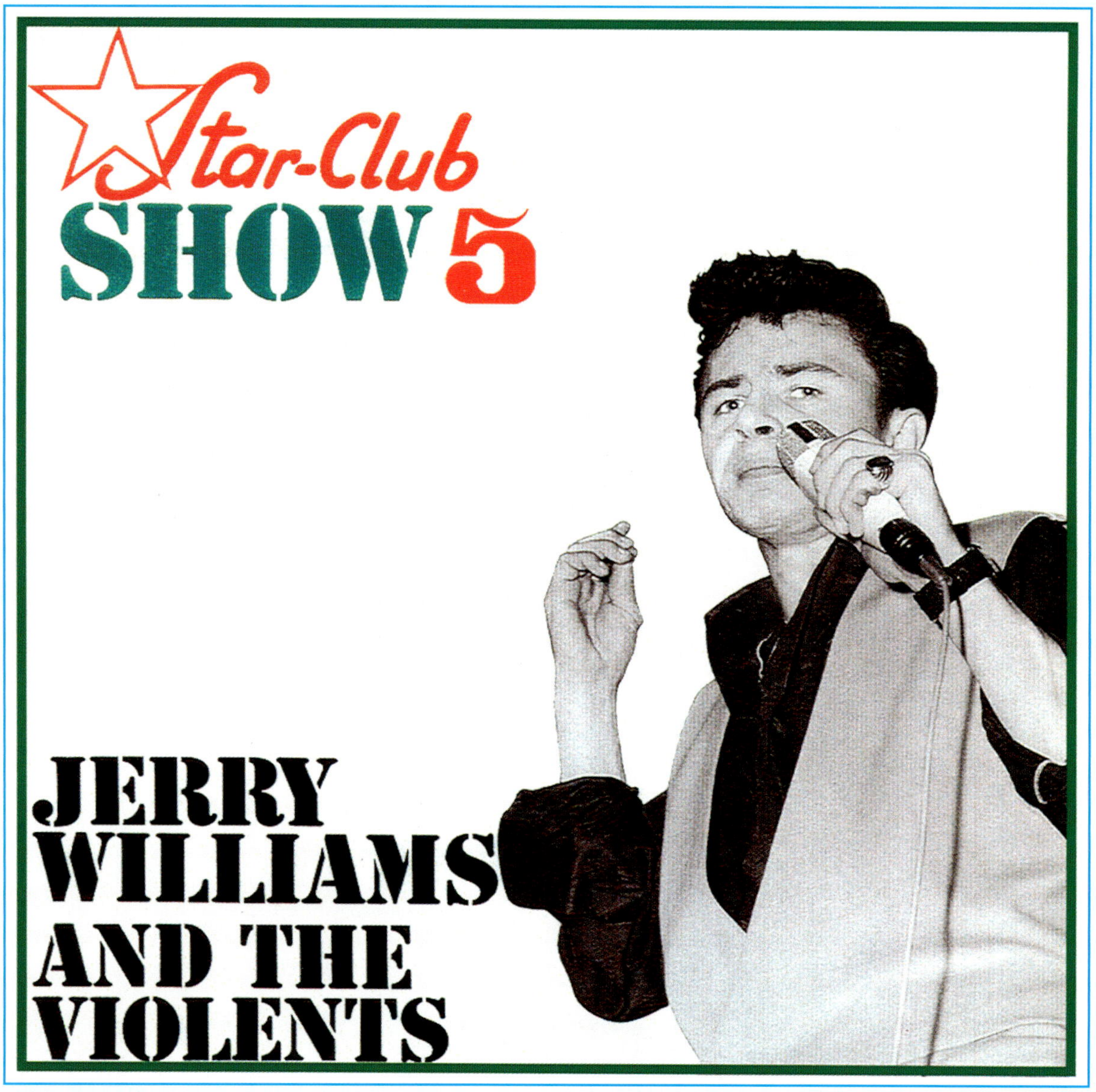

mono 148 004 STL

Star-Club RECORDS

JERRY WILLIAMS & THE VIOLENTS

1. SEITE		2. SEITE	
Ready Teddy	2:00	I Know	2:15
Eldorado	2:30	Free Me	2:18
Where Am I	1:48	Come On, Come On	1:57
Lovin' Up A Storm	1:52	Let's Talk About Us	2:15
Caroline	1:34	It's True	2:44
What 'd I Say	2:44	Savage Love	2:10

Star-Club SHOW 1 THE RATTLES · Star-Club SHOW 2 SHORTY AND THEM THE ROAD-RUNNERS · Star-Club SHOW 3 LEE CURTIS & THE ALL-STARS · Star-Club SHOW 4 · Star-Club SHOW 6 11 STARS AT THE STAR-CLUB

Star-Club-Records im Vertrieb der PHILIPS TON GESELLSCHAFT M. B. H.

Star-Club RECORDS

11
STARS
AT
THE
STAR-
CLUB

148 005 STL

SEITE 1

I'm On Fire
Jerry Lee Lewis & The Nashville Teens
Sticks And Stones
Ray Charles
Twistin' Wilhelm Tell
The Blue Sounds Inc.
The Night Time
Davy Jones
Whole Lotta Shakin' Goin' On
Little Richard
Don't Ya Think It's Time
The Rattles
I Wanna Be Your Man
Tommy Roe

SEITE 2

Down The Line
Jerry Lee Lewis & The Nashville Teens
What Am I Living For
Millie
Sweets For My Sweet
The Searchers
Fever
Tony Sheridan (by courtesy of POLYDOR)
The Fortune Teller
King Size Taylor & The Dominoes
Caroll
Tommy Roe
Goodnight Irene
Little Richard

LP 1965

Star-Club RECORDS

mono 148 006 STL
stereo 158 006 STY
(a VEE-JAY Production)

KINGS OF BEAT 1 - LITTLE RICHARD

Jede moderne Mono- oder Stereo-Schallplatte ist mit jedem modernen Leichttonabnehmer abspielbar. Der Stereo-Effekt der Stereo-Schallplatten ergibt sich jedoch nur bei Verwendung eines Stereo-Abspielgerätes. Beim Abspielen von Mono-Schallplatten auf einer Stereo-Anlage wird eine noch bessere Wiedergabequalität erzielt.

*

Every modern record, Mono or Stereo, can be played with every modern light-weight pick-up.
The Stereo sound of the Stereo record, however, is only reproduced when Stereo equipment is used.
Mono records yield their sound with even greater clarity when played on Stereo equipment.

1. SEITE

A Whole Lotta Shakin' Goin' On	2 : 28
Going Home Tomorrow . .	4 : 06
Money Honey	2 : 15
Only You	2 : 20
Hound Dog	2 : 15
Goodnight Irene	2 : 33

2. SEITE

Lawdy Miss Claudie	2 : 15
Groovy Little Suzy	2 : 14
Short Fat Fanny	2 : 06
Cherry Red	2 : 29
Memories Are Made Of This .	2 : 08
Blueberry Hill	1 : 46

Little Richard who was born in Macon, Georgia, is probably ranked in the top ten all-time bestsellers of popular records. Ever since recording his first hit TUTTI FRUTTI which sold close to five million copies, he has been a consistent maker of hits. He is one of the first American artists that became as big throughout the entire world as he was in his native United States. The hit recordings of LONG TALL SALLY - GOOD GOLLY, MISS MOLLY - KEEP A'KNOCKIN' - THE GIRL CAN'T HELP IT - RIP IT UP - SLIPPIN' AND SLIDIN' - MISS ANNE and SEND ME LOVING were in the true sense of the world international hits. Most of the people who have bought Little Richard recordings throughout the world could not understand the English language but they sensed the excitement and the electrifying performances of the artist. Such artists as the Beatles have openly acknowledged that Little Richard has been of considerable importance in influencing their own development.

One of the great producers of England has been quoted as saying that "Little Richard is the most exciting entertainer that the world has ever known. You have to sit on the edge of your seat to watch his performance". Should your own living-room come equipped with seat belts we strongly suggest they be buckled because when Little Richard comes on - there's a whole lot of shakin' goin' on.

STAR-CLUB-RECORDS · Printed in Germany

Star-Club RECORDS

mono 148 007 STL stereo 158 007 STY
(a FONTANA recording)

IAN & THE ZODIACS

Jede moderne Mono- oder Stereo-Schallplatte ist mit jedem modernen Leichttonabnehmer abspielbar. Der Stereo-Effekt der Stereo-Schallplatten ergibt sich jedoch nur bei Verwendung eines Stereo-Abspielgerätes. Beim Abspielen von Mono-Schallplatten auf einer Stereo-Anlage wird eine noch bessere Wiedergabequalität erzielt.

Every modern record, Mono or Stereo, can be played with every modern light-weight pick-up.
The Stereo sound of the Stereo record, however, is only reproduced when Stereo equipment is used.
Mono records yield their sound with even greater clarity when played on Stereo equipment.

SEITE 1

Good Morning, Little Schoolgirl	2 : 57
Rockin' Robin *	2 : 34
So Much In Love With You	2 : 21
Take A Message To Martha	2 : 59
Jump Back	1 : 59
The Crying Game	2 : 25

* Vocal Charlie Flynn
** Instrumental

SEITE 2

This Empty Place	2 : 39
Clarabella	2 : 38
Spartacus (The Spartans) **	2 : 16
Baby, I Need Your Lovin' *	2 : 34
Livin' Lovin' Wreck	1 : 47
It's Alright *	2 : 34
A Hard Day's Night	1 : 14

Ian Edwards zuckt die Schultern und gesteht freimütig: "Okay, wir haben furchtbare Schwierigkeiten, unsere Haare länger wachsen zu lassen. Besonders Charlie, unser Baßgitarrist. Da haben wir uns eben entschlossen, als Ersatz für lange Haare bessere Musik zu machen . . ." Der Mann, der das sagt, ist Ian Edwards, Leader der Beatgruppe "Ian And The Zodiacs" - einer der seltsamsten Gruppen, die Liverpool je hervorgebracht hat.
"Ian And The Zodiacs" existieren erst seit dem vorigen Spätsommer. Sie sind gewissermaßen „Liverpool-Spätlese". Denn zu einem Zeitpunkt, da die Fieberkurve anderer Beatgruppen bereits die Gewitterwolken kitzelte, dachten Ian und seine drei Freunde noch gar nicht an internationalen Ruhm. Bis zu jenem Tag, als sich die vier mit klopfendem Herzen im Londoner Fontana-Studio vorstellten: Probeaufnahmen. Sie hatten noch kein sehr umfängliches Repertoire, sie spielten einfach eine eigene Machart von "Crying Game", einem Hit, der damals in England Tagesgespräch war. Wie das so unter Schallplattenleuten ist: Dieses Probeband hörte Lou Reizner von der amerikanischen Philips, und es gefiel ihm so gut, daß er es in den USA sofort als Platte auf den Markt brachte. Ergebnis: Diese kleine schwarze Scheibe, hergestellt vom Band einer Probeaufnahme (!) wurde ein Hit!

Damit stand der Karriere des Ian Edwards und seiner "Zodiacs" natürlich nichts mehr im Wege. Zumal inzwischen international bekannt ist, daß es sich bei diesen vieren um eine der besten Beatgruppen handelt, die je aus Liverpool gekommen sind.

"Ian And The Zodiacs":

Ian Edwards	- Leader, Sänger, Rhythmus-Gitarre, geb. am 13. 10. 1943 in Liverpool
Peter Wallace	- Lead-Gitarrist, ständig auf der Suche nach neuen, speziellen Sound-Gags, geb. am 18. 12. 1943 in Liverpool
Charlie Flynn	- Baß-Gitarrist und zweiter Sänger, der der Gruppe durch seine „schwarze" Stimme viele neue Möglichkeiten gibt, geb. am 18. 3. 1941 in Liverpool
Geoff Bamford	- Der Benjamin und Drummer der Gruppe, geb. am 17. 5. 1945 in Liverpool.

Star-Club RECORDS

Jede moderne Mono- oder Stereo-Schallplatte ist mit jedem modernen Leichttonabnehmer abspielbar. Der Stereo-Effekt der Stereo-Schallplatten ergibt sich jedoch nur bei Verwendung eines Stereo-Abspielgerätes. Beim Abspielen von Mono-Schallplatten auf einer Stereo-Anlage wird eine noch bessere Wiedergabequalität erzielt.

Every modern record, Mono or Stereo, can be played with every modern light-weight pick-up. The Stereo sound of the Stereo record, however, is only reproduced when Stereo equipment is used.
Mono records yield their sound with even greater clarity when played on Stereo equipment.

KINGS OF BEAT 2

stereo 158 008 STY
(auch MONO abspielbar)
an ABC-PARAMOUNT recording

RAY CHARLES "LIVE" IN CONCERT

SEITE 1

Opening	:35
Band: Swing A Little Taste (Piano Solo: Ray Charles) (Tenor Solo: David "Fathead" Newman)	3:35
I Gotta Woman . . .	6:10
Margie	2:29
You Don't Know Me .	3:14
Hide Nor Hair . . .	2:57

SEITE 2

Baby, Don't You Cry .	2:35
Makin' Whoopee . .	6:17
Hallelujah I Love Her So	2:55
Don't Set Me Free . . (Ray Charles And The Raelets)	3:58
What'd I Say . . . . (Ray Charles And The Raelets)	4:30
Finale	1:55

Recorded in concert at Shrine Civic Auditorium Los Angeles, California - 1964

Stereo
auch Mono abspielbar

Here is the real Ray Charles - spontaneous humor; unexpected, delightful personal comments; happy shouts of laughter; the special enthusiasm that is always present in a personal appearance; and, of course, an appreciative audience which never fails to inspire Ray to the most enjoyable performances of his career - performances that he enjoys as much, or more, than his listeners. These are elements sometimes overlooked in a studio recording, where planned programming and perfection result in a recorded work of art, but perhaps lacking spontaneity. After a series of award-winning albums for ABC-Paramount Records, it's time to hear the real Ray Charles at work. This is his first "live" recording for the label.

This LP was created amid the excited capacity crowd of more than six thousand Charles fans who had gathered for Ray's annual concert in Los Angeles' tremendous Shrine Auditorium. The stage of the Shrine is so huge that it is often the scene of action by the Harlem Globetrotters, three-ring circuses and other imposing events. The talents of Ray Charles and his band more than filled this impressive setting. Resembling a typical Hollywood première, the Shrine was star-studded on the night of this particular performance. At the close of the program, Ray's dressing room was crowded with celebrities offering congratulations. Everything conspired to make this a memorable evening, and his "live" package is the permanently recorded evidence.

This recording is no different from an ordinary Ray Charles stage appearance (although no Charles performance can ever rightly be described as "ordinary"). No special programming arrangements were made for recording purposes and all of the excitement and appeal of the "live" performance are retained here. Ray does not program his numbers in advance. When his band takes the stage, no member is aware of which songs will be performed at that particular appearance. Ray programs on the spot as the evening proceeds, and in this record you'll hear him giving spoken cues to his musicians while he's performing, so they'll be prepared for the next number by the time the current one has ended. The "Joe" that Ray speaks to on this record is Joe Adams, Ray's long-time business associate, who is the master of ceremonies for this performance. Throughout this record you'll hear unrehearsed comments by Ray, reflecting his mood of the moment. For a classic bit of spontaneity, listen to "Makin' Whoopee". Included here are standard Ray Charles items, demanded by audiences the world over, such as "I Gotta Woman", "Hallelujah, I Love Her So" and "What'd I Say", in addition to some of his hit songs of the recent past. Ray's mastery of he piano is heard at length in the opening instrumental, "Swing A Little Taste". The much-acclaimed Raelets perform in "Don't Set Me Free" and "What'd I Say". On the latter song, Ray's first few notes are somewhat inaudible because the engineer wasn't aware that Ray would sing at exactly that spot.

For a special treat, be sure to hear the "Finale", Ray's comments, and the unexpected performance that follows.

No attempt has been made to augment this recording, or change the performances in any way from exactly the way they were heard at the Shrine Auditorium on that night in Los Angeles. This is just Ray Charles In Concert "Live" — the real Ray Charles - The Genius.
Rick Ward

PRINTED IN GERMANY

Amtmann Falck will den Star-Club schließen

„Das Maß ist voll!“

Schon acht Schlägereien in diesem Jahr

Verstöße gegen den Jugendschutz

Mehr als 200 000 Mark Steuerschulden

Sorgt für Ordnung auf St. Pauli: Regierungsamtmann Kurt Falck

Von ADOLF BOCK — Hamburg, 15. Juni

Regierungsamtmann Kurt Falck vom Bezirksamt Hamburg-Mitte hat einem der mächtigsten Männer des Vergnügungsviertels St. Pauli die Konzession entzogen: dem Gastwirt Manfred Weißleder. In acht Tagen soll Weißleders „Star-Club“ in der Großen Freiheit, die „Geburtsstätte“ der inzwischen weltberühmten „Beatles“, die Pforten schließen.

Wie es heißt, will Weißleder heute bei Gericht eine einstweilige Verfügung gegen diese Verwaltungsmaßnahme beantragen. Er kann sich dann in einem Prozeß vor dem Verwaltungsgericht gegen den Falck-Beschluß zur Wehr setzen. Allem Anschein nach wird er es tun.

Bisher aber hat das Gericht in fast allen Fällen im Sinne Falcks entschieden.

Seitdem Kurt Falck im August vergangenen Jahres die Leitung des Wirtschafts- und Ordnungsamtes Hamburg-Mitte übernahm, hat er — den „Star-Club“ eingeschlossen — 23 Konzessionen entzogen und 34 Anträge auf eine Konzession abgelehnt.

Falck begründet, weshalb er Weißleder die Konzession entzogen hat:

- **Zahlreiche Schlägereien seien vom Personal des Lokals angezettelt worden.**
- **Es sei zu Verstößen gegen das Jugendschutz-Gesetz gekommen.**
- **Weißleder habe große Steuerschulden.**

Falck: „Die Zahl der brutalen Übergriffe von Kellnern des Lokals auf Gäste hat sich so gehäuft, daß eine Tendenz zum System zu erkennen ist. 1962 gab es einen Zwischenfall dieser Art, 1963 sieben, und in den ersten fünf Monaten dieses Jahres waren es schon acht.

In diesem Jahr kam es nach Falcks Angaben an folgenden Tagen zu Schlägereien, an denen das „Star-Club“-Personal beteiligt war.

- **Am 1. Januar; an diesem Tag gab es gleich zwei Zwischenfälle.**
- **Am 12. Februar.**
- **Am 18. April**
- **Am 25. April**
- **Am 13. Mai**
- **Am 19. Mai**
- **Am 6. Juni**

Falck: „Mit System meine ich immer die gleiche Art, mit der die Gäste vom Personal behandelt werden: Ein Gast bekommt von einem Kellner einen Faustschlag ins Gesicht. Sofort kommen andere Kellner hinzu. Dann wird der Gast mit Faustschlägen und Fußtritten ‚fertiggemacht‘.

Der ‚Star-Club‘ nimmt in bezug auf Schlägereien eine Sonderstellung ein. Das Maß ist voll. Es muß jetzt endlich Schluß sein mit dem Faustrecht auf St. Pauli.“

Wenn einem Mann wie Manfred Weißleder die Konzession nicht entzogen werde, dann habe das Gaststätten-Gesetz seinen Sinn verloren.

Zweimal wurden schon, so sagte der Amtmann, Bußgelder gegen Weißleder angeordnet. Grund: Verstöße gegen das Jugendschutzgesetz. Einmla zahlte Weißleder 100 Mark. Im zweiten Fall — Bußgeld 200 Mark — ist die Entscheidung des Gerichtes, das Weißleder angerufen hat, noch nicht getroffen worden.

Weißleders Steuerschulden sollen sich auf über 200 000 Mark belaufen.

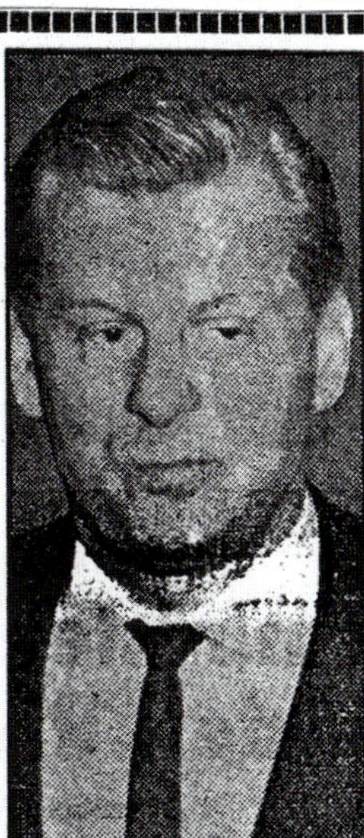

„Star-Club“-Chef Manfred Weißleder

Gericht entschied: Star-Club schließen!

elü. **Hamburg, 20. Juni**

Das Schicksal des Hamburger Star-Clubs auf der Großen Freiheit steht auf des Messers Schneide. Wenn nicht heute noch eine vorläufige Entscheidung des Oberverwaltungsgerichtes fällt, muß Star-Club-Chef Manfred Weißleder seinen Club am kommenden Sonntag um Mitternacht schließen.

Gestern hat das Verwaltungsgericht das Vorgehen des Amtmannes Kurt Falck gegen Weißleder gebilligt. Das Gericht: „Es muß für die künftigen Besucher des Vergnügungsviertels sichergestellt werden, daß sie sich ohne Gefahr für Leib und Leben in den dortigen Gaststätten aufhalten können.“

BILD berichtete: Falck hatte Weißleder die Star-Club-Konzession entzogen und angeordnet, das Lokal am 22. Juni zu schließen. Oder aber einen anderen Konzessionsträger zu benennen. Grund: Schlägereien unter Beteiligung des Personals, Verstöße gegen den Jugendschutz, Steuerschulden. Dagegen hatte Weißleder Beschwerde eingelegt. Die Beschwerde wurde gestern vom Verwaltungsgericht verworfen.

Das Gericht:

„Weißleders Aufgabe war es, durch straffe Führung geordnete Verhältnisse in seinem Betrieb zu gewährleisten. Das ist ihm jedoch nicht gelungen. Für dieses Nichtvermögen hat er aufzukommen. Sein Privatinteresse hat gegenüber den öffentlichen Interessen zurückzutreten.“

Weißleders Rechtsanwalt Dr. Herbert Ernst Müller hat gestern noch Beschwerde gegen den Gerichtsbeschluß eingelegt. Es ist jedoch nicht damit zu rechnen, daß das Oberverwaltungsgericht noch rechtzeitig vor der Schließung eine Entscheidung fällt.

Deshalb hat Dr. Müller beim OVG beantragt, die Schließung des Star-Clubs bis zum 27. Juni hinauszuschieben. Aber auch darüber ist noch nicht entschieden.

Amtmann Falck: „Unsere Maßnahmen richten sich nicht gegen die Institution Star-Club, sondern nur gegen seinen Inhaber. Wir erkennen die Belange der Jugend in vollem Umfang an. Unter einem geeigneten Konzessionsträger kann der Star-Club geöffnet bleiben.“

GRÜSSE AUS DEM
Star-Club
HAMBURG

GRÜSSE AUS DEM
Star-Club
HAMBURG

GRÜSSE AUS DEM
Star-Club
HAMBURG
Star-Club

GRÜSSE AUS DEM
Star-Club
HAMBURG

GRÜSSE AUS DEM
Star-Club
HAMBURG

Star-Club RECORDS

stereo 158 009 STY
(An ABC-Paramount recording)
auch mono abspielbar

KINGS OF BEAT 3 - FATS DOMINO

Jede moderne Mono- oder Stereo-Schallplatte ist mit jedem modernen Leichttonabnehmer abspielbar. Der Stereo-Effekt der Stereo-Schallplatten ergibt sich jedoch nur bei Verwendung eines Stereo-Abspielgerätes.. Beim Abspielen von Mono-Schallplatten auf einer Stereo-Anlage wird eine noch bessere Wiedergabequalität erzielt.

*

Every modern record, Mono or Stereo, can be played with every modern light-weight pick-up.
The Stereo sound of the Stereo record, however, is only reproduced when Stereo equipment is used.
Mono records yield their sound with even greater clarity when played on Stereo equipment.

SEITE 1

When My Dreamboat Comes Home	2:22
Wigs	2:13
Trouble In Mind	2:47
Man That's All	2:41
Kansas City	2:24
Reelin' And Rockin'	2:11

SEITE 2

Slow Boat To China	1:52
Monkey Business	2:48
Heartbreak Hill	2:59
The Girl I'm Gonna Marry	2:12
Why Don't You Do Right	2:42
Ballin' The Jack	1:52

GETAWAY WITH FATS DOMINO

It's easy to make a "GETAWAY WITH FATS DOMINO" because Fats' style of music just naturally lifts you up and out of whatever mood happens to be hovering over you. On the wings of song - and in Fats' case, these wings are jet propelled - Fats will take you to the land of bouncing rhythms and carefree hearts. This is the music of a happy man who projects his happiness into everything he does. When he sees you off on a "Slow Boat to China", you know that you're launched on one heck of a trip; and your welcome back is assured as Fats sings one of his all-time hits, "When My Dreamboat Comes Home".

Mention the name of Fats Domino, and songs such as "Blueberry Hill", "Ain't That A Shame", and "My Blue Heaven" are immediately brought to mind. These, and many many others, have made Fats a legend in the world of music and entertainment. Fats has sold millions of records and his name and personality have become world famous since the day he was discovered in his native New Orleans. From the very beginning, Fats was a great recording success. His record sales skyrocketed and his early training in clubs around New Orleans made him an ingratiating and much sought after night club and theatre entertainer.

Fats has often been called one of the great exponents of rock 'n' roll. When asked about the popularity of this type of music, Fats explains. There's nothing really new about the music. I've been playing it ever since I can remember, only we called it rhythm & blues. Actually, it started in New Orleans quite a few years ago. It comes straight out of Dixieland jazz and has the same beat; and it's the strong beat that's made it so popular with the kids."

Many of Fats' greatest successes have been with tunes that he, himself, composed. The important thing for Fats is that his songs tell a story. He gets his titles from colloquial expressions that have become part of everyday speech, like "Ain't That A Shame", "Poor Me", "Don't Blame That On Me", and "I'm In Love Again". As he puts it, "I write tunes about what people say. Sometimes I'll be talking to a friend, and he'll say something that sounds good, so I'll tell him, 'Put that down - it's a song'"!

Here he is again! Put down your troubles, pick up the beat, and make your "Getaway with Fats Domino"!

Kings Of Beat 1
LITTLE RICHARD
158 006 STY

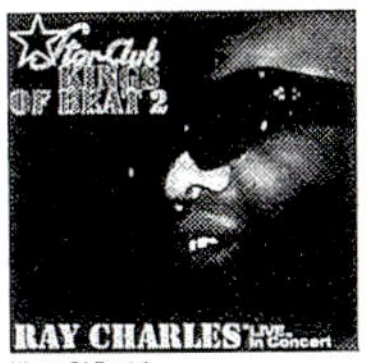

Kings Of Beat 2
RAY CHARLES "live" In Concert
158 008 STY

PRINTED IN GERMANY

LP 1965

Star-Club RECORDS

stereo 158 010 STY
auch mono abspielbar

THE COUNTRY STARS

Diese Stereo-Schallplatte ist mit jedem modernen Leichttonabnehmer abspielbar. Der Stereo-Effekt ergibt sich jedoch nur bei Verwendung eines Stereo-Abspielgerätes.

*

This Stereo record can be played with every modern light-weight pick-up.
The Stereo sound however, is only reproduced when Stereo equipment is used.

SEITE 1
Wild Wood Flower
Heartbreak USA
Baby I'm Ready
Golden Slippers
Valley Of The Moon
Honkey Tonk Girl
Before This Day's In

SEITE 2
Boil Them Cabbage Down
Nobody Loves You
The Best Of All
Doppeladler
Lonesome Prison Blues
Purchase Walk
Greensleeves

Stereo

Star-Club SHOW 1 – THE RATTLES – mono 148 000 STL stereo 158 000 STY
Star-Club SHOW 3 – LEE CURTIS & THE ALL-STARS – mono 148 002 STL stereo 158 000 STY
Star-Club SHOW 4 – mono 148 003 STL stereo 158 000 STY
Star-Club SHOW 7 – mono 148 007 STL stereo 158 007 STY
Star-Club KINGS OF BEAT 1 – LITTLE RICHARD – Kings Of Beat 1 LITTLE RICHARD mono 148 006 STL stereo 158 006 STY

Star-Club RECORDS

16 ORIGINAL Rhythm R&B Blues GOLDEN HITS

148 011 STL
(Mercury 125 970 MCL)

Diese Schallplatte ist mit jedem modernen Leichttonabnehmer abspielbar. Die Wiedergabe von Stereo-Schallplatten ist auch mit einem Mono-Abspielgerät möglich. Der Stereo-Effekt ergibt sich jedoch nur bei Verwendung eines Stereo-Abspielgerätes.

SEITE 1

Green Onions	BOOKER T. & THE MG'S	2:35
Bo Diddley	BO DIDDLEY	2:23
The Dog	RUFUS THOMAS	2:33
The Bells	CLYDE MCPHATTER	2:42
Gonzo	JAMES BOOKER	2:23
Dedicated To The One I Love	THE SHIRELLES	2:03
I Need Your Loving	DON GARDEN + DEE DEE FORD	2:50
I Got My Mojo Workin'	MUDDY WATERS	2:54

SEITE 2

Last Night	THE MAR-KEYS	2:36
Just Make Love To Me	MUDDY WATERS	2:47
Dear Lady Twist	GARY U. S. BONDS	2:24
Crying In The Chapel	THE ORIOLES	1:52
Wiggle-Wobble	LES COOPER	2:02
Yield Not To Temptation	BOBBY BLAND	2:33
The Stroll	THE DIAMONDS	2:30
Loop De Loop	JOHNNY THUNDER	2:21

S 158 006 STY
M 148 006 STL

S 158 007 STY
M 148 007 STL

S 158 000 STY
M 148 000 STL

Star-Club RECORDS

148 012 STL
(a FONTANA recording)
nur MONO erhältlich

THE GAME OF LOVE

WAYNE FONTANA AND THE MINBENDERS

M 33

Jede moderne Mono- oder Stereo-Schallplatte ist mit jedem modernen Leichttonabnehmer abspielbar. Der Stereo-Effekt der Stereo-Schallplatten ergibt sich jedoch nur bei Verwendung eines Stereo-Abspielgerätes. Beim Abspielen von Mono-Schallplatten auf einer Stereo-Anlage wird eine noch bessere Wiedergabequalität erzielt.

SEITE 1		SEITE 2	
The Game Of Love	2:07	Where Have You Been?	2:40
She's Got The Power	2:16	Keep Your Hands Off My Baby	2:46
You Don't Know Me	2:22	Too Many Tears	2:07
Git It!	2:42	Girl Can't Help It	2:43
Jaguar And Thunderbird	1:03	Cops And Robbers	3:16
Certain Girl	2:42	I'm Gonna Be A Wheel Someday	1:48
One More Time	2:06	Since You Been Gone	1:58

1. Mai 1965 — das Tauziehen hat ein Ende. Nach 5 harten Wochen ist es nun endlich geschafft, GAME OF LOVE eroberte die Spitze der amerikanischen Hit-Paraden. Niemand ist darüber glücklicher als der Mann, dessen Einfall es war, diesen Song im Beat-Gewand noch einmal aufzunehmen, nämlich WAYNE FONTANA mit seinen MINDBENDERS.

Ein halbes Jahr zurück: Der Begeisterung während der Aufnahme folgte eine gute Resonanz bei Publikum und Presse, als die Platte dann endlich in England veröffentlicht wurde. Der Kampf begann und bis zur Position 2 in der englischen Hit-Parade schaffte es WAYNE mit seinem GAME OF LOVE. Die Nummer 1 in seinem Land blieb ihm leider versagt. Trotzdem fand diese großartige Platte ihren Weg nach den USA, und hier dauerte es wie gesagt nur 5 Wochen, um den Traum einer jeden Beat-Gruppe zu realisieren: Nr. 1! Als diese Nachricht in England eintraf, ging es WAYNE FONTANA leider nicht so gut. Das Hetzen von Gastspiel zu Gastspiel und Fernsehshow zu Fernsehshow während der Aktionszeit von GAME OF LOVE in England, sind dem jungen Künstler nicht bekommen. Er wurde mit Herzschaden in ein Krankenhaus seiner Heimatstadt Manchester eingeliefert und unter strenge Aufsicht gestellt. In dieser Zeit zeigte sich nun, wie populär WAYNE heute ist, waschkörbeweise trafen täglich Glückwünsche und Genesungswünsche in dem Hospital ein. Die Verwaltung konnte diesem Ansturm kaum gerecht werden.

Inzwischen ist WAYNE wieder bei seinen MINDBENDERS und auf dem besten Wege, sich nach seinem Plattenerfolg die Herzen der Fans in der ganzen Welt durch persönliche Auftritte zu erobern.

Dieses Album gibt einen nachhaltigen Beweis dafür, daß THE GAME OF LOVE kein Zufallserfolg ist. Dies ist eine der besten Langspielplatten, die jemals mit einer Beat-Gruppe produziert wurde. Wir wissen, Sie werden mit dem gleichen Enthusiasmus dieser Musik zuhören mit der WAYNE, ERIC, BOB und RIC sie bespielt haben.

Juni 1965

S 158 000 STY
M 148 000 STL

S 158 003 STY
M 148 003 STL

S 158 007 STY
M 148 007 STL

S 158 006 STY
M 148 006 STL

SM 158 011 STY

Star-Club RECORDS

Stereo SM 158 013 STY
auch mono abspielbar
M 33

HURRA DIE RATTLES KOMMEN

Stereo auch Mono abspielbar

* Original-Soundtrack aus dem gleichnamigen Interworld/Mock Film

ACHIM + HERBERT + RUGY + DICKY = THE RATTLES

SEITE 1

* COME ON AND SING	2 : 12
* IT'S MY FAULT	2 : 06
* A LONELY MAN	2 : 03
* NO, NO	2 : 48
* SHE IS THE ONE	2 : 28
* I'M COMING HOME	2 : 16
* DANCE	2 : 31

SEITE 2

QUE SERA	2 : 34
HOLD ME	2 : 40
SWINGIN' ON A STAR	2 : 38
DR. CASEY	2 : 48
IF YOU DON'T COME BACK	2 : 22
LITTLE QUEENY	3 : 13
ROCKING PNEUMONIA	1 : 19

Alle Kompositionen von Achim Reichel, außer „No, no" von Herbert Hildebrandt. Bei „I'm Coming Home" ist Herbert Hildebrandt Co-Autor.

Deutschland hat seinen ersten Beat-Music-Film. Und wie sollte es anders sein, Deutschlands prominenteste Beatgruppe gab ihm den Namen. Er heißt: „Hurra, die Rattles kommen!". Die Rattles sind Hauptdarsteller und liefern selbstverständlich den Beat. Die Geschichte des Films ist eigentlich nebensächlich, aber sie könnte dem Leben entnommen sein. In einem unbekannten Beat-Keller spielt eine Band Abend für Abend, sie spielt mitreißend, hat ihre Fans und eines schönen Tages auch einen „Manager", der ihr mit Worten das Blaue vom Himmel verspricht, in Taten die Jungs aber hintergeht und „verlädt", wie man in der Musikersprache sagen würde. Schließlich geht die Band ihren eigenen Weg, findet einen seriösen, kaufmännischen Partner und bekommt den Erfolg, der ihr gebührt.

Eine Story wie viele und nichts außergewöhnliches, wenn es sich bei den Hauptdarstellern dieses Films nicht um die Rattles handeln würde. Es ist unbestritten: Die Rattles sind Deutschlands beste und erfolgreichste Beatgruppe — ja mehr noch: Sie sind weit über Deutschlands Grenzen hinaus bekannt. Ihre Platten erscheinen in den USA wie in Japan. Manche erinnern sich noch an die Zeit, als die Rattles ihre ersten musikalischen Schritte als Profis im Hamburger Star-Club taten. Von da bis heute haben die Rattles einen Aufstieg ohnegleichen erlebt. England feierte sie als die populärste Beatband gleich nach den Beatles selbst, und sie sind die einzige außerenglische Gruppe, die im Mecca der Beat-Music, im Cavern-Club in Liverpool, ständige Engagements hat, die einzige, die nicht nur in der Beat-Hochburg England einen Fanclub besitzt, sondern auch in Canada, USA und Australien, sowie selbstverständlich in Deutschland. Die Rattles spielten in allen großen Städten Englands als umjubelte Stars großer Tourneen. Auf ihren Konzertplakaten konnte man damals im Beiprogramm unter anderem eine Gruppe finden, die sich „The Rolling Stones" nannte. Auch heute noch nennen Fachkundige die Rattles gemeinsam mit den Beatles und den Rolling Stones, wenn sie von hochkarätiger Beat-Music sprechen. Ganz sicher fehlt den Rattles nur ein kräftiger Propaganda-Aufwind von Presse und Fernsehen, um sie mit einem Schlag in das weltweite Beat-Geschäft zu tragen.

Inzwischen haben die Rattles auch ihren sicheren Platz in den deutschen Hitparaden und vor allem bei den Beatfans. So spielten sie sich mit „Zipp-A-Dee-Doo-Da" und ihrem jüngsten Hit „La La La" an die Spitze der Beat-Interpreten. Die vorliegende Platte nun enthält die Filmtitel von „Hurra, die Rattles kommen!", und darunter sind einige, die ohne Zweifel das Zeug zu neuen, großen Rattles-Hits in sich haben. Und jetzt am besten die Platte aufgelegt, denn es heißt wieder einmal: „Hurra, die Rattles kommen!".

Heinz Lukas

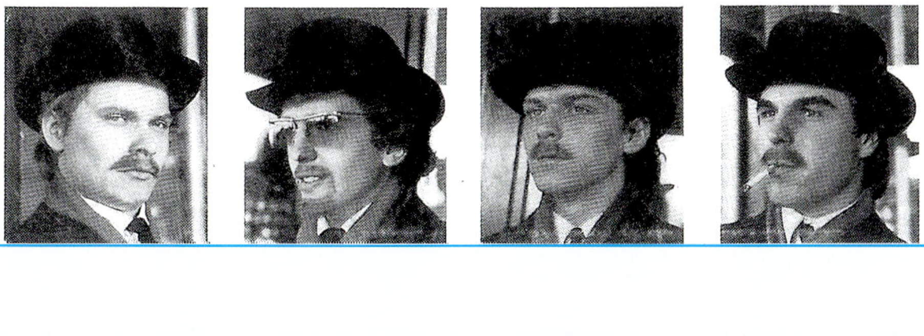

Diese Stereo-Schallplatte ist mit jedem modernen Leicht-Tonabnehmer abspielbar. Der Stereo-Effekt ergibt sich jedoch nur bei Verwendung eines Stereo-Abspielgerätes.

STEREO

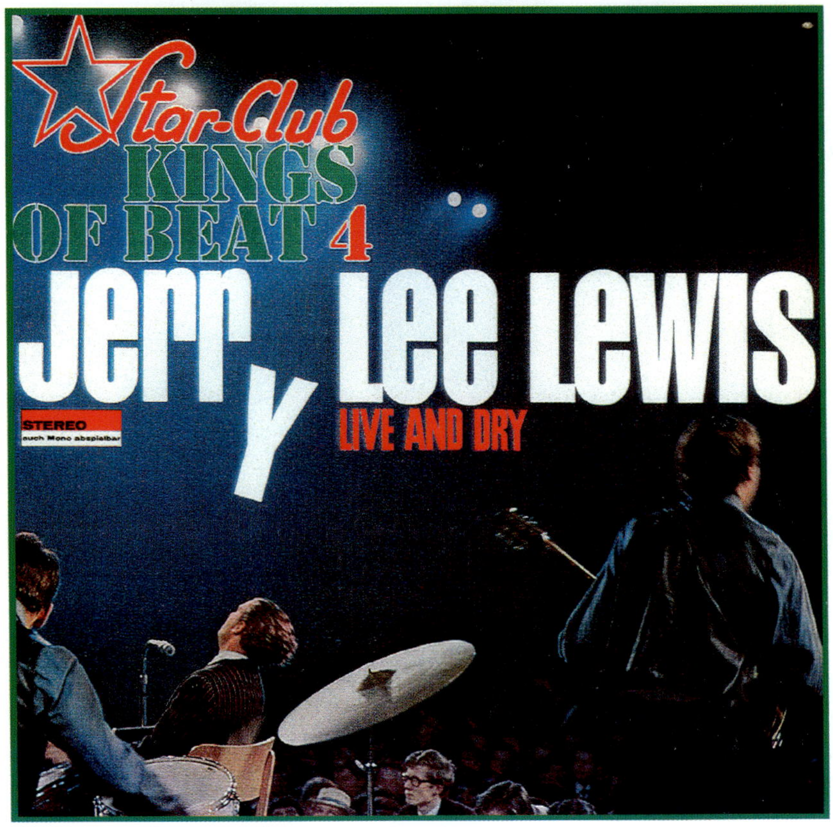

Stereo SM 158 014 STY
auch mono abspielbar
(a SMASH-recording)

KINGS OF BEAT 4

M 33 Star-Club RECORDS

Jerry Lee Lewis

Eine der neuen Langspielplatten, die von Jerry Lee Lewis in Amerika erschienen sind, trägt den Titel: "The Return Of Rock". Und wirklich, wer die internationale Beat-Szene aufmerksam verfolgt, wird so etwas feststellen wie ein Rock-n'-Roll-Renaissance. Das zeigt sich im Tanzstil der Fans und im Repertoire der Bands. Schließlich findet man im Repertoire der "Stones" und der Beatles mehr als eine reinrassige Rock-Nummer, von dem Welterfolg "Rock 'n Roll Music" einmal ganz abgesehen.

Der amerikanische Komponist und Pop-Kritiker Bob Tubert schrieb einmal: „Wenn hundert Jahre oder tausend Jahre später Historiker, Soziologen, Archäologen oder andere Wissenschaftler sich unsere heutige Zeit betrachten und genau wissen wollen, was in den späten 50er oder den frühen 60er Jahren des zwanzigsten Jahrhunderts los war, dann können sie nicht weiter kommen, wenn sie die Musik dieser Zeit ignorieren, den Rock!"

Sollte es wirklich einmal solche nachträglichen Zeitbetrachter geben, dann werden sie mit Sicherheit auch die unzähligen Platten eines der ganz großen Rock-'n-Roll-Stars ausgraben, die des Pianisten und Sängers Jerry Lee Lewis. Glücklicherweise konnten auch wir ihn hierzulande erleben, vor Jahresfrist im Star-Club Hamburg und in der Deutschlandhalle in Berlin. Und wer einmal dabei war, wie Jerry auch das kühlste Auditorium mit zwei, drei Klavierläufen genau am empfindlichsten Nerv packt, es nicht mehr losläßt und es mitnimmt auf seine abenteuerliche, rhythmische Reise, bis sich alle zusammen als eine große Rock-Familie fühlen, der vergißt diesen Beat-Wundermann nie wieder in seinem ganzen Leben. (Und genau jetzt sollten sie die Platte aus dem „Hemd" nehmen und "High Heel Sneakers" auflegen!). Okay, vielleicht ist das Klavier heute unter den Instrumenten nicht das aktuellste, aber das von Jerry klingt immer noch viel besser, als hundert Fender-verstärkte Gitarren zusammen. Und mancher Beat-Eleve täte gut daran, bei ihm in die Schule zu gehen.

Noch etwas muß gesagt werden. Jede dritte Nummer auf dieser Platte stammt von einem Mann, der der Rock-'n-Roll-Ära die größten und zündendsten Nummern geliefert hat und dessen Titel heute noch jedes bessere Beat-Repertoire anführen: Chuck Berry. "Roll Over Beethoven", "Maybelline", "Johnny B. Goode" und andere.

Jetzt aber ist es Zeit ". . . to listen, baby, to what ol' Jerry Lee has to say", wie Jerry seine Konzerte gern selber ansagt.

Heinz Lukas

PRINTED IN GERMANY

DRY

Baby Hold Me Close	3 : 05
Roll Over Beethoven	2 : 44
Flip, Flop, And Fly	1 : 58
Sexy Ways	2 : 23
Maybelline	2 : 42
Herman The Hermit	1 : 55
Johnny B. Goode	2 : 10

LIVE

Jenny Jenny	3 : 02
High Heel Sneakers	3 : 34
No Particular Place To Go	3 : 07
Who Will The Next Fool Be	4 : 02
Memphis	3 : 20

Diese Schallplatte ist mit jedem modernen Leichttonabnehmer abspielbar. Die Wiedergabe von Stereo-Schallplatten ist auch mit einem Mono-Abspielgerät möglich. Der Stereo-Effekt ergibt sich jedoch nur bei Verwendung eines Stereo-Abspielgerätes.

Star-Club RECORDS

mono 148 015 ST
nur MONO erhältlic
(a FONTANA Productio

SONNY BOY WILLIAMSON & THE Yardbird

SIDE 1		SIDE 2	
Bye, Bye Bird	2 : 23	Pontiac Blues	3 : 4
Mister Downchild	3 : 56	Take It Easy Baby	4 : 0
23 Hours Too Long	5 : 04	I Don't Care No More (Sonny Boy alone)	2 : 1
Out Of The Water Coast	3 : 00	Do The Weston	4 : 0
Baby Don't Worry (Sonny Boy alone)	4 : 28		

Im Herbst 1963 gastierte das "American Folk Blues Festival" erstmals in größerem Umfang auch in England. Es war mein Freund Giorgio Gomelsky, der mir gelegentlich eines der Konzerte in der Fairfield Hall in Croyden von einer jungen, noch völlig unbekannten Gruppe erzählte, die zwei Häuserblocks weiter im Hinterzimmer eines typischen Londoner Vorstadtpub spielten. Giorgio hatte die jungen Leute ein paar Monate vorher entdeckt und schilderte mir ihre Qualitäten so nachdrücklich, daß wir nach dem Konzert auf einen Sprung vorbei gingen. So hörte ich die "Yardbirds" zum ersten Mal – leider nur für ein Stück, denn in England wird die Polizeistunde womöglich noch ernster genommen als bei uns in Deutschland. Aber dieses eine Stück reichte aus, um mich am nächsten Tag wieder in das Hinterzimmer zurückkehren zu lassen. Diesmal schloß sich uns noch Sonny Boy Williamson an, denn es war ein spielfreier Tag und für Sonny Boy war ein Tag, an dem er nicht sein Arsenal von Harmonikas spielen konnte, ein verlorener Tag. Sonny Boy war von den "Yardbirds" genau so begeistert wie ich. Er spielte den ganzen Abend mit ihnen und in den Pausen ließ er sogar seinen geliebten Whisky stehen, um Keith Relf Tricks auf der Harmonika zu zeigen.

An diesem Abend noch wurde beschlossen, daß Sonny Boy Williamson nach Beendigung seiner Europa-Tournee mit mir zusammen zurück nach London fahren sollte, um eine Schallplatten-Session mit den "Yardbirds" aufzunehmen. Für die "Yardbirds" bedeutete diese gemeinsame Schallplatte mit dem großen "Sonny Boy" den Durchbruch in die großen Londoner Clubs, denn wenn Sonny Boy mit einer bis dahin unbekannten Gruppe eine Platte machen wollte und dazu extra ein Produzent aus Deutschland kam, dann mußte schon etwas dahinter stecken. Es steckte in der Tat etwas dahinter – denn die Yardbirds" hatten bereits einen völlig individuellen "sound", der nichts mit dem der damals populären "Beat-Bands" zu tun hatte, sondern sich auf echten Blues und "Rhythm & Blues" bezog und damit dem Jazz näher stand als der Liverpool-Beat, der damals aus allen Juke-Boxen in London, Manchester und Birmingham dröhnte. Und Sonny Boy Williamson: nun, er war trotz Muddy Waters und Memphis Slim, Big Joe Williams, Lonnie Johnson und Willie Dixon die große Entdeckung des "American Folk Blues Festival"

1963. Kaum einer hatte eine rechte Vorstellung von ihm, als wir ihn n
dem "Blues Festival" erstmals nach Europa brachten, aber er erober
sich die Herzen überall, wo er gastierte, im Sturm, und verließ Euro
vier Monate später als absoluter Star.

Sonny Boy Williamson hatte für die Aufnahmen eine ganze Serie neu
Blues geschrieben. Mit den "Yardbirds" und Giorgio waren wir übe
ein gekommen, daß die Aufnahmen am besten "live" in einem Club g
macht würden, um eine möglichst entspannte Atmosphäre und die Stim
lation durch das Publikum zu haben. Wir entschieden uns für Giorgi
eigenen "Craw-Daddy-Club" in Richmond, wo die Yardbirds jeden Son
tag vor wöchentlich zahlreicherem Publikum spielten. Sonny B
studierte den Nachmittag über seine neuen Stücke mit den "Yardbird
ein, aber unglücklicherweise war das Thermometer ein paar Tage vo
her unter Null gesunken und wer die kleinen elektrischen Heizöfch
kennt, mit denen die Engländer selbst den kältesten Winter (und g
frorene Wasserleitungen) überstehen, weiß, was ich meine. Den "Yar
birds" machte die Raumtemperatur von etwa plus 12 Grad Celsi
scheinbar kaum etwas aus und Sonny Boy und ich wurden durch Giorg
getröstet, der uns temperamentvoll versicherte, am Abend mit den viel
Menschen im Raum würde es schon warm werden.

Keith Grant hatte inzwischen seine Aufnahmegeräte in der Küche aufg
baut und mehrere Wackelkontakte und durchgeschmorte Leitungen rep
riert. Auf dem Herd nebenan wurde pausenlos Tee gekocht und spät
eines jener berühmten englischen Spezialgerichte, die ein gewöhnlich
Mitteleuropäer nur schwer identifizieren kann. Zwischen Teller und Ta
sen saß Keith vor seinen Geräten, den elektrischen Kocher hatten w
vorsorglich brennen lassen, damit es etwas wärmer würde (das koste
noch eine durchgeschmorte Leitung – aber für Keith war das gar ke
Problem) und draußen auf der Bühne brachten Sonny Boy Williams
und die "Yardbirds" die 700 oder 800 Besucher zum Kochen. Die "Yar
birds" bekamen noch am gleichen Abend ihren Vertrag für den Marqu
Club, Sonny Boy Williamson fragte mich ein dutzend Mal "did you li
it" und ich fuhr mit einem Schnupfen, einem Stoß ungeordneter Bänd
aber höchst befriedigt nach Hause.

Horst Lippma

Sonny Boy Williamson, vocal + mouthharp
accompanied by
The Yardbirds

Eric Clapton, lead guitar
Chris Dreja, rhythm guitar
Paul Samwell Smith, bass
Jim McCarthy, drums
(and Keith Relf, handclapping, shouting and foot-tapping)

Recording Engineer: Keith Grant
rec. date: December 8th, 1963 at the "Craw-Daddy Club" in Richmond (London) under the supervision of Horst Lippmann
Producer: Lippmann + Rau

Foto: Sonny Boy Williamson by Hans Hartzheim

Star-Club RECORDS

stereo 158 016 STY
auch
mono
abspielbar

M 33

STEREO
auch Mono abspielbar

Recorded Live At
The
Star-Club
Hamburg

am 4. September 1965

INTERNATIONAL BEAT FESTIVAL

Seite 1

THE PHANTOM BROTHERS
Run Run Rudolph
Beautiful Delilah
It Ain't

THE BEATMAKERS
My Situation

THE RED DEVILS
Gloria
Little By Little

LORD HEINZ & THE YOUNG ONES
Farmer John
Plättlaggen

Seite 2

THE SHEAPES
Black Cat
Exodus

CAVERN CATS
No Money Down
Route 66

THE SHUTTERS
Shakin' All Over
Wooly Bully

Producer: Siegfried E. Loch
Engineer: Ludwig Bender

Titelfoto: Penner + Wandrey

SM 158 013 STY — S 158 007 STY — M 148 007 STL — S 158 003 STY — M 148 003 STL — M 148 011 STL — M 148 012 STL

Klappern gehört zum Handwerk

● Die deutschen „Beatles" heißen „Rattles" (Foto) — doch mit Ratten haben sie nichts zu tun. „Klapperer" heißt die Übersetzung, und klappern gehört auch zu ihrem Handwerk. Reinhard Tarach (20), Achim Reichel (21), Hermann Rügenstein (18) und Herbert Hildebrand (22) — von links nach rechts — machten am Wochenende im Hamburger „Star Club" heiße Musik. Für den ersten deutschen Twistfilm mit dem Titel: „Hurra, die Rattles kommen".

Star-Club

Hamburg-Altona
Gr. Freiheit 39

Sondermeldung!

Sonnabend, 27. 3.,
beginnen bei uns die Dreharbeiten für den Spielfilm

„The Rattles kommen"

Zu den Einstellungen gehören unter anderem zahlreiche Publikumsszenen.

Auf der Bühne wirken mit:

The Rattles
aus Hamburg

The Liverbirds
aus Liverpool

Paragon Seven
aus Dublin

The Londoners
aus London

Demoniacs
aus Hamburg

Anfangszeiten und Eintrittspreis unverändert.

Informieren Sie sich laufend durch die

Star-Club NEWS HAMBURG
THE MOST FAMOUS BEAT-CLUB IN THE WORLD

CENTER OF BEAT
Star-Club

Sonnabend, den 2. Okt. Nur 1 Tag

Zwei Stars in einer Show

DONOVAN
und
RATTLES

Außerdem

Remo 4
aus Liverpool

The King-Pins
aus Manchester

The Dagoes
aus London

Ab 8. Oktober

Ian and the Zodiacs
aus Liverpool

Star-Club
Hamburg-St. Pauli
Große Freiheit 39

Im Star-Club ist wieder was los!!!

Am Sbd., dem 15. 3. 69, direkt nach der „Schaubude" bei uns die

RATTLES

Dazu Frtg., Sbd. u. Stg. die

FACES

und aus England

Jam Sandwich

Star-Club
Hamburg, Große Freiheit 39

The Rattles — Management Star-Club Hamburg-Altona

Schnulzen-Sender in der Elbmündung?

Hamburger Manager will Intendant werden

uw. Hamburg, 31. August

Der Hamburger Starclub-Manager Manfred Weissleder (36) will einen „Piratensender" gründen. Schon morgen wird er nach London fliegen, um mit englischen Geldgebern zu verhandeln. *Unter dem Namen „Starclub-Radio" soll ein geeignetes Schiff in der Nähe der Elbmündung stationiert werden.* Außerhalb der Drei-Meilen-Zone, um vor dem Zugriff der Staatsorgane sicher zu sein.

Morgen beginnen die Verhandlungen: Weissleder

Wie bei den Vorbildern in England — dort sind bereits vier Piratensender mit Erfolg in Betrieb — soll „Starclub-Radio" hauptsächlich Schlagermusik senden. Daneben auch Operettenklänge und — viel Reklame.

Weissleder will Intendant, Sendeleiter und Programmgestalter in einer Person sein.

Auf die Frage, wer der Geldgeber des Unternehmens ist, sagt Weissleder: „Ich möchte darüber noch nichts sagen. Es ist jemand, der viel Geld besitzt und der die vier englischen Sender finanziert."

Weissleder hofft, schon in Kürze seine „Piraten-Sendungen" zu beginnen. Voraussetzung: Er muß mit unterschriebenen Verträgen zurückkehren.

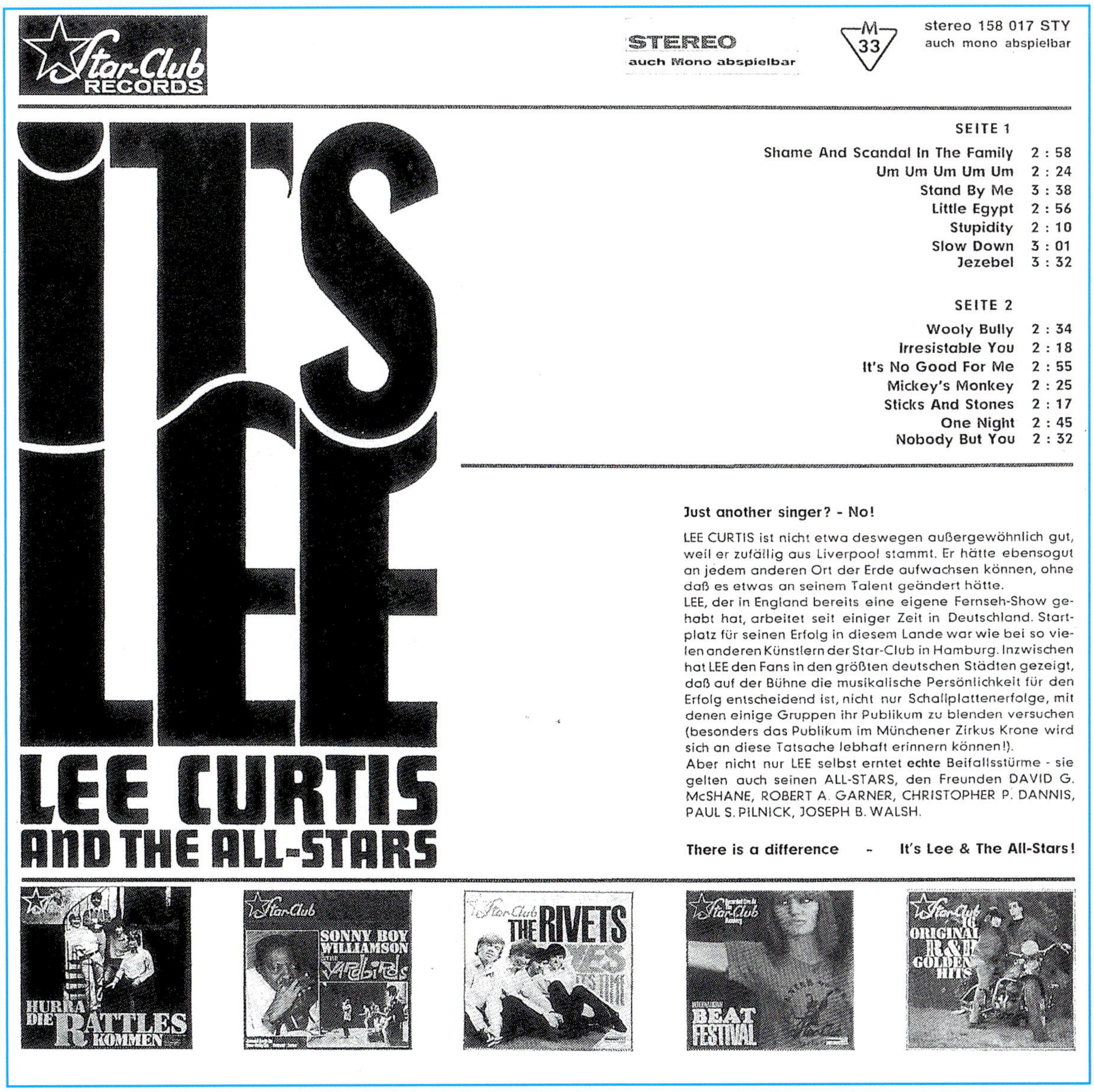
Star-Club RECORDS

STEREO
auch Mono abspielbar

M 33

stereo 158 017 STY
auch mono abspielbar

IT'S LEE
LEE CURTIS
AND THE ALL-STARS

SEITE 1

Shame And Scandal In The Family	2 : 58
Um Um Um Um Um	2 : 24
Stand By Me	3 : 38
Little Egypt	2 : 56
Stupidity	2 : 10
Slow Down	3 : 01
Jezebel	3 : 32

SEITE 2

Wooly Bully	2 : 34
Irresistable You	2 : 18
It's No Good For Me	2 : 55
Mickey's Monkey	2 : 25
Sticks And Stones	2 : 17
One Night	2 : 45
Nobody But You	2 : 32

Just another singer? - No!

LEE CURTIS ist nicht etwa deswegen außergewöhnlich gut, weil er zufällig aus Liverpool stammt. Er hätte ebensogut an jedem anderen Ort der Erde aufwachsen können, ohne daß es etwas an seinem Talent geändert hätte.
LEE, der in England bereits eine eigene Fernseh-Show gehabt hat, arbeitet seit einiger Zeit in Deutschland. Startplatz für seinen Erfolg in diesem Lande war wie bei so vielen anderen Künstlern der Star-Club in Hamburg. Inzwischen hat LEE den Fans in den größten deutschen Städten gezeigt, daß auf der Bühne die musikalische Persönlichkeit für den Erfolg entscheidend ist, nicht nur Schallplattenerfolge, mit denen einige Gruppen ihr Publikum zu blenden versuchen (besonders das Publikum im Münchener Zirkus Krone wird sich an diese Tatsache lebhaft erinnern können!).
Aber nicht nur LEE selbst erntet echte Beifallsstürme - sie gelten auch seinen ALL-STARS, den Freunden DAVID G. McSHANE, ROBERT A. GARNER, CHRISTOPHER P. DANNIS, PAUL S. PILNICK, JOSEPH B. WALSH.

There is a difference - It's Lee & The All-Stars!

Star-Club HURRA DIE RATTLES KOMMEN

Star-Club SONNY BOY WILLIAMSON THE YARDBIRDS

Star-Club THE RIVETS

Star-Club BEAT FESTIVAL

Star-Club ORIGINAL R&B GOLDEN HITS

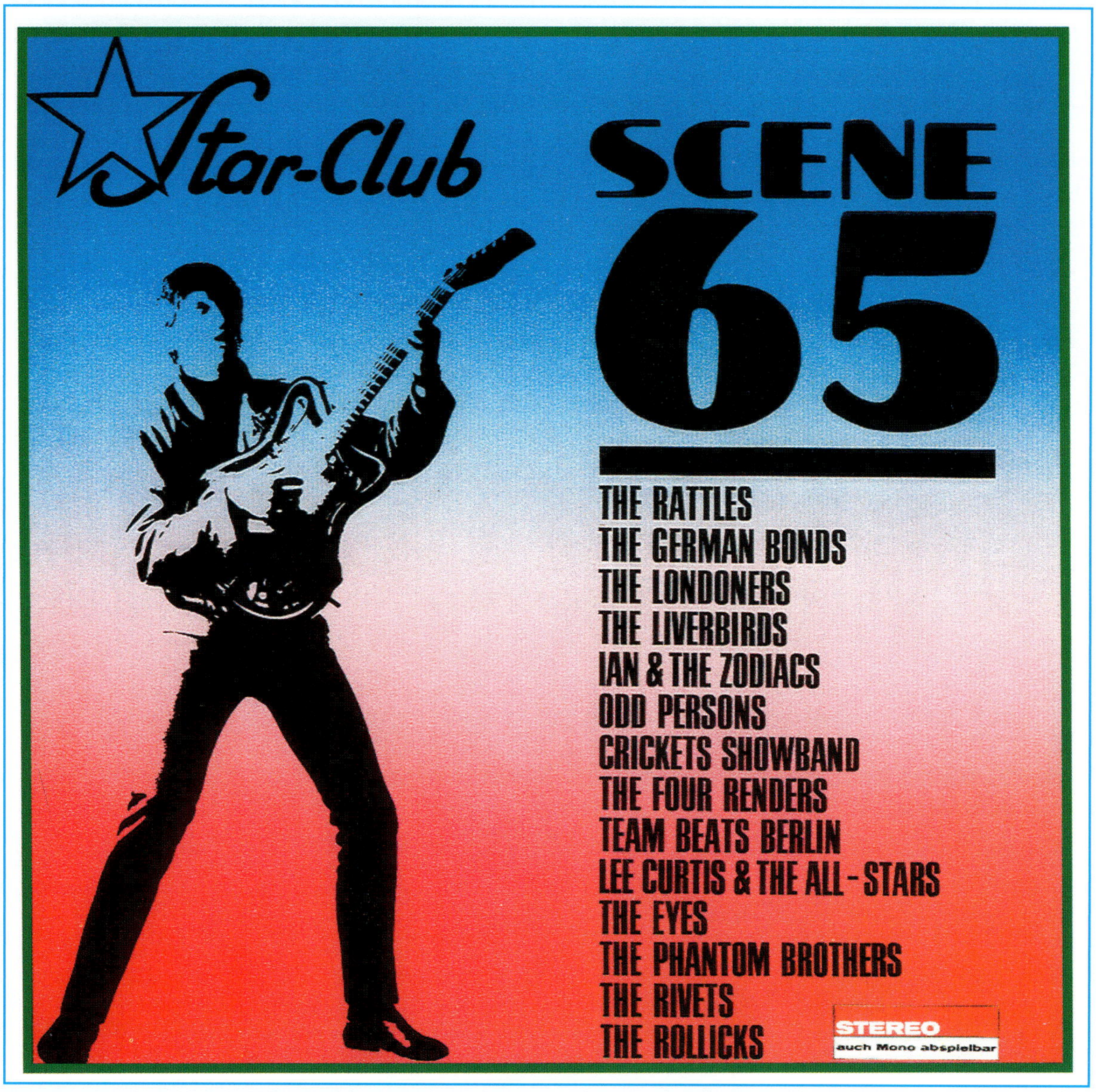

SEITE 1

Shaggy Dog	THE RATTLES
Back In USA	THE LONDONERS
All Of Me	IAN & THE ZODIACS
Why Do You Hang Around Me	THE LIVERBIRDS
Rosalie, Come Back To Me	THE ROLLICKS
Watcha Gonna Do 'bout It	ODD PERSONS
Yackety Sax	THE CRICKETS SHOWBAND

SEITE 2

High Heel Sneakers	THE PHANTOM BROTHERS
Lucille	THE RIVETS
Um Um Um Um Um	LEE CURTIS & THE ALL-STARS
Sick And Tired	TEAM BEATS BERLIN
Remember	THE GERMAN BONDS
Let's Get Together	THE FOUR RENDERS
Peanut Butter	THE EYES

The Rattles
Ian & The Zodiacs
The Liverbirds
The Rollicks

stereo 158 019 STY
auch mono abspielbar

Star-Club RECORDS

YES IT'S TIME - THE RIVETS

M 33

THE RIVETS

Sie fanden sich im Sommer 1964 in Hamburg zusammen und eilen seitdem von Erfolg zu Erfolg. So gewannen sie im Herbst 1964 bereits einen großen Bandwettstreit im Hamburger Star-Club! Darauf folgten Engagements nach Dänemark und England. Im März 1965 wurden sie Berufsmusiker. Der große Durchbruch gelang ihnen im September 1965, als sie zusammen mit den "Rolling Stones" auf Deutschland-Tournee gingen.
Alle vier komponieren und texten selbst. Auf dieser Platte stellen sie Ihnen fünf eigene Kompositionen vor. Vier der englischen Texte haben sie allerdings nicht selber verfaßt. Sie sind sehr begabte Sänger und liefern eine mitreißende Show - auf einem Teppich, das Titelbild zeigt ihn. Dabei sind sie bescheiden und solide: der große Erfolg ist ihnen zu gönnen!

SEITE 1

Temptation . . . . 2 : 16
(Henner + Joachim)

Thommy . . . . 1 : 39
(Kuno)

The Girl I Love . . . . 1 : 45
(Henner + Joachim)

Only You . . . . 2 : 58
(Henner)

Time For Love . . . . 2 : 04
(Henner + Joachim + Kuno)

The Loving Game . . . . 2 : 16
(Henner + Joachim)

If you hear a piano or organ, it's played by **Paul Nero**
Engineer: PETER KRAMPER
Producer: SIEGFRIED E. LOCH

SEITE 2

I Got A Feeling . . . . 2 : 22
(Henner + Joachim)

Um Um Um Um Um . . . . 2 : 04
(Joachim + Kuno + Henner)

Secret Love . . . . 2 : 33
(Henner + Kuno + Joachim)

Moonlight Talk . . . . 2 : 04
(Joachim + Henner + Kuno)

The Land Of Make Believe . . . . 2 : 03
(Henner + Joachim)

Kinky Boots And Leather Clothes . . . . . 1 : 59
(Henner + Joachim)

Diese Stereo-Schallplatte ist mit jedem modernen Leichttonabnehmer abspielbar. Der Stereo-Effekt ergibt sich jedoch nur bei Verwendung eines Stereo-Abspielgerätes.

HENNER

Nicht allein seine Freude an der Musik, sondern wohl vor allem seine überaus klare und so kraftvolle Stimme ließen in ihm schon früh den Wunsch entstehen, Musiker zu werden. Als Zehnjähriger begann er mit dem Klavierunterricht, zwei Jahre später trat er in einen Knabenchor ein, wo man zum ersten Mal seine besonderen Fähigkeiten entdeckte und er eine erste Ausbildung erfuhr. Später hat er dann ein halbes Jahr lang regulären Gesangsunterricht gehabt. Er ist zwanzig Jahre alt und spielt Rhythmusgitarre.

PORGY

Ein begeisterter weiblicher Fan beschrieb ihn so: „Er ist 21 Jahre alt, groß, hat eine gute Figur, blaue Augen und dunkelblondes Haar. Obwohl er sehr männlich ist, hat er manchmal etwas rührend Jungenhaftes an sich; vor allem dann, wenn er hinter dem Schlagzeug sitzt". Männlich ist er immer dann, wenn es darum geht, ein guter „Boss" zu sein; dann kann er sehr energisch werden. Seine drei Freunde haben großen Respekt vor ihm. Ihr Vertrauen ist nicht umsonst, denn unbeirrt und sehr zielbewußt führt er sie zum großen Erfolg.

KUNO

Er ist der große Spaßvogel der vier - ein absoluter Showmensch, was sein Vater schon früh erkannte. Deshalb fördert er ihn auch nach besten Kräften. Deshalb kann er wohl auch immer so besonders unbeschwert und fröhlich sein. Er reißt alle mit, „nicht nur seine drei Freunde, was die ihm allerdings nicht schwer machen, sondern auch ein vierundzwanzigtausend-köpfiges Publikum, wie z. B. in der „Waldbühne" in Berlin. Er ist zwanzig Jahre alt und spielt Bassgitarre.

JOACHIM

Mit seinen 18 Jahren ist er der Jüngste. Das hört man, denn sein Gesang ist zart - fast ein wenig schüchtern. Das fügt sich gut in die klare Stimme Henner's und den schwungvollen Gesang Kunos. Wie sein Gesang, so ist auch sein Wesen; sehr zurückhaltend und sehr solide. Er raucht nicht (die drei anderen allerdings auch nicht), er trinkt keinen Alkohol, sondern am liebsten Fruchtsäfte, er geht gern früh zu Bett und steht früh auf und ist immer höflich und bescheiden. Er ist sehr fleißig und spielt seine Sologitarre deshalb sehr sauber.

LP 1966

Star-Club RECORDS

JUST LISTEN TO IAN & THE ZODIACS

stereo 158 020 STY
auch mono abspielbar

M 33

Als Tatsache gehört es heute schon zur Geschichte der Schallplatte, daß es IAN & THE ZODIACS im Sommer 1964 gelungen war, mit einer Probeaufnahme, die in den USA sofort als Single-Platte erschien, im Land der unbegrenzten Möglichkeiten (aber auch des härtesten Konkurrenzkampfes) mit einem großen Erfolg zu starten: THE CRYING GAME.
Im Rückseitentext der bald darauf erschienenen LP behauptete ich, daß es sich bei IAN & THE ZODIACS um eine der besten Beat-Gruppen handle, die Liverpool je hervorgebracht hat. Inzwischen haben die Jungen den Beweis für diese Behauptung erbracht. Ihre Platten ernteten eindeutiges Lob der Fachpresse in aller Welt, z. B. BILLBOARD "Pop Spotlight": "This strong debut LP containing their new single "So Much In Love With You" plus their hit "The Crying Game" will spread their popularity throughout the U.S. Smooth blend of voices, good musicianship, arrangements and material provide a winning LP". Oder die Zeitschrift TWEN, welche mit dieser LP überhaupt zum erstenmal eine Beat-Platte besprochen hat: "Ian und die Zodiacs –alle vier ohne den berufsüblichen Wildwuchs auf dem Kopf – präsentieren in 13 Nummern von "Good Morning, Little Schoolgirl" bis "A Hard Day's Night" eine farbenreiche Beatshow. Hauptvorzug: Die Jungen können singen." In allen Besprechungen wird immer wieder die außergewöhnliche Musikalität der Gruppe hervorgehoben, und genau dieser Umstand ist es, dem die ZODIACS ihren Erfolg verdanken. Bei ihnen gibt es keine Masche oder äußere Merkmale, die man anstelle von Können setzen könnte, außer dem Umstand vielleicht, daß sie furchtbar nette Kerle sind. Die ZODIACS existieren erst knapp zwei Jahre. Ihre vielseitigen musikalischen Talente waren die Voraussetzung für ihren eigenen sound, der nur in guter menschlicher Harmonie und harter musikalischer Arbeit erreichbar ist.
Ich erinnere mich gern an einen Tag, an dem IAN mich anrief und sagte, die Gruppe sei gerade nach 20-stündiger Busfahrt von Liverpool in Hamburg angekommen. Als ich 15 Minuten später ins Hotel kam, saßen alle vier bereits zusammen in IAN's Zimmer und spielten. Diese Gruppe lebt für ihre Musik und ich bin sicher, daß sich dies auch dem Hörer der vorliegenden zweiten LP vermittelt.
Bei Euch IAN, PETER, CHARLIE und GEOFF möchte ich mich bedanken, 1. für die gute Arbeit, die Ihr geleistet habt, 2. für das Vergnügen, mit Euch im Studio zu arbeiten. Den Fans und Besitzern dieser LP möchte ich nur eine Empfehlung geben: LISTEN TO IAN & THE ZODIACS!

Siegfried E. Loch

The fact that in summer 1964 Ian & the Zodiacs had their first audition disc published immediately as a single record in the U.S., a country where there are unlimited possibilities but also the toughest competition and that this first disc "The crying game" turned out to be a great success, has become part of disc history.
In the liner-notes of the first LP, which was published soon after the first single I claimed that Ian & the Zodiacs were one of the best beat-groups Liverpool has ever produced. In the meantime the boys have more than confirmed what I wrote. Their discs have earned rave notices from the show business press all over the world. For example Billboard "Pop Spotlight": "This strong debut LP containing their new single "So much in love with you" plus their hit "The crying game" will spread their popularity throughout the U.S. Smooth blend of voices, good musicianship, arrangements and material provide a winning LP" Or the illustatred magazine, "twen" reviewing for the first time a beat LP: Ian & the Zodiacs – all four without the mandatory wild haircuts – present in 13 numbers from "Good morning little schoolgirl" to "A hard day's night" a richly colourful beat show. Their greatest quality: the boys can sing." In every review it is always the enormous musicality of the group that is mentioned. It is to this musicality that the boys owe their success. They have no crazy behaviour or eccentricities as a substitute for talent apart from the fact that they are really nice boys. The Zodiacs were formed almost two years ago. Their diverse musical talent was the basis for their unique sound that could only be realised through human harmony and hard musical work.
I remember with pleasure a day when Ian rang me and said that the group had arrived in Hamburg after a 20 hour bus journey from Liverpool. Fifteen minutes later I arrived at the hotel to find the four already sitting in Ian's room playing. This group lives for their music and I'm sure that listeners to their 2nd LP will feel this.
I would like to thank you IAN, PETER, CHARLIE and GEOFF 1. For the good work you've done. 2. For the pleasure of working with you in the studio. To the fans and the buyers of this LP I would like to give only one recommendation: LISTEN TO IAN & THE ZODIACS.

Siegfried E. Loch

SEITE 1

THE "IN" CROWD	2 : 35
MAKE IT EASY ON YOURSELF	2 : 33
I NEED YOU	2 : 32
FACE IN THE CROWD	3 : 17
IT'S A CRYING SHAME	2 : 11
NATURE BOY*	3 : 00
CAN'T STOP RUNNING AWAY	3 : 36

SEITE 2

HEADIN' BACK TO YOU	2 : 36
DONNA DONNA	2 : 43
BELIEVE ME	2 : 19
STRONG LOVE	2 : 19
AS YOU USED TO DO	2 : 58
WHAT KIND OF FOOL	2 : 22
NO, NOT ANOTHER NIGHT*	2 : 01

*On "NATURE BOY" and "NO, NOT ANOTHER NIGHT" PAUL NERO joins the group with his tenor-sax.

producer:
SIEGFRIED E. LOCH
engineer:
PETER KRAMPER
cover photo:
ROLF AMBOR

Star-Club RECORDS

M 33

stereo 158 021 STY
auch mono abspielbar

STEREO
auch Mono abspielbar

Diese Stereo-Schallplatte ist mit jedem modernen Leichttonabnehmer abspielbar. Der Stereo-Effekt ergibt sich jedoch nur bei Verwendung eines Stereo-Abspielgerätes.

MORE OF THE LIVERBIRDS

SEITE 1

Peanut Butter	2 : 45
It's So Exciting	1 : 50
He Hardly Ever Calls Me Honey Anymore	1 : 55
For Your Love	2 : 22
Oh No Not My Baby	2 : 22
Around And Around	2 : 40

SEITE 2

Down Home Girl	3 : 10
He's Something Else	2 : 38
Heatwave	2 : 33
Why Do You Hang Around Me	2 : 23
He's About A Mover	2 : 38
Long Tall Shorty	3 : 25

Engineer: H. G. DOZEL
Producer: SIEGFRIED E. LOCH

Valerie Gell (vocal + lead-guitar)
Pamela Birch (vocal + rhythm-guitar)
Mary McGlory (bass-guitar)
Sylvia Saunders (drums)

LP 1966

SWEET BEAT
The Rattles
Walker Brothers
Ian & The Zodiacs
Phantom Brothers
Wayne Fontana
The Londoners
German Bonds
The Liverbirds
Lee Curtis
Blizzards
u. a.
STEREO
auch Mono abspielbar
Star-Club RECORDS

SWEET BEAT
Star-Club RECORDS
stereo 158 022 STY
auch
mono
abspielbar
Diese Stereo-Schallplatte ist mit jedem modernen Leicht-Tonabnehmer abspielbar. Der Stereo-Effekt ergibt sich jedoch nur bei Verwendung eines Stereo-Abspielgerätes.
A-Seite
I Got A Feeling
* THE RIVETS
My Ship Is Coming In
* THE WALKER BROTHERS
Um Um Um Um
** W. FONTANA & THE MINDBENDERS
It Ain't (Necessarily So)
** PHANTOM BROTHERS
Bring It On Home To Me
THE LONDONERS
Up On The Roof
THE RATTLES
B-Seite
108 Pounds Of Heartache
** THE BLIZZARDS
Take A Message To Martha
** IAN & THE ZODIACS
Ecstasy
LEE CURTIS & THE ALL STARS
He Hardly Ever Calls Me Honey Anymore
THE LIVERBIRDS
Under The Boardwalk
THE FOUR RENDERS
Remember
THE GERMAN BONDS
* Eine PHILIPS-Produktion
** Eine FONTANA-Produktion
Foto und Grafik: Peter Wandrey
LEE CURTIS
THE LIVERBIRDS
WAYNE FONTANA
IAN & THE ZODIACS
The Liverbirds

stereo 158 023 STY
auch mono abspielbar

Star-Club RECORDS

M 33

RATTLES
GREATEST
HITS
New Recording

Diese Stereo-Schallplatte ist mit jedem modernen Leichttonabnehmer abspielbar. Der Stereo-Effekt ergibt sich jedoch nur bei Verwendung eines Stereo-Abspielgerätes.

Achim

Dicky

Herbert

Rugy

Seite 1

La La La (C. Paul)	2:37	* 12. 3. 65
Mashed Potatoes (Rozier)	1:45	* 25. 2. 64
Shame Shame Shame (J. Reed)	2:33	* 28. 1. 65
Cryin', Waitin', Hopin' (B. Holly)	2:27	* 12. 8. 64
I'll Go Crazy (J. Brown)	1:49	**
(Stopping In) Las Vegas (B. Bouber)	2:30	* 3. 11. 65

Seite 2

Zipp-A-Dee-Doo-Dah (A. Wrubel)	2:27	* 25. 2. 64
Everybody Loves A Lover (R. Allan)	2:50	* 15. 11. 64
Shimmy Shimmy (B. Massey/A. Shubert)	2:19	* 28. 6. 63
Go To Him (A. Reichel)	2:25	* 12. 8. 64
Come On And Sing (A. Reichel)	2:03	* 5. 1. 66
Bye, Bye, Johnny (C. Berry)	2:15	* 12. 2. 64

A Star-Club-Record

*Ersterscheinungsdatum dieser Titel von den RATTLES auf Single-Platten.
**Rugy singt den größten Bühnenerfolg der RATTLES

Alle Gitarren-Soli von Achim Reichel.
Bei einigen Titeln spielt Paul Nero Orgel bzw. Piano.

Recorded: 1966
Engineer: Peter Kramper
Producer: Siegfried E. Loch

Gestaltung und Coverfoto: P. Penner

Alle Urheber- und Leistungsschutzrechte vorbehalten. Kein Verleih! Keine unerlaubte Vervielfältigung, Vermietung, Aufführung, Sendung!
Printed in West Germany by Josef Grütter, Hannover

stereo 158 024 STY
auch mono abspielbar
M 33

IT SERVES YOU RIGHT TO SUFFER JOHN LEE HOOKER

Here is a program of blues sung and played by John Lee Hooker. The swing, the tenderness and the passion. You will be captivated by these earthy, down home songs.

Seite 1:

- **Shake It, Baby** (J. L. Hooker)
- **Country Boy** (J. L. Hooker)
- **Bottle Up And Go** (J. L. Hooker)
- **You're Wrong** (J. L. Hooker)

Seite 2:

- **Sugar Mama** (J. L. Hooker)
- **Decoration Day** (J. L. Hooker)
- **Money** (B. Gordy jr.)
- **It Serves You Right To Suffer** (J. L. Hooker)

Star-Club RECORDS

Diese Stereo-Schallplatte ist mit jedem modernen Leicht-Tonabnehmer abspielbar. Der Stereo-Effekt ergibt sich jedoch nur bei Verwendung eines Stereo-Abspielgerätes.

Es war im Oktober des Jahres 1962, da kam zum erstenmal das American Folk-Blues Festival zu uns, und alles war entzückt von der unzerstörbaren Lebendigkeit dieser Musik.

Tieftrauriges und Ausgelassenes, Zartes und Grobes, immer aber Packendes war zu hören, und vor allem der Tag, als die Gruppe in Hamburg gastierte, wird mir unvergeßlich sein. Das hat seinen Grund und dieser Grund trägt den Namen JOHN LEE HOOKER. Am Abend beim Konzert im Audimax der Universität war er während seines Auftrittes allein auf der Bühne, sang, begleitete sich auf der Gitarre, und die große Epoche des Blues, die man schon versunken glaubte, wurde wieder lebendige Gegenwart. Er sang vom Mississippi und schuf durch Wort und Ton die Weite einer Landschaft und die Macht eines Stromes, auf dem Huckleberry Finn immer noch auf seinem Floß zu driften schien; er berichtete von Wanderschaften und fremden Städten, von Liebesleid und Liebeslust. Das war eindrucksvoll, doch das eigentlich Aufregende sollte sich ereignen, als im Anschluß an das Konzert eine große Party stattfand. Da ging mit John Lee Hooker eine Verwandlung vor, die anfangs überraschte, doch keineswegs befremdete. Er sang und spielte nicht mehr allein, er ließ sich von einer deftig swingenden Rhythmusgruppe begleiten. Aus den versunkenen Meditationen wurden ekstatische Beschwörungen. Aus dem ländlichen Blues wurde der großstädtische Rhythm and Blues, und alles war ein und dieselbe Welt.

Wenn einem jetzt dieser Oktobertag wieder in den Sinn kommt, dann nicht nur deshalb, weil man sentimentalen Erinnerungen nachhängt. Aus aktuellem Anlaß denkt man über die Verbindungen zwischen Blues And Rhythm and Blues nach. Gerade die Beat-Musiken berufen sich ja immer wieder auf eben diese Künstler des Amerikan Folk-Blues Festival, und wer John Lee Hooker in selbstvergessener, sich selbst nicht schonender Aktion erlebt hat, den verblüfft das nicht. Man glaubt den jungen Leuten der Beat-Bands, ob sie nun aus Liverpool und aus deutschen Gauen stammen, daß sie jedes Konzert ihrer großen farbigen Künstler besuchen, daß sie mit großen Kinderaugen in der ersten Reihe sitzen und lauschen. Nicht zufällig haben die Rolling Stones sich ihren Namen nach einem Titel des großen Muddy Waters gegeben. Stücke wie „Boom Boom" und „Dimples", die von John Lee Hooker stammen, sind in das Repertoire vieler Beat-Kapellen eingegangen. Man denke da nur an die Spencer Davis Group. Nein, es ist kein Lippenbekenntnis, es sind keine Sonntagsgedanken für den wißbegierigen Reporter, wenn die Kellerkinder sich zu John Lee Hooker bekennen.

Die hier vorliegende Platte nun wurde am 23. November 1965 in den Vereinigten Staaten aufgenommen. Wieder einmal war John Lee Hooker gerade von einer Europa-Tournee des American Folk-Blues Festival zurückgekommen. Nun sang und spielte er sein so faszinierend doppelgesichtiges Repertoire. Die alten traurigen Blues-Lieder – man höre einmal „Country-Boy" – kommen nicht zu kurz, und trotzdem ist John Lee Hooker mit der Zeit gegangen, hat die Anregungen der Beat-Musik aufgegriffen und das getan, was der Blues getan hat, seit es ihn gibt: Er hat sich angepaßt, ohne sich aufzugeben. Er hat die Zeichen der Zeit beachtet und trotzdem nie Schaden an seiner Substanz genommen.

Die Begleitband besteht aus dem Bassisten Milt Hinton, dem Schlagzeuger Panama Francis und dem zusätzlichen Gitarristen Barry Galbraith. Bei einem Stück, und zwar bei „Money", gesellte sich auch der Posaunist Dickie Wells dazu. Dieser Basie-Veteran war oft im selben Programm wie Hooker im Apollo-Theater zu Harlem aufgetreten, kannte den Stil und das Repertoire des Blues-Sängers, und als er sich nun bei der Session kurz einmal sehen ließ, war es selbstverständlich, daß er bei einer Nummer mitspielte.

Stanley Dance, der aus England stammende Blues- und Mainstream-Spezialist, war bei der Session dabei und berichtet: „Hooker hatte alles in seiner Gewalt. Eine Flasche Whisky stand handlich neben ihm. Das Licht im Studio war abgedunkelt. Ihm ging es vor allen Dingen um den Beat und um das Tempo, und wie großartig sind doch die Tempi in jeder Nummer getroffen. ‚Seid bitte ganz entspannt', bat er seine Kollegen, als sie sich auf das erregende ‚Shake It Baby' vorbereiteten. ‚Nur keine Aufregung, laßt es einfach laufen.' "

Soweit Stanley Dance, und wirklich scheint über dieser ganzen Session das schönste und älteste Motto des Blues zu stehen: Entspannung bei aller Spannung, Kraft ohne Krampf.

ICH BIN EIN DEUTSCHER!

KALLE

SINGT FOLK, PROTEST + DYLAN

stereo 158 025 STY
auch mono abspielbar
M 33

Star-Club RECORDS

Diese Stereo-Schallplatte ist mit jedem modernen Leicht-Tonabnehmer abspielbar. Der Stereo-Effekt ergibt sich jedoch nur bei Verwendung eines Stereo-Abspielgerates.

1. Seite

Ich bin ein Deutscher! Karlheinz Freynik	3 : 02
Der ewige Soldat The Universal Soldier Buffy Sainte-Marie / Max Colpet	2 : 25
Wiegenlied Karlheinz Freynik	2 : 52
Lucky Man Karlheinz Freynik	3 : 01
Das hab' ich heut' dazugelernt Karlheinz Freynik	1 : 41
Falling Stones Karlheinz Freynik	4 : 25

2. Seite

Riding On The Sun Karlheinz Freynik	2 : 52
Die Lage war noch nie so ernst Karlheinz Freynik	3 : 49
With God On Our Side Bob Dylan	5 : 41
Mr. Tambourine Man Bob Dylan	4 : 28

Karlheinz („Kalle") Freynik:
„Ich bin ein Deutscher!"

Es sei bedauerlich, so ließ sich unlängst ein deutscher Politiker vernehmen, „daß das Singen vaterländischer Lieder von der jungen Generation vielfach als veraltet und überholt angesehen wird". Nun erläuterte der Herr zwar nicht, welcherart nationalen Liedguts er gern gepflegt sähe; aber er wird wohl all jene aus dem 19. Jahrhundert überkommenen Gesänge im Auge gehabt haben, in denen der Stolz aufs deutsche Vaterland so recht handgreiflich vermittelt wird. An das „Preußenlied" („Ich bin ein Preuße, kennt ihr meine Farben?") könnte er gedacht haben, das der Gymnasiallehrer Dr. Bernhard Thiersch zu König Friedrich Wilhelms des Dritten Geburtstag anno 1831 für die Harmoniegesellschaft in Halberstadt zu Papier brachte, und in dem es heißt:

„Wo Lieb' und Treu' sich so dem
König weihen,
Wo Fürst und Volk sich reichen so
die Hand,
Da muß des Volkes wahres Glück
gedeihen,
Da blüht und wächst das schöne
Vaterland."

Statt derart staatserhaltender Töne stimmten einige Jungbürger neue Deutschlandlieder an, die den Repräsentanten der formierten Gesellschaft gar zersetzend in den Ohren klingen. Karlheinz („Kalle") Freynik aus Hamburg dichtete:

„Ich bin ein Deutscher, und ich bin
nicht sehr stolz,
Wenn ich mich in der Welt beweg'.
Man ist ewig ein Fremder,
Einige sind noch behender
Und schmeißen einen gleich wieder
'raus."

Seit König Friedrich Wilhelms Geburtstag 1831 — meint Karlheinz Freynik — seien im deutschen Namen Dinge geschehen, die es schwer machen, aufs Vaterland noch stolz zu sein. Deutschland ist dieser Generation nicht mehr nur Schwarzwald-Idyll und Alt-Heidelberg, sondern auch Auschwitz und Buchenwald.

Es wäre gewiß einfach, Freyniks und seiner Freunde Protest gegen das Wohlstandsdenken und das amtlich verordnete Verdrängen der Vergangenheit (statt ihrer Bewältigung) eilfertig als pubertäres Aufbegehren abzutun. Aber der Hinweis auf das jugendliche Alter eines Unbequemen — „Kalle" kam im Juli 1946 in Hamburg zur Welt — war noch nie ein stichhaltiges Argument. (Friedrich Nietzsche, mit dem wir Freynik allerdings nicht vergleichen wollen, war mit fünfundzwanzig immerhin schon Professor.)

Bis zur Unterprima hielt es Karlheinz Freynik auf dem Gymnasium aus, dann war sein Hunger auf die Welt stärker. Er trampte durch England, Frankreich, Österreich, Italien, Dänemark, Schweden und Finnland, sang, wenn er Geld brauchte, auf der Straße oder in Folksong-Klubs, betrachtete die Welt aufmerksam, kritisch. Daß die Passanten in Kopenhagens Einkaufsstraßen seinen deutschen und englischen Liedern überhaupt zuhörten, war ihm wichtiger, als wieviel Øre sie in die Blechbüchse warfen, die neben ihm stand. Freynik: „Manchmal zogen hundert bis hundertfünfzig Zuhörer mit uns auf die Polizei, wenn wir wegen unerlaubten Straßensingens mitgenommen wurden. Wenn die Formalitäten erledigt waren, warteten sie draußen immer noch und verlangten nach neuen Liedern. Nach dem zweiten oder dritten Mal begrüßten uns auch die Beamten auf dem Revier schon als alte Bekannte."

Zu dieser Zeit war der Amerikaner Bob Dylan Freyniks Idol: „Er wies dem Folksong und auch mir die Richtung". Doch als Dylan seine rebellischen Lieder im Rock'n'Roll-Rhythmus vortrug (Freynik: „. . . als er nicht mehr wie ein Original-Dylan, sondern wie eine Rolling-Stones-Kopie klang"), wurde der weitgereiste Hamburger böse. Er begann, eigene Texte zu singen und zu sagen. Sein Stück „Falling Stones", das er zur Dylan-Melodie „Like A Rolling Stone" vorträgt, dokumentiert die enttäuschte Abkehr von seinem Vorbild.

Inzwischen ist Karlheinz Freynik, der heute zum Kreis der Hamburger „City Preachers" gehört, auf seinem eigenen Weg so weit gekommen, daß ihn die Veranstalter eines Liederabends am South West Technical College in Waltham Stow bei London emphatisch als „Germany's No. 1 Folk Singer" ankündigten. Seine Texte sind sprachlich oft ungeschliffen, manchmal grob und nuancenlos; seinem Gesang haftet etwas Zufälliges an. Er legt keinen Wert auf Reim, gibt eher Rezitative zu Mundharmonika- und Gitarrenbegleitung von sich als Lieder. Er will nicht mehr, als seine Meinung in dem Augenblick mitteilen, in dem sie sich formt. Endgültige Urteile hebt er sich für später auf. Ist ein Song (wie etwa das Vietnam-Lied „150 000 Freunde") durch die Wirklichkeit überholt, singt er ihn einfach nicht mehr. Der Realität bleibt er verfügbar.

Daß er ein Linker, ein Kommunist sei, kann ihm nur jemand vorwerfen, der seine Verse nicht aufmerksam gehört hat. Freynik quittiert nicht nur Vietnam und Bonn mit bitterem Kommentar, er muckt — „Die Lage war noch nie so ernst" — auch gegen die Mauer in Berlin und gegen die roten Panzer in Ungarn auf. Sechs Millionen vergaste Juden sind ihm ein Albtraum, der nicht verjährt; der Rassenkodex Südafrikas betrifft ihn, als wäre er — dort — selbst ein Neger. „Links bin ich nur für Leute", kommentiert „Kalle", „für die alles links ist, was nicht mit ihrer Bildzeitungs-Überzeugung übereinstimmt."

Nicht die Antworten sind wichtig, die Karlheinz Freyniks Generation sich selbst auf ihre Fragen gibt, sondern die Tatsache, daß sie die Fragen stellt. Fragen wie jene zum Beispiel, die der Bremer Studienrat Heinz Ihde kürzlich namens seiner Schüler an den Bundestagsabgeordneten Dr. Ernst Müller-Hermann weitergab: Ob man bestreiten könne, „daß eine gesellschaftliche Ordnung, in der beide konkurrierenden Parteien mit fast gleichlautenden Wohlstandsversprechungen und ‚Keine Experimente'-Parolen die Wahlkämpfe führen und ein Abgeordneten-Foto auf den Litfaßsäulen das andere an Saturiertheit überstrahlt, nicht die spießigste aller bisherigen deutschen Staatsordnungen sei".

Ein Deutscher will Karlheinz Freynik gern sein, aber kein Spießer. Recht verstanden, ist seine Art des vaterländischen Liedes, der Protest-Song, ein kleiner Beitrag zur Demokratie. Aus keinem anderen Grund legen wir Ihnen diese Schallplatte vor.

Siegfried Schmidt-Joos

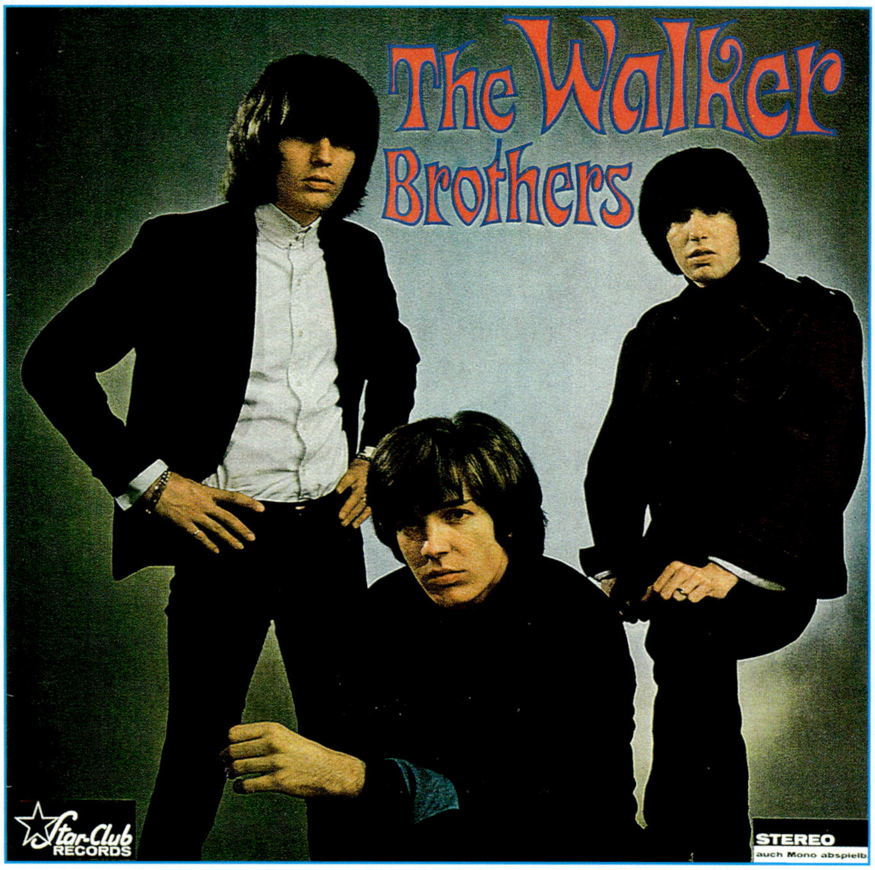

The Walker Brothers

stereo 158 026 STY
auch mono abspielbar
(Eine Philips-Produktion)

Diese Stereo-Schallplatte ist mit jedem modernen Leichttonabnehmer abspielbar. Der Stereo-Effekt ergibt sich jedoch nur bei Verwendung eines Stereo-Abspielgerätes.

M 33

Star-Club RECORDS

SEITE 1

MAKE IT EASY ON YOURSELF	(3'12)
THERE GOES MY BABY	(3'04)
FIRST LOVE NEVER DIES	(3'36)
DANCING IN THE STREET	(2'45)
LOVE MINUS ZERO	(3'01)
MY SHIP IS COMING IN	(3'12)

SEITE 2

THE SUN AIN'T GONNA SHINE ANYMORE	(3'10)
LAND OF 1000 DANCES	(2'32)
YOU'RE ALL AROUND ME	(2'37)
LONELY WINDS	(2'33)
HERE COMES THE NIGHT	(2'25)
TELL THE TRUTH	(1'47)

Die Walker Brothers sind wirkliche "Golden Boys" des Schallplattengeschäftes. Aus der ursprünglich für 3 Wochen geplanten Promotion-Tour des singenden (und spielenden) Trios aus Kalifornien durch England wurde ein volles Jahr. In diesem Jahr wurden die Walker Brothers zur größten Sensation des englischen Showgeschäftes. Sie begannen eine Karriere der Superlative.

Der Ausgangspunkt dieses Erfolges war die in England produzierte Schallplatte "Make It Easy On Yourself", welche auf Anhieb den 1. Platz der Hitparaden belegte. Mit den Nachfolgeproduktionen "My Ship Is Coming In" und "The Sun Ain't Gonna Shine Anymore" wiederholte sich dieser Erfolg in ununterbrochener Reihenfolge. Tourneen und Fernsehsendungen waren wichtige Stationen zu diesem Erfolg, der ihnen einen Begeisterungstaumel der Fans einbrachte, welcher normalerweise für die unerreichbaren Idole dieser Zeit, den "Beatles", vorbehalten ist. In den letzten Monaten mußten immer wieder öffentliche Auftritte der 3 Amerikaner bereits nach wenigen Minuten abgebrochen werden; die Fans waren nicht mehr unter Kontrolle zu halten. Neben der hohen musikalischen Begabung ist es vor allem die große Personality, welche die Walker Brothers zu dem machten, was sie heute sind, "Most dynamic performers of the year" (Musical Echo).

John Walker wurde am 12. November 1943 in New York City geboren und heißt eigentlich John Maus. Er ist der eigentliche Original "Walker". Unter diesem Namen trat er früher zusammen mit seiner Schwester Wandy auf. Den Freund und Mitbegründer der Walker Brothers, Scott, lernte er schon während seiner Schulzeit kennen, als beide zusammen im High School Orchestra spielten. John liebt seinen Bentley und verehrt Johnny Mathis, Ray Charles und Burt Bacharach. Letzterer ist auch der Komponist ihres ersten großen Erfolges. John lebt jetzt im Londoner Regent's Park und möchte gern zu einem international anerkannten, großen Künstler werden. Er ist der Lead-Sänger der Gruppe.

Gary Walker wurde am 3. September 1944 in Glendale, Kalifornien, geboren und hört auf den Spitznamen "Pudding Head". Er ist Sänger und Schlagzeuger, letzteres auch schon für P. J. Proby. Sein richtiger Name ist Gary Leeds und er liebt es, Mädchen die Haare zu schneiden.

Scott Walker wurde am 9. Januar 1944 in Hamilton, Ohio, geboren und spielt Bass-Gitarre, hat blonde Haare, blaue Augen und gilt als der Schönste der Walkers. Sein eigentlicher Name ist Scott Ergel. In Chelsea bewohnt er zusammen mit Gary ein Haus. Sie nutzen jede freie Minute, um zusammen mit Bass und Schlagzeug zu üben. Hier liegt das Geheimnis einer jeden guten Rhythmus-Gruppe (vielen Beat-Gruppen sei dies Rezept zur Nachahmung empfohlen). Scott ist sehr stolz darauf, daß die Walker Brothers 1965 im "Melody Maker" von den Fans zu den beliebtesten Sängern des Jahres gewählt worden sind.

SIEGFRIED E. LOCH

STEREO
auch Mono abspielbar

ABGENUTZTE SAPHIRNADELN SCHADEN DER SCHALLPLATTE. NACH CA. 100 STUNDEN SPIELDAUER SAPHIR ERNEUERN!

PRINTED IN GERMANY 7.66

stereo 158 927 STY
auch mono abspielbar
(Eine Fontana-Produktion)

M 33

Star-Club RECORDS

Diese Stereo-Schallplatte ist mit jedem modernen Leichttonabnehmer abspielbar. Der Stereo-Effekt ergibt sich jedoch nur bei Verwendung eines Stereo-Abspielgerätes.

DAVE DEE, DOZY, BEAKY, MICK & TICH

Dave Dee, vocal
Dozy, bass guitar
Beaky, rhythm guitar
Mick, drums
Tich, lead guitar
Kenn Howard, piano

Sie können sich vorstellen, welche Höllenqualen es gemacht hat, das da auswendig zu lernen. „Was?" sagen die Leute, oder „Noch mal bitte! Spaßvogel, wie heißt die Gruppe wirklich?"

Wenn dann erstmal der Groschen gefallen ist, bekommt niemand mehr das DD, D, B, M & T aus dem Kopf. Alles an Ihnen ist echt. Kein cleverer Manager oder Pressemann hat ihnen den Namen und all das andere angehängt. Sie sind fünf sehr bestimmte, aufregende und ungewöhnliche Persönlichkeiten. Aus dem Meer der Beatbands ragen sie steil wie ein Fels empor.

Es soll Leute gegeben haben, die eine Idealgruppe nach Rezept konstruieren wollten: Man nehme zwei blonde Boys, einen schwarzen, einen ganz jungen hübschen, einen großen harten – und man warte auf den Erfolg. Das Ergebnis konnte man voraussagen: Die Sache klappt nicht.

Kein genialer Geist hätte wohl die Formel für die Explosion Dave Dee & Cons. finden können. Sie sagen selbst, daß nach den Regeln alles falsch an ihnen ist. Zum Beispiel ihre verrückte Kleidung, bei der die Farben nie zusammenpassen sollen. Sie wurden beschimpft. Puritaner, Neider oder bürgerliche Show-Leute legten ihnen oft und manchmal erfolgreich Maulkorb und Schellen an. Aber DD, D, B, M & T ließen sich nicht fesseln.

Ihre Philosophie ist einfach: Die besten Sachen der Welt gehen nur mit Spaß. So sind sie eben lustig. Die Fans bestätigen sie begeistert. Ihren angeblich schlechten Geschmack gibt's nur in den Köpfen von Spießern oder sturen Kritikern.

Dave Dee, Dozy, Beaky, Mick & Tich kommen irgendwo aus Salisbury, Wiltshire. Sie werden ihnen auch allen Ernstes erzählen, daß ein Zeit mitten im Stonehenge ihr Zuhause war – oder der Bonbon-Laden Mama Beakys. Von dort aus eroberten sie fremde Gegenden. London, Schottland, Deutschland. Die Hamburger hörten ihnen ungläubig zu und bestaunten dieses putzige Quintett. „Mein Gott", murmelten sie und tranken ihr Bier.

Ihre Karriere brauchte Zeit. Stufenweise – langsam aufwärts – Monate harter Arbeit. Sie schufteten – und mehr und mehr entwickelten sie ihre wilde Musik, ihre fast schon akrobatische Schau. Diese Zeit hinterließ natürlich Narben. Da gibt es Bißstellen auf Beakys Gitarre, Schrammen an unaussprechlichen Körperteilen, da gab es Löcher im knurrenden Magen und Verzweiflung im Hirn.

„Ein Wunder, daß wir noch leben", staunt Dozy sinnend.

Es ist nicht schwer, von den fünf Boys überzeugt zu sein; bei all den Farben, der knalligen Show, dem glänzenden Vergnügen, das sie bieten. Diese DD, D, B, M & T sind exzellente Musiker. Groß in der Stimme, gut auf den Instrumenten.

Wir wissen, daß diese erste LP ihre Musik weitergeben wird. Doch nicht nur die. Sicherlich bleibt beim Hören dieser Platte etwas vom Geist der Gruppe hängen. Wer sie einmal gesehen hat, wer einmal ihren gewaltigen Auftritt staunend über sich ergehen ließ, wer Dave Dee, Dozy, Beaky, Mick & Tich begriffen hat, der weiß – hier tut sich etwas total Neues, hier öffnet sich eine neue Dimension in der Pop-Musik.

Alan Blaikley   Kenn Howard   Bob James
Jörg Flemming

Seite 1:

DDD-BMT (Howard Blaikley)	1:26
We've Got A Good Thing Goin' (B. Martin/P. Coulter)	2:24
Here's A Heart (Tubbs/Segal)	3:12
Something I Gotta Tell You (Howard Blaikley)	2:32
All I Want To Do (Harman/Wilson/Davies/Amey/Dymond)	2:36
Frustration (Howard Blaikley)	2:34
Hold Tight! (Howard Blaikley)	2:46

Seite 2:

Hard To Love You (Howard Blaikley)	2:30
Nose For Trouble (Howard Blaikley)	4:03
No More Love (Howard Blaikley)	2:18
After Tonight (Howard Blaikley/E. Chelotti/G. Russo)	2:57
No Time (Howard Blaikley)	2:05
Double Agent (S. Roland)	3:00

PORTRAIT

STEREO 158 028 STY
auch mono abspielbar

Star-Club RECORDS

SCOTT

Das ist Scott — der immer intensiv lebt, weil es für ihn der einzige Weg ist, den er kennt. — Der Existentialist, der weiß was das bedeutet und Jean Paul Sartre liest. — Scott, der sich zu viel Sorgen macht, wenn er in den Aufnahmestudios stundenlang nach Perfektion strebt. — Der Einsame, der durch das nächtliche London geistert und in die unergründlichen Tiefen des modernen Jazz taucht. — Scott, der sich von Künstlern inspirieren läßt, deren Gesang von Herz und Verstand bestimmt wird, wie Jack Jones z. B. — Der Charmeur, der zu einem Interview zwei Stunden später kommt, seine Sonnenbrille abnimmt und mit einem strahlenden Lächeln sagt: „Hey! komme ich nicht früh heute?"

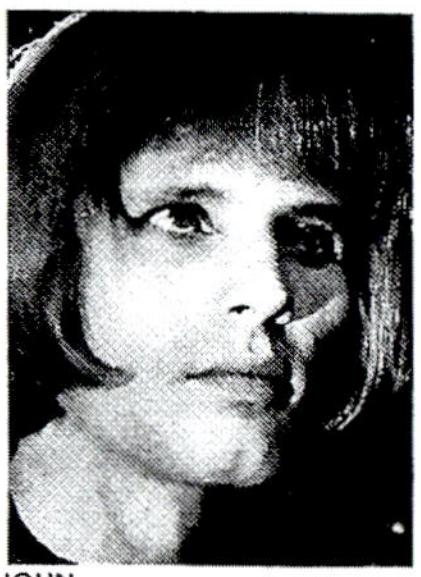
JOHN

Das ist John — der angenehmer amerikanisch ist als die meisten Amerikaner — Der Musiker, der als Teenager mit dem Saxophon begann, dann schnell zur Klarinette überwechselte, als er Benny Goodman hörte, einige Monate auf der Geige seiner Schwester spielte und schließlich durch Chuck Berry seine Stimme und die Gitarre entdeckte. — John, der mit seinen Schäferhündinnen „Scotch" und „Brandy" spazierengeht — der davon träumt, sich später an die kalifornische Küste zurückziehen zu können. — Der Emigrant, der England nicht mochte, bis er mich eines morgens anrief und sagte: „Hör mal, ich hab' ne Neuigkeit für dich — eben bin ich aufgewacht und habe entdeckt, daß es mir hier gefällt."

GARY

Das ist Gary — der Vergnügen an der Welt hat — Der Spaßvogel, der russisches Roulette mit Unmengen von Sahnetorte spielt — wem zuerst schlecht wird, der hat verloren. — Der Schlagzeuger, der nie ein Interview ablehnt. — Gary, der Schach spielt und auch eine empfindsame Seite hat, die er aber nicht zeigt. — Der Anführer, der alle ungewöhnlichen Situationen mit seinem Lieblingswort „hairy" überspielt. — Gary, der einen schwarzen Stetson trägt, auf seinen linken Arm zeigt und geheimnisvoll sagt: „Sehen Sie hier! Der ist aus Holz! In Wirklichkeit bin ich der Einarmige, hinter dem Kimble her ist!

Das sind also die Walker Brothers, wie ich sie kenne. Was Sie nun lesen werden, sind einfach Gedanken, die mir in den Sinn kamen, als ich dieses außergewöhnliche Album zum erstenmal hörte. Es sind Gedanken eines Engländers über diese hochbegabten Amerikaner an einem heißen Sommertag.

Durch ein offenes Fenster hört man das ferne Brummen der Autobusse, die nach Marble Arch fahren. Manager Johnny Franz sitzt strahlend hinter seinem großen Schreibtisch im Büro von Philips Records, das von der Nachmittagssonne heiß und stickig ist.

Es gibt ein „Klick" in Stereo, und eine Anpressung von „Portrait" dreht sich auf dem Plattenteller — alle Aufmerksamkeit gilt den großen Lautsprechern.

Die tiefe und reife Resonanz von Scotts Stimme beendet die hochsommerliche Stille im Zimmer. „In My Room . . . All Alone" — wurden diese Worte für den Sänger geschrieben, oder wurde der Sänger für den Song geschaffen? In jedem Album sollten wenigstens drei Single-Erfolge stecken. Das ist einer!

Das nächste Stück ist noch einen Zahn schärfer: „Saturday's Child" — ein Song für Parties, den Scott geschrieben hat. Durchdringende Baßfiguren treffen dich in die Magengrube. Die Mischung der Stimmen ist wunderbar ausgeglichen. „Du könntest die ganze Welt wegtanzen" — eine sanfte amerikanische Stimme, warm wie die kalifornische Sonne. Sie flutet durch den Raum, von der Wand und über den Flügel.

„Just For A Thrill" ist eine großartige Entgegnung an alle, die denken, John könne nicht auf seinen eigenen zwei Mandeln stehen. Unter dem Fenster schlurft ein steingesichtiger Mann von den Westindischen Inseln über den Bürgersteig. Er hat ein Transistor-Radio bei sich, aus dem Cricket-Nachrichten plärren.

„Hurting Each Other" — Gitarre, Becken und Baß vereinigen sich zu jenem orchestralen Zauber, der „The Sun Ain't Gonna Shine Any More" an die Spitze der Hit-Paraden brachte. Dieser Klang wirkt so plastisch, daß man glaubt, die Becken berühren zu können.

„Old Folks" — eine einsame Stimme. Scotts Stimmbänder streicheln den zarten Text so sanft, daß nicht eine einzige Note angekratzt wird.

„Summertime" möchte man immer wieder auflegen. Gershwins Meisterwerk hätte in den Händen junger Künstler auch entstellt werden können. Aber das swingende Arrangement und ein jazz-inspiriertes Saxophon machen „Summertime" zum überragenden Stück auf der ersten Seite der Schallplatte.

Ich gehe durch das Zimmer, um die zweite Seite zu holen. Sie liegt neben einem Sinatra-Portrait. Der „Große Alte" und die Jungen nebeneinander! Ich lege die schwarze Scheibe auf den silbernen Schallplattenteller und gehe zurück zu meinem Stuhl am Fenster.

„People Get Ready" — an der Art der orchestralen Pracht, von der hier John und Scott umgeben sind, kann man sehen, daß die Großen niemals pfuschen, wenn es um die Begleitung ihrer Kunst geht.

„I Can See It Now" — der Text ist von Scott, die Musik von Manager Franz. Der feinfühlende Text erfährt durch die Stimmen der Walkers, durch Streicher und Flügelhorn noch eine Steigerung.

Aus der Feder des bekannten Teams Leiber und Stoller stammt „Where's The Girl?". Als der Walker-Sound aus dem Fenster dringt, sieht ein junges blondes Mädchen in einem geblümten Anzug zu uns herauf und lächelt. „Lord how I miss the coffee-taste of her kiss": Das ist ein moderner Text für alle jungen Leute oder für alle, die jung im Herzen sind. Mit „Living Above Your Head", einem Titel von Jay And The Americans, kommen wir wieder zum Party-Klang zurück. Mädchenstimmen, Tambourine und Schlagzeug-Beat schaffen einen fröhlichen Sound.

„Take It Like A Man" ist eine weitere Probe von Johns ungewöhnlicher stimmlicher Begabung.

Den idealen Abschluß für ein glänzendes Album bildet ein Tom Springfield Song. Das ist ein swingendes Stück, das den Walker Brothers Spielraum für ihren vorzüglichen Gesang läßt. Die letzten Worte auf dieser Schallplatte sind: „. . . . it's all over".

Aber das ist nur ein Beginn für jene drei talentierten Amerikaner! Auf Wiedersehen, kleine blonde Engländerin im Vorzimmer! Auf Wiedersehen, Johnny Franz, der mitten beim Abhören weg mußte, um sich um eine Verabredung zu kümmern. Was, zum Teufel, kann ich jetzt schreiben, das auch nur halb so gut ist wie diese außergewöhnliche Langspielplatte? Vielleicht sollte man am besten die Rückseite der Schallplattenhülle leer lassen, und Sie schreiben Ihre eigenen Superlative hinein!

THE WALKER BROTHERS

Seite 1:

- × **In My Room** (Prieto/Pookriss/Vance)
- × **Saturday's Child** (Engel)
- × **Just For A Thrill** (Armstrong/Raye/Williams)
- * **Hurting Each Other** (Udell/Geld)
- × **Old Folks** (Robison/Hill)
- **Summertime** (Gershwin)

Seite 2:

- × **People Get Ready** (Mayfield)
- × **I Can See It Now** (Engel/Franz)
- * **Where's The Girl** (Leiber/Stoller)
- × **Living Above Your Head** (Sanders/Black/Vance)
- * **Take It Like A Man** (Leiber/Stoller)
- × **No Sad Songs For Me** (Springfield)

× With Orchestra directed by Reg. Guest

* With Orchestra directed by Ivor Raymonde

THE WALKER BROTHERS
The Sun Ain't Gonna Shine Any More
Land Of Thousand Dances
You're All Around Me
Make It Easy On Yourself u. a.
158 026 STY / 30 cm

Diese STEREO-Schallplatte ist mit jedem modernen Leicht-Tonabnehmer abspielbar. Der STEREO-Effekt ergibt sich jedoch nur bei Verwendung eines STEREO-Abspielgerätes.

K 0145 11 67 Printed in Germany

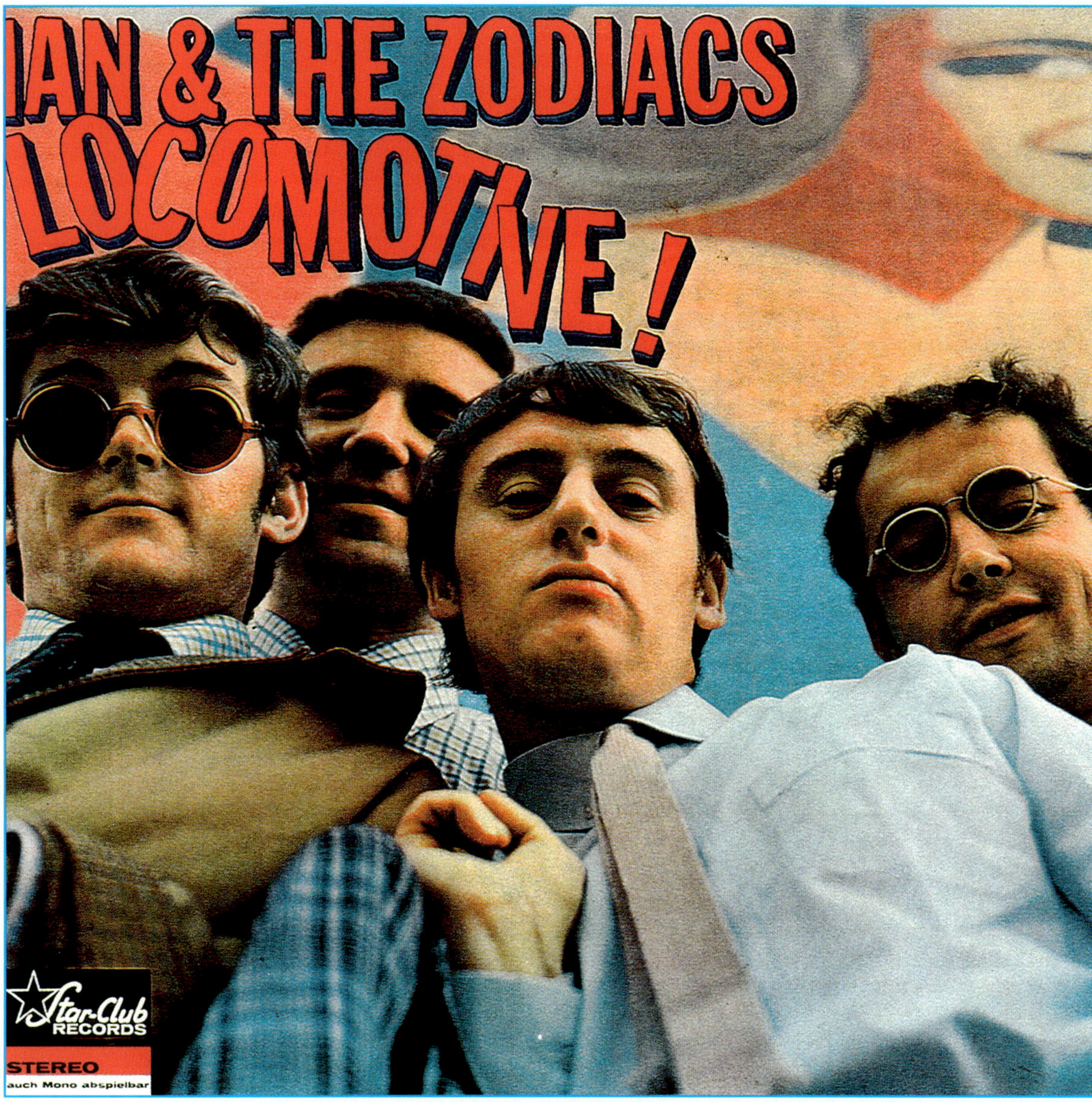

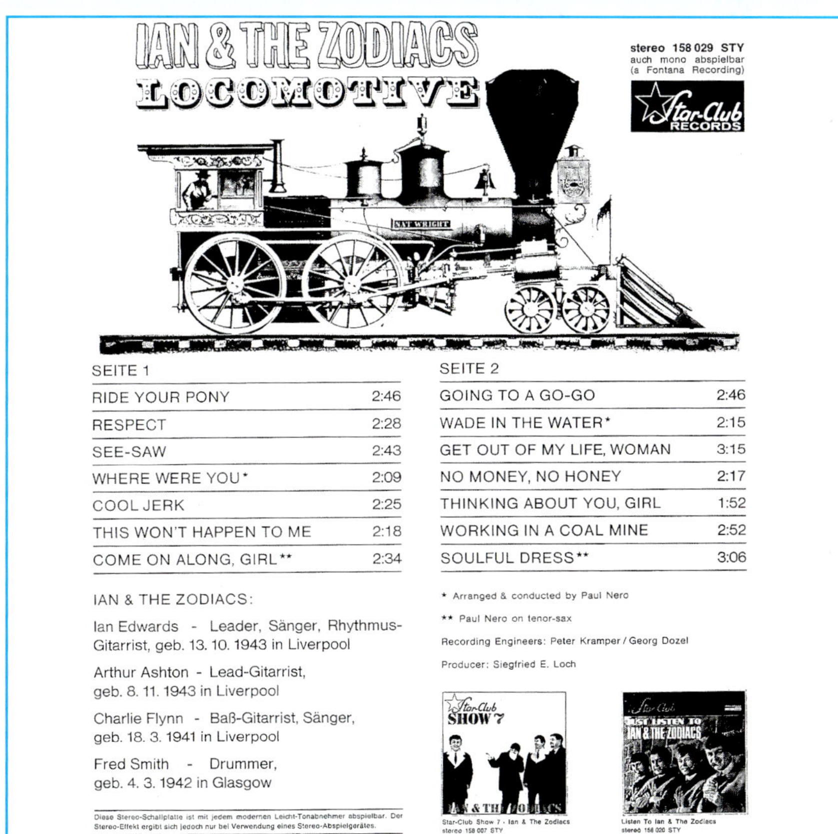
IAN & THE ZODIACS
LOCOMOTIVE

stereo 158 029 STY
auch mono abspielbar
(a Fontana Recording)

Star-Club RECORDS

SEITE 1	
RIDE YOUR PONY	2:46
RESPECT	2:28
SEE-SAW	2:43
WHERE WERE YOU*	2:09
COOL JERK	2:25
THIS WON'T HAPPEN TO ME	2:18
COME ON ALONG, GIRL**	2:34

SEITE 2	
GOING TO A GO-GO	2:46
WADE IN THE WATER*	2:15
GET OUT OF MY LIFE, WOMAN	3:15
NO MONEY, NO HONEY	2:17
THINKING ABOUT YOU, GIRL	1:52
WORKING IN A COAL MINE	2:52
SOULFUL DRESS**	3:06

IAN & THE ZODIACS:

Ian Edwards - Leader, Sänger, Rhythmus-Gitarrist, geb. 13. 10. 1943 in Liverpool

Arthur Ashton - Lead-Gitarrist, geb. 8. 11. 1943 in Liverpool

Charlie Flynn - Baß-Gitarrist, Sänger, geb. 18. 3. 1941 in Liverpool

Fred Smith - Drummer, geb. 4. 3. 1942 in Glasgow

Diese Stereo-Schallplatte ist mit jedem modernen Leicht-Tonabnehmer abspielbar. Der Stereo-Effekt ergibt sich jedoch nur bei Verwendung eines Stereo-Abspielgerätes.

Foto und Gestaltung: P. Penner

* Arranged & conducted by Paul Nero

** Paul Nero on tenor-sax

Recording Engineers: Peter Kramper / Georg Dozel

Producer: Siegfried E. Loch

Star-Club Show 7 · Ian & The Zodiacs
stereo 158 007 STY

Listen To Ian & The Zodiacs
stereo 158 020 STY

Printed in Germany

DAVE DEE
DOZY, BEAKY, MICK & TICH
IF MUSIC BE THE FOOD OF LOVE...
Star-Club RECORDS
STEREO

...THEN PREPARE FOR INDIGESTION
DAVE DEE
DOZY, BEAKY, MICK & TICH
stereo 158 030 STY
auch mono abspielbar
Star-Club RECORDS
(Eine Fontana-Produktion)
Diese Stereo-Schallplatte ist mit jedem modernen Leicht-Tonabnehmer abspielbar. Der Stereo-Effekt ergibt sich jedoch nur bei Verwendung eines Stereo-Abspielgerätes.
Seite 1
Bang (Martin/Coulter) 2:29
I'm On The Up (Howard/Blaikley) 2:22
Hideaway (Howard/Blaikley) 2:23
Shame (Harman/Wilson/Dymond/Davies/Amey) 2:05
Hands Off! (Howard/Blaikley) 2:04
Loos Of England (Howard/Blaikley) 3:26
Seite 2
Help Me (Rowland) 3:11
Master Lewellyn (Harman/Wilson/Dymond/Davies/Amey) 2:23
You Make It Move (Howard/Blaikley) 2:44
All I Want (Howard/Blaikley) 2:33
Hair On My Chinny-Chin-Chin (Huff 'n' Puff) (R. Blackwell) 2:37
Bend It (Howard/Blaikley)
Dave Dee, vocal
Dozy, bass guitar
Beaky, rhythm guitar
Mick, drums
Tich, lead guitar
Printed in Germany · Hüllengrafik: P. Penner

Hüllengrafik: J. Siebald

Star-Club RECORDS

Seite 1

It Is Love *	2:15
Shotgun (A. De Walt)	2:12
I Will Always	
Stay Your Friend *	3:09
Souki Souki (D. Covay)	2:30
Rugy's Girl (Rugenstein)	1:39
Nurse Elisah *	2:10
Remember Finale *	4:25

Seite 2

Callboy *	2:24
Another Saturday Night (S. Cooke)	1:29
Hold On I'm Coming (I. Hayes - D. Porter)	2:48
Our Way Of Thinking *	2:37
Sweet Dreams *	3:11
Don't Run Away *	2:00
We've Got To Go Now *	3:47

* Komposition und Text:
H. Hildebrand - F. Dostal

THE RATTLES

Frank Dostal (vocal)
Rugy Rugenstein (vocal + guitar)
Herbert Hildebrandt (vocal + bass)
Bernd Schulz (organ + piano)
Dicky Tarrach (drums + humor)
Als Gast Ingo Insterburg (spanische Gitarre) bei „Rugy's Girl".

Engineer: Peter Kramper
Producer: Siegfried E. Loch

Diese Stereo-Schallplatte ist mit jedem modernen Leicht-Tonabnehmer abspielbar. Der Stereo-Effekt ergibt sich jedoch nur bei Verwendung eines Stereo-Abspielgerätes.

stereo 158 031 STY
auch mono abspielbar

REMEMBER FINALE LIGURE – Bei diesen Worten bekommen die Rattles feucht-fröhliche Augen. Da wird selbst Rugy, der ew'ge Schweiger, gesprächig und stöhnt genießerisch: „Mann, war das'n Döiiinng!!!" Ja, da gibt es einfach nichts anderes – da müssen die Rattles wie unter Hypnose in die Gitarrensaiten greifen. Resultat: eine Langspielplatte. Nämlich diese.
FINALE LIGURE – Dieser italienische Riviera-Platz an der Sonne ist für die Rattles ein – Symbol. Ein beatiges Symbol für . . . nun, Herbert sagt es so: „In Finale hat sich unser Karriereschicksal entschieden. Da sind wir von den Totgesagten wieder auferstanden!" Übrigens unter den abenteuerlichsten Umständen . . .
REMEMBER – So fing es an. BRAVO, Deutschlands größte Zeitschrift für junge Leute, plante eine Reise mit eintausend BRAVO-Lesern in den Süden: Sieben Urlaubstage in Finale Ligure. Als „Hausband" wurden die Rattles engagiert. Plötzlich machte es Klirr!
REMEMBER – Die Rattles zerbrachen in tausend Stücke. Achim, der Boß, mußte zum Militär. Herbert, Rugy und Dickie standen vor einem Nichts. Die Mittelmeer-Reise – ja, alles – schien ins Wasser geplumpst zu sein. Schien . . .
REMEMBER – Die drei Ur-Rattles gaben jedoch nicht auf. Sie griffen sich Frank und Bernd (von den Hamburger „Faces") und probten Tag und Nacht an einem neuen Sound. Sie mußten alles bisher Dagewesene umstülpen. Ohne Achim mußten sie von ganz vorne anfangen. Mit Erfolg. Wenige Tage vor der BRAVO-Reise spielten die „Wiederauferstandenen" sogar schon ihren ersten Hit IT IS LOVE in die Studio-Mikrophone. Dann packten die Fünf ihre Koffer.
REMEMBER – Im ratternden Sonderzug nach Italien kaute Dickie nervös auf seiner Unterlippe: „Werden die Fans sauer sein, wenn wir ohne Achim auftreten? Werden wir sie mit unserer neuen Besetzung und unserem Sound zurückerobern?" Rugy sagte sogar auch etwas, so dramatisch war der Augenblick: „Wenn wir's in Finale Ligure schaffen, haben wir's für immer geschafft!" Nur Frank und Bernd, die beiden Neuen, sangen zuversichtlich wie zwei Mainzelmännchen: „Ein völlig neues Rattlesgefühl, trara! Ein völlig neues . . ."
REMEMBER FINALE LIGURE – Eintausend BRAVO-Fans, Teens und Twens mit langen und kurzen Haaren wurden dann zum kritischen Prüfstein für die „New Rattles". Hey! Schon beim ersten Auftritt im Strand-Restaurant „Boncardo" erbeateten sich die Fünf im Nu einen triumphalen Sieg. Frank und Rugy im kernig-melodiösen Soul-Duett (z. B. bei IT IS LOVE) rissen das junge Publikum von den Stühlen.
REMEMBER FINALE LIGURE – „Wir haben's geschafft", jubelte das Fünfer-Beat-Gespann nach dieser Feuerprobe. Und dann wurde bei Mondschein am nächtlichen Mittelmeerstrand gefeiert. Mit süßen Girls und vielen Fans. Und italienischem Rotwein.
REMEMBER FINALE LIGURE – Jeden Abend spielten die Rattles fortan bis zum Umfallen. Aus der BRAVO-Reise wurde eine einzige Rattles-Party. Ob in der Grill-Sonne am Strand, ob beim Kaffeeschlürfen an der Promenade, ob im „Boncardo", ob beim Wasserski oder bei Bus-Ausflügen nach Monte Carlo und Nizza – überall waren Herbert, Rugy, Dickie, Frank und Bernd Mittelpunkt. Die Stars und ihre Fans machten gemeinsam Urlaub . . .
REMEMBER FINALE LIGURE – Das alles steckt in dieser Platte. Schlüsselpunkt ist der Titelsong „Remember Finale Ligure", den Frank und Herbert – wie auch den größten Anteil der anderen Songs – selbst komponiert haben. Eine Nummer stammt allerdings auch aus Rugys Feder: „Rugy's Girl". Trotz italienischer Reiseeindrücke ist sein Remember-Tribut ganz und gar spanisch. Mit Kastagnetten und Flamenco-Gitarre. – Viel Spaß, Fans, an dieser ungewöhnlichsten Rattles-LP mit der ungewöhnlichsten Entstehungsgeschichte, die je eine Platte aufzuweisen hatte! REMEMBER FINALE LIGURE! REMEMBER THE GOOD TIME!
Ulrich Hoppe

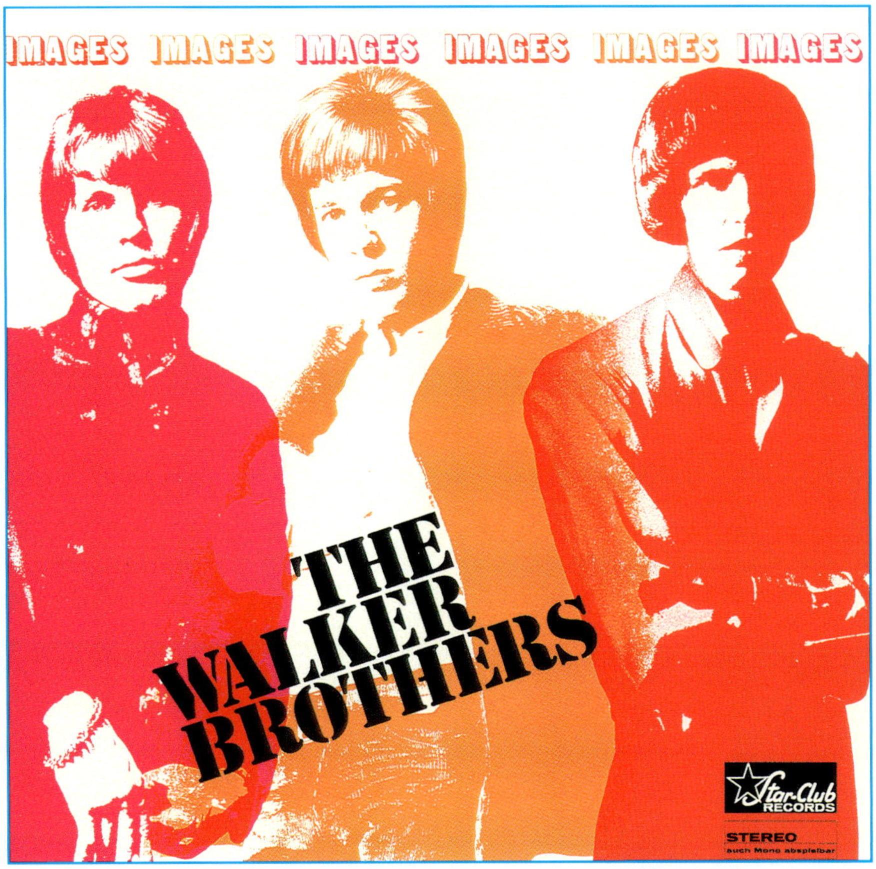

IMAGES

auch mono abspielbar

Star-Club RECORDS

(Eine Philips-Produktion unter Nr. 843 473 BY)

THE WALKER BROTHERS

Seite 1

Everything Under The Sun (B. Crewe / G. Knight) **4:15**
Once Upon A Summertime (Legrand / Marnay / Mercer) .. **3:49**
Experience (S. Engel) **2:53**
Blueberry Hill (A. Lewis / L. Stock / V. Rose) **3:25**
Orpheus (S. Engel) **3:24**
Stand By Me (B. E. King / E. Glick) **3:27**

Seite 2

I Wanna Know (J. Maus) **2:28**
I Will Wait For You (Thema aus „Les parapluies de Cherbourg") (Gimble / Legrand) **3:38**
It Makes No Difference Now (Pattacini / N. Newell) **2:36**
I Can't Let It Happen To You (J. Maus) **3:11**
Genevieve (S. Engel) **2:49**
Just Say Goodbye (Clark / Hatch / Delanoë) **3:33**

THE WALKER BROTHERS

ORCHESTER REG GUEST

„Älter werden heißt nicht alt sein" – dieses schöne und darum auch ganz schön wahre Wort des chinesischen Weisen Konfuzius gilt für alle Zeit und für alle Anlässe, also auch für heute und die Pop-Musik von heute. Was da aus dem Stereo-Lautsprecher und der Musik-Box tönt und dröhnt, ist längst aus den Gammler-Schuhen des Beat-Kellers herausgewachsen und in eine Periode eingetreten, die man, dem Titel eines Buches von Jean Paul Sartre folgend und damit durchaus im Sinne des Sartre-Verehrers Scott, die „Zeit der Reife" nennen möchte. Die jugendliche Frische ist geblieben, aber die Späne sind gefallen; nichts Ungehobeltes ist mehr zu entdecken.

Nun weiß jeder Anhänger der WALKER BROTHERS, daß diese Amerikaner in Europa kaum je oder doch nur ganz vorübergehend im breiten Strom der Beat-Bewegung mitgeschwommen sind. So rechte Kellerkinder waren sie nie. Immer haben sie sich durch das Besondere herausgehoben aus der Masse derer, die man so leicht miteinander verwechseln kann. Selten haben junge Künstler der populären Musik so schnell und so mächtig zu sich selbst gefunden.

Das liegt – wem sagt man das – vor allem natürlich am Sound, an jenem kunstvoll gewirkten Hintergrund, von dem die Stimmen sich so plastisch abheben. Mit der Gitarre wird gegeizt. Ein Hauch von Streichern liegt über allem, und Instrumente, die man in einer für die Jugend bestimmte Musik kaum vermutet, melden sich zart und nachdrücklich wieder zu Ton. Romantische Harfenklänge helfen mit, diese ganz besondere Atmosphäre zu schaffen. Das genauso romantische Horn ruft. Cello, Flöte und Oboe, ja sogar das luftige Cembalo sorgen für originelle Farbtupfer und Akzente und vertiefen die Stimmung.

Wer die WALKER BROTHERS kennt, weiß, wie sehr sie Frank Sinatra verehren, und nicht wenig von dieser Verehrung klingt auf der Langspielplatte nach, die die drei vor ihrer Australien-Tournee aufgenommen haben und jetzt vorlegen. Die „Zeit der Reife" ist vor allem dann angebrochen, wenn Scott und John zu zweit oder auch alleine sich der alten, schwierigen und von vielen jüngeren Künstlern lange vernachlässigten Kunst des Balladen-Singens zuwenden. Natürlich kopieren sie Sinatra nicht; wer könnte das schon, oder würde es auch nur wagen. Aber etwas von Frankies Gefühl für die Vergänglichkeit und Vorläufigkeit aller zwischenmenschlichen Beziehungen schwingt mit, wenn die WALKER BROTHERS „Once Upon A Time", „I Will Wait For You" oder „It Makes No Difference Now" singen.

Da werden nicht einfach Text und Melodie brav vom Zettel abgelesen. Da ist jede Nuance erarbeitet. Da hat man sich jeden Takt zu eigen gemacht und der eigenen Persönlichkeit anverwandelt. Nichts Melancholisches ist ihnen fremd. Nächtliche Straßen und verlassene Cafés, Zigarettenrauch und fallender Regen beherrschen die Szene. An den Sommer kann man sich kaum erinnern. Schon lange ist es Herbst.

Doch sind Scott und John trotz ihrer Jugend schon so erfahrene Künstler der Unterhaltungsbranche, daß sie nicht eine ganze Langspielplatte auf den Ton der Trauer und des Verzichtes festlegen. „I Wanna Know" gibt sich erfrischend beatnah. „Experience", eine Eigenkomposition Scottys im zügigen Walzertakt, zeigt einen skuril sardonischen Humor, der zu den WALKER BROTHERS gehört, wie der Sinn für das Makabre, intellektuell Anspruchsvolle von „Orpheus". Auf die illusionslose Poesie dieses Stückes trifft der Gesamttitel der Platte „IMAGES" besonders zu.

„Image" – das ist ja im Deutschen wie im Englischen ein vielseitiges und darum für den Titel einer so vielseitigen Schallplatte das geeignete Wort. Die Bedeutung reicht vom einfachen „Bild" über das musikalische oder optische „Abbild" und die bedeutungsvolle „Verkörperung" bis hin zum angebeteten „Götzenbild". Und alles trifft hier zu. Zum erstenmal kann der Freund der WALKER BROTHERS nun Scott und John auch ausgiebig als Solisten bewundern. „Once Upon A Summertime" und zwei eigene Kompositionen: „Orpheus" und „Genevieve" gehören Scott und seiner dunkler timbrierten Stimme. John singt den alten Standard „Blueberry Hill", und er hat sich selbst zwei Songs maßgeschneidert: „I Can't Let It Happen To You" und „I Wanna Know".

Doch ob allein, oder gemeinsam, immer wieder dominiert der unverwechselbare und weithin hallende „Walker-Brothers-Sound".

THE WALKER BROTHERS
158 026 STY

PORTRAIT
158 028 STY

Diese Stereo-Schallplatte ist mit jedem modernen Leicht-Tonabnehmer abspielbar. Der Stereo-Effekt ergibt sich jedoch nur bei Verwendung eines Stereo-Abspielgerätes.

2.67 Printed in Germany

STEREO 158 033 STY
auch mono abspielbar

THAT'S ME KNUT KIESEWETTER

Star-Club RECORDS

Seite 1		Seite 2	
That's Me (G. Moslem/Goldfield)	2:08	**Stop — Stop — Stop** (G. Gouldman)	2:44
You Bring Out The Best In Me (B. Martin/P. Coulter)	2:57	**Try Me** (J. Radcliff/B. Scott)	2:19
Just The Same As You (Barnett/Tolley/Blunt/Harding/Bennett)	1:50	**You Were Born For Me** (D. Pomus/W. Farrell)	2:05
What Should A Young Man Do (B. Keyes/C. Singleton)	2:29	**A Little Bit Of Me Dies** (B. Martin/P. Coulter)	2:31
What Is Wrong — What Is Right (Hopwood/Leckenby/Lisburg)	2:25	**Trouble** (R. Alfred/W. Farrell)	2:18
Color Me Bad (G. Moslem/Goldfield)	2:13	**Yes My Lord** (K. Kiesewetter)	1:51
You Gotta Stay By Me (B. Martin/P. Coulter)	2:45	**Don't Loose Your Head** (B. Martin/P. Coulter)	2:00

Dozent Werner L. Fritsch
Leiter der Klasse für Jazz und jazzverwandte Musik an der Staatlichen Hochschule für Musik in Hamburg

Lieber Musikfreund!

Haben Sie sich einmal die Frage vorgelegt, woran es liegen könnte, daß der Einfluß der Beatmusik seit ihrer Entstehung im Jahre 1962 dauernd an Boden gewonnen hat und heute, nach erst fünf Jahren, einen Musiktypus darstellt, der in aller Munde und Ohren ist? Liegen die Gründe hierfür im Äußerlichen, oder sind weitaus wichtigere Ursachen maßgebend? Der zutage tretende Gegensatz zwischen Beat- und Popmusik herkömmlichen Stils (Schlager – Gassenhauer) ist unverkennbar. Vielleicht ist es deshalb angebracht, im Hinblick auf dieses Album kurz zu erläutern, was der Begriff „Beat" bedeutet, und wodurch sich echte Beatmusik vom Schlager – Gassenhauer unterscheidet.

„Beat" bedeutet nicht Schlag oder Zählzeit eines Taktes etc., sondern eine aufeinander bezogene, in europäischem Sinne schwerpunktlose Folge von Schlägen, die Perkussion genannt wird und die Grundlage der afrikanischen Musik darstellt.

Im Gegensatz zur europäischen Musik, die auf dem Gesetz der Einmetrikkeit (Monorhythmus) beruht und in der die Melodie zugleich Trägerin des Rhythmus' ist (quantitierender Rhythmus), der lediglich durch Schlaginstrumente effektvoll verstärkt wird, ist in der afrikanischen Musik die Trennung des Motivisch-Melodiösen vom Perkussionsgeschehen die Norm. Die Perkussion ist also eine selbständige zeitliche Bewegung einer oder mehrerer Stimmen, die nicht an einen gleichzeitigen melodischen Duktus gebunden sind.

Im Grunde bedeutet Beatmusik also Liedmusik mit Perkussion.

Aus der Vergangenheit wissen wir, daß sinnvolle Verschmelzung von Text, Melodie und Satzbehandlung die wichtigste Bedingung der echten Liedmusik ist. Diese Bedingung ist in der reinen Beatmusik auf eine für unsere Zeit neuartige Weise dadurch erfüllt, daß Textbehandlung, Melodie und harmonisches Geschehen – damit auch die Satzbehandlung – eine völlige Abkehr vom Volksliedtypus der letzten ca. 200 Jahre deutlich erkennen läßt.

Die Rückkehr zu den Kriterien der Liedkunst des zentralen Mittelalters und des Frühbarocks, also der Zeit der Hochkultur der europäischen Liedformen, geben der Beatmusik, indem sie diese Kriterien zeitgemäß eigenschöpferisch umwandelt, ihr substanziell neuartiges Gepräge. Jene mittelalterliche Liedkunst der Troubadours, Trouvères und Minnesänger entstand durch Integration der orientalisch-arabischen Musikkultur mit der europäisch-keltischen. Später kamen noch westafrikanische Einflüsse dazu.

In diesen außereuropäischen Kulturen spielt der getrommelte Klang, die Perkussion (siehe oben), eine bedeutende Rolle. Aus dieser Perkussion wurde in der europäisch-mittelalterlichen Liedkunst die Isorhythmik; d. h. die periodische Wiederkehr rhythmischer Formeln gegen das in Europa ethnologisch bedingte Schwerpunktsempfinden.

In mehreren berühmt gewordenen Titeln der Beatles tritt an die Stelle der Perkussion ebenfalls die Isorhythmik: nämlich dort, wo sie zur sinnvollen Verschmelzung der einzelnen an der Komposition beteiligten Komponenten notwendig ist.

In der orientalischen und westafrikanischen Musikkultur wurden die Perkussionen durch Schlaginstrumente mit unbestimmter Tonhöhe und zusammengesetzten Chordophonen, z. B. Guitarren, interpretiert. In der Beatmusik werden diese Perkussionen dadurch europäisiert, daß sie zusätzlich auch von Instrumenten ausgeführt werden, die wir – volkstümlich – mit „Melodieinstrumente" bezeichnen: Trompete, Posaune, Flügelhorn, Kornett, Saxophone und Streicher (für Isorhythmen) spielen in letzter Zeit eine wichtige Rolle.

Außer in Europa fanden gegenseitige Beeinflussungen von Musikkulturen, die sich ihrem Wesen nach fremd waren, auch in Nord-, Mittel- und Südamerika statt. Eine der daraus entstandenen Stilrichtungen ist die Swingmusik. In dieser vollzogen sich ebenfalls, ähnlich wie im europäischen Schlager, gewisse Vorgänge, die zur Verflachung führten.

Auch hier gelang es der Beatmusik, durch sinnvolle Verschmelzung der an der jeweiligen Komposition beteiligten Komponenten, einen neuen Liedtypus zu schaffen. In dieser Gattung spielt besonders die Wiederherstellung der ungekünstelten afro-amerikanischen Melodie und ihre Verschmelzung mit dem Rhythmus nach den Gesetzen der Perkussion eine wichtige Rolle.

Noch eine zeitgemäße Komponente tritt bei der Beatmusik hinzu: die Elektroakustik. Sie bedarf ebenfalls der sinnvollen Verschmelzung mit den übrigen Komponenten der Komposition, damit sie beatgerecht ist. Sie stellt ein zeitgemäßes Analogon zu den spätmittelalterlichen Vorbildern dar: Im 16. Jhd. gehörten die Madrigalismen – das sind Tonmalereien – zum integrierten Bestandteil des tänzerischen Madrigals.

Im vorliegenden Album wird euro-amerikanischer Text mit westafrikanischen und afro-amerikanischen Melodietypen integriert. Dem Bearbeiter, Hans-Georg Moslener, ist es meisterhaft gelungen, den jeweiligen Melodietypus mit entsprechender Perkussion und Satzbehandlung kompositorisch zu verschmelzen. Eindringlich ist auch die Verwendung der verschiedenartigsten Instrumente im Sinne der melodischen Perkussion. Hierdurch wird der tänzerische Charakter der vorliegenden Titel ganz besonders einprägsam.

Harter, gekonnter Beat zum Tanzen und Hören! Ein organisch gewachsener Sound, vital und ungekünstelt!

Ein dufter Beat, den man nicht so leicht vergißt!

Last not least sei die Leistung des „neuen" Knut Kiesewetters hervorgehoben, der sich nunmehr offensichtlich seiner stimmlichen Besonderheit bewußt geworden ist. Infolge seiner hohen musikalischen Potenz und seines handwerklichen Könnens meistert er den anspruchsvollen Gesangpart mit überzeugender Leichtigkeit. Ein geistvoller Virtuose seines Fachs!

Das vorliegende Album wird wegen seines hohen künstlerischen Niveaus meinen Vorlesungen über Beat-Musik an der Hamburger Hochschule für Musik als Lehrmaterial dienen.

Über Knut Kiesewetter

In Hamburg sind die Nächte – bekanntlich – lang. Wenn Knut Kiesewetter unten am Hafen in den River-Kasematten erscheint, werden sie auch noch heiß. Denn dann packt er seine Posaune, die er in Lübeck studiert hat, aus und steigt ein. Just for fun, wie es nur Leute können, die „Musik im Blut" haben (eine selten blöde Phrase, aber sie trifft es wohl am besten). Es ist schon oft gesagt und geschrieben worden: Knut Kiesewetter ist Deutschlands Jazzsänger Nr. 1. In schon fast langweiliger Regelmäßigkeit staubt er jährlich den Jazzpoll-Preis ab. Sechs Stück davon hat er schon im Schrank. Kaufen konnte er sich dafür nichts. Sie stehen in seinem Studentenzimmer in Hamburgs Universitätsviertel (Schlüterstraße 14 bei Hesse).

Er wohnt also „auf Bude". Der Jazz hat ihn nicht reich gemacht. Knut hat aber auch keine besonders intime Beziehung zum Geld. Kurz: Es ist ihm ziemlich egal. Er ist kein money-maker, sondern ein musicmaker. Diese Wurschtigkeit in Sachen Geld macht ihn eigentlich nur noch sympathischer, obwohl man manchmal versucht ist, ihm einen festen Tritt und den Rat zu geben: Junge, halt die Hand auf.

Was die Musik betrifft, da ist er schon von einer fast penetranten Besessenheit und Gründlichkeit. Man merkt's an dieser Platte (einen guten Kauf haben Sie da gemacht!), an der übrigens als Berater, Chorsänger und Schlagwerker einige prominente Musiker beteiligt sind. Sie wollen nicht genannt sein. Na, gut. Sie haben ja auch kein Geld dafür genommen.

Eins jedoch ist festzuhalten: Diese musikalische Qualität und stilistische Vielfalt fand auf diesem Gebiet in deutschen Studios noch nicht statt. Welches Gebiet? Es ist weit: Beat, Blues, Rythm and Blues, Jazz-Waltz, auch ein bißchen vom psychedelic sound. Mann, da geht die Post aber ab. Man spürt den Spaß, den alle Beteiligten bei der dreitägigen Studio-Session gehabt haben.

Trotz aller Begeisterung für das Orchester – die Platte trägt völlig zu Recht den Titel „That's Me". Ja, das ist er wirklich. Der ganze Knut Kiesewetter. Den, der – aus welchen Gründen auch immer – Schlager sang, wollen wir gern vergessen. Er hat auch hervorragende Platten mit Spirituals und Folksongs gemacht (mit seinen Geschwistern Sigrun und Hartmut). Aber diese Platte zeigt: Dies ist sein Weg. Bisher hatte er Vorbilder (wie Big Bill Broonzy, Ray Charles, Jack Teagarden) – nun könnte er selbst ein Vorbild werden. Diese Platte macht es möglich.

Diese STEREO-Schallplatte ist mit jedem modernen Leicht-Tonabnehmer abspielbar. Der STEREO-Effekt ergibt sich jedoch nur bei Verwendung eines STEREO-Abspielgerätes.

5.67 Printed in Germany

STEREO 158 034 STY
auch mono abspielbar

Star-Club RECORDS

THE REMO FOUR

Smile!

THE REMO FOUR

Seite 1		Seite 2	
PETER GUNN (Mancini)	2:28	ROADRUNNER (Walker)	3:30
MICKEY'S MONKEY (Holland-Dozier-Holland)	2:12	BROTHER WHERE ARE YOU (Brown Jr.)	4:35
HEART BEAT (John)	4:13	JIVE SAMBA (Adderley)	6:55
THE SKATE (Parrish)	4:15	NOTHIN'S TOO GOOD FOR MY BABY (Wonder)	2:30
NO MONEY DOWN (Berry)	4:23	LIVE LIKE A LADY (Manley)	2:31
ROCK CANDY (McDuff)	3:38	SING HALLELUJAH (Settle)	3:37
THE 7TH SON (Allison)	2:43		

Ja grün ist die Heide, die Heide ist grün. Und da, wo der schriftstellernde Naturbursche Hermann Löns die Heide am grünsten fand – und die Rosen am rotesten, natürlich –, entstand diese Langspielplatte. In einem Haus am Hang, im Keller. Wenn man die Kellertür von innen öffnet, ist draußen gute Luft. Mit einer Menge prima Sauerstoff drin. (So gut für Sänger!) Und satte Wiesen und Wacholder. Der Ginster blühte gerade giftig-gelb, das Heidekraut – und das heißt zwodreivier: Erika (Soldatenlied) – bereitete sich klammheimlich auf die Touristen vor. Eine Atmosphäre so deutsch, wie der Gott, der Eisen wachsen ließ. Eine Luft so erfrischend, daß man sich schnell eine Zigarette anzünden muß.

Und ausgerechnet durch diese Landschaft stapften vier lässige Engländer mit langen Haaren durchs frisch geschnittene Gras, um eine Platte (diese!) zu machen. Ein Kontrast, wie man ihn sich schöner nicht ausdenken kann. Und voller Kontraste ist denn auch das musikalische Ergebnis, das hier entstand.

Ich darf Ihnen die Herren mit dem linken Blick jetzt vielleicht mal vorstellen (auf dem Meisterfoto auf der Vorderseite kann man sie in Ruhe betrachten): Ganz links lächelt Sie **Phil** freundlich an. Er spielt die Baßgitarre. **Colin** mit dem lockigen Haar ist der Spaßvogel der Gruppe. Er spielt Harmoniegitarre und singt die heißen Sachen. **Tony** (der ganze Kerl in der Mitte) hat vom vielen Singen schon einen ganz dicken Hals. Seine Spezialität: Rhythm and Blues. Dazu spielt er eine Orgel, die einem fast die Ohren runterreißt. Gott sei Dank nur fast. Das da hinten rechts – der mit den hübschen Sommersprossen – ist **Roy.** Er rührt die Trommeln.

Wie sie so dastehen, nennen sie sich „Remo Four". Hört, hört!

SNAKES AND HiFiS

stereo 158 035 STY
auch mono abspielbar

Star-Club RECORDS

Hello,
How are you, we are the HIFIS and have been playing in Germany for 18 months. Some of you we have already met but for those who have not seen us, we are: Brian Bennett (Organ), Mike Douglas (Guitar), Gary Unwin (Bass), Mel Wright (Drums). We were all born in different parts of England and met in Jersey, before coming to Germany
We hope that when you are listening to this album, you can imagine us with you, so that we can get a really Swinging Party going. We would enjoy that. Hope to see you all in person soon. Bye for now. Prosit!

Tread Softly For The Sleepers 2:09
(B. Bennett/M. Douglas)
About night workers being woken by day workers

Here I Stand 2:34
(Jack Nietzsche)
A lonely boy waiting for the right girl

Snakes And Ladders 3:07
(B. Bennett/M. Douglas)
A romance likened to a child's game with the snake being the other man

Grade "A" Girl 2:16
(B. Bennett/M. Douglas)
She's an especially good secretary

What's A Bulb (Gary Unwin) 2:18
People take things for granted. A light bulb is an example

Calorie Ann 1:57
(B. Bennett/M. Douglas)
Ann is so keen on being fit and slim. She never has time for her friends

Up And Over 2:41
(B. Bennett/M. Douglas/Lenny)
A horse that wont' jump the last fence turns out to be the "love" of this man's life

Odd Man Out (Gary Unwin) 2:20
Man's outstanding achievements put them above others. They are special and therefore "odd"

I'm A Box (Gary Unwin) 2:38
See: what's a bulb

Your Haunting Me 2:20
(Gary Unwin)
The memory of a girl keeps this boy sad

Uwe aus Duisburg 2:00
(B. Bennett/M. Douglas)
A good friend who can do everything

My Cards Numbered 17 2:19
(B. Bennett/M. Douglas)
He receives birthday cards from 17 people but not that most wanted from his girl

No Two Ways 2:37
(B.Bennett/M.Lenny/M.Douglas)
Whatever way you look at it – she is special

Diese STEREO-Schallplatte ist mit jedem modernen Leicht-Tonabnehmer abspielbar. Der STEREO-Effekt ergibt sich jedoch nur bei Verwendung eines STEREO-Abspielgerätes.

6.67 Printed in Germany Cover Photo: Mike Douglas

auch mono abspielbar

Star-Club RECORDS

(A Fontana Recording)

emotions

the pretty things

I shall never forget the expressions on the PRETTY THINGS FACES when they first met the "not so pretty" near middle-aged session men who were to accompany them on this album. Remarkably, and within minutes, a great atmosphere and mutual respect was struck up resulting in a perfect marriage between the PRETTY THINGS and "THE NOT SO PRETTY THINGS!" It was really a double marriage ... The aforementioned, plus the betrothal of the PRETTIES' kind of music and my kind of backing. For my part it was great to be the marriage guidance musical director.

It all happened this way: Jack Baverstock, Fontana Label Chief, asked me to meet Steve Rowland, his producer for the Pretties, in order to mull over a project they had in mind ... A few days later, after a morning session of mine, I met Steve and the boys in the 'local' ... They outlined their idea: that the old PRETTY THINGS sound (i.e. 2 guitars, bass drums and singer) had become "yesterday"; the Top Twenty sounds were more progressive in approach; fourpart harmony and orchestral backing with imaginative arrangements was the order of the day; complete originality and the ability to co-ordinate musically with the boys was a necessity for the success of the NEW PRETTIES. It did not take me long to realise the exciting possibilities of such an album, so I jumped in with a big splash!

Next came the period of demo discs falling on my doormat, of listening to them and assimilating them, of getting the music and chords off the discs and on to manuscript. This done, the instrumentation had to be decided. Even though the songs which the boys had composed combined into one theme, that of the emotions of a human being under various conditions, each item was quite different to the other. In spite of it being easier to write for, I decided against using a large orchestra which I felt would be too unwieldy for this type of material and instead chose three small instrumental groups.

These three groups proved to be sympathetic to this kind of music – they created a feeling of intimacy and enabled me to write both in block and polyphonically ... my basic aim being a blown up stereo sound in order to get a mutual projectionof vocal and backing.

Then came the actual arranging. I always find this difficult to explain – the ideas seemed to create themselves and the notes also seemed to write themselves – it just sort of happened – like for example in "Growing in my mind" it was an obvious empty sound at the beginning growing into a deep swelling tutti figure for the centre passage evolving into a repetitive pulse from the celli and harp; or like in "My time" – Phil May's vocal seemed to have a subtle crying effect which I emulated with the Alto Sax and Trumpet, also it was obvious that the other voices should have the same 'cry sound'.

The nine titles I put backing to are all of such a musical quality that I find it near impossible to single out any particular one but I enjoyed the wistful chord sequences in "The sun" also that crazy-type rhythm pattern through "Death of a socialite" – I just had to put shock chords in that one both with high celli and taken on with the brass.

A little time and a lot of mental perspiration later, my scores were complete and having seen copies the parts were on the music stands ready for the colourful PRETTY THINGS, with guitars and voices at the ready, and my musicians blowing and lubricating trumpet cylinders, trombone slides and pulverizing the odd sax reed. What with orange jackets and the golden tresses of the PRETTIES and the wide wing-span of Johnnie Gray's moustache the Fontana Studio looked like a long-haired spectrum!

After hearing this album I'm sure you will agree with me that in a short period of time, the music of the PRETTIES has progressed from their earlier image to a more balanced diet of sound ... their young wild music is still there, but it is blended with that extra something that comes from playing for wider and more discerning audiences in this country and abroad ... in other words they have just simply progressed musically and they are pretty professional with it too! As I said earlier, I'm pleased to have arranged and M.D'd this package.

Reg Tilsley

Seite 1	
Death of a socialite	2:38
Children	2:59
The sun	3:01
There will never be another day	2:17
House of ten	2:48
Out in the night	2:37
Seite 2	
One long glance	2:50
Growing in my mind	2:16
Photographer	2:05
Bright lights of the city	2:58
Tripping	3:19
My time	3:02

Additional orchestral accompaniment directed by Tilsley

687 341 TL
The Pretty Things

687 359 TL
Get the Picture

Diese STEREO-Schallplatte ist mit jedem modernen Leicht-Tonabnehmer abspielbar. Der STEREO-Effekt ergibt sich jedoch nur bei Verwendung eines STEREO-Abspielgerätes.

6. 67 Printed in Germany

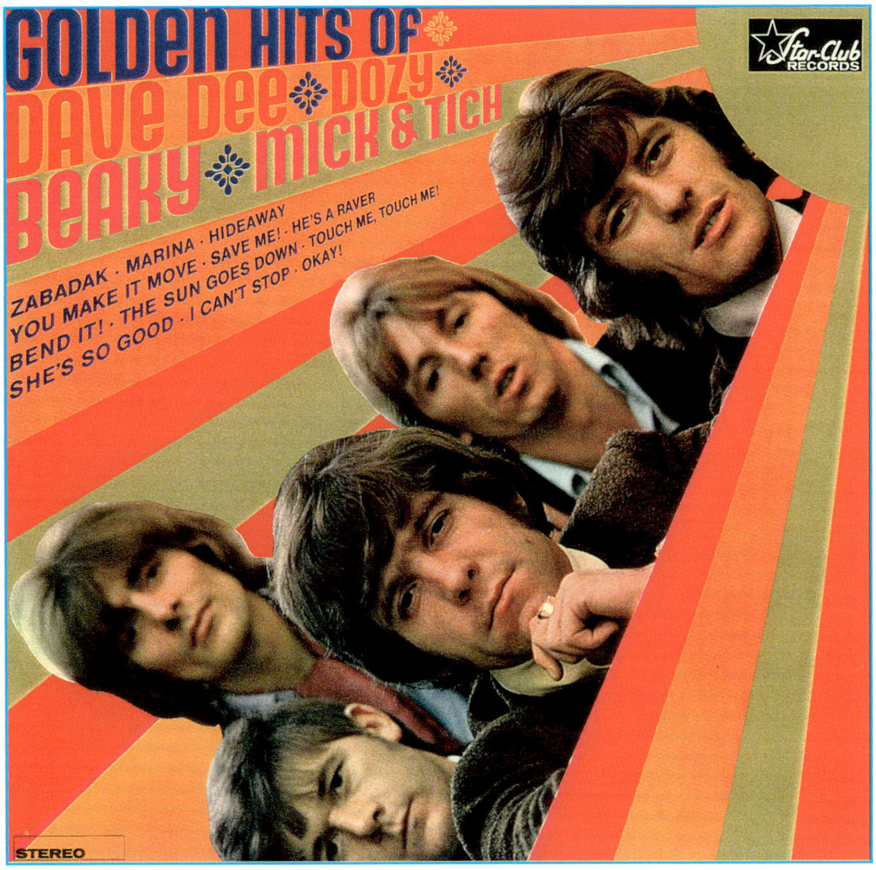

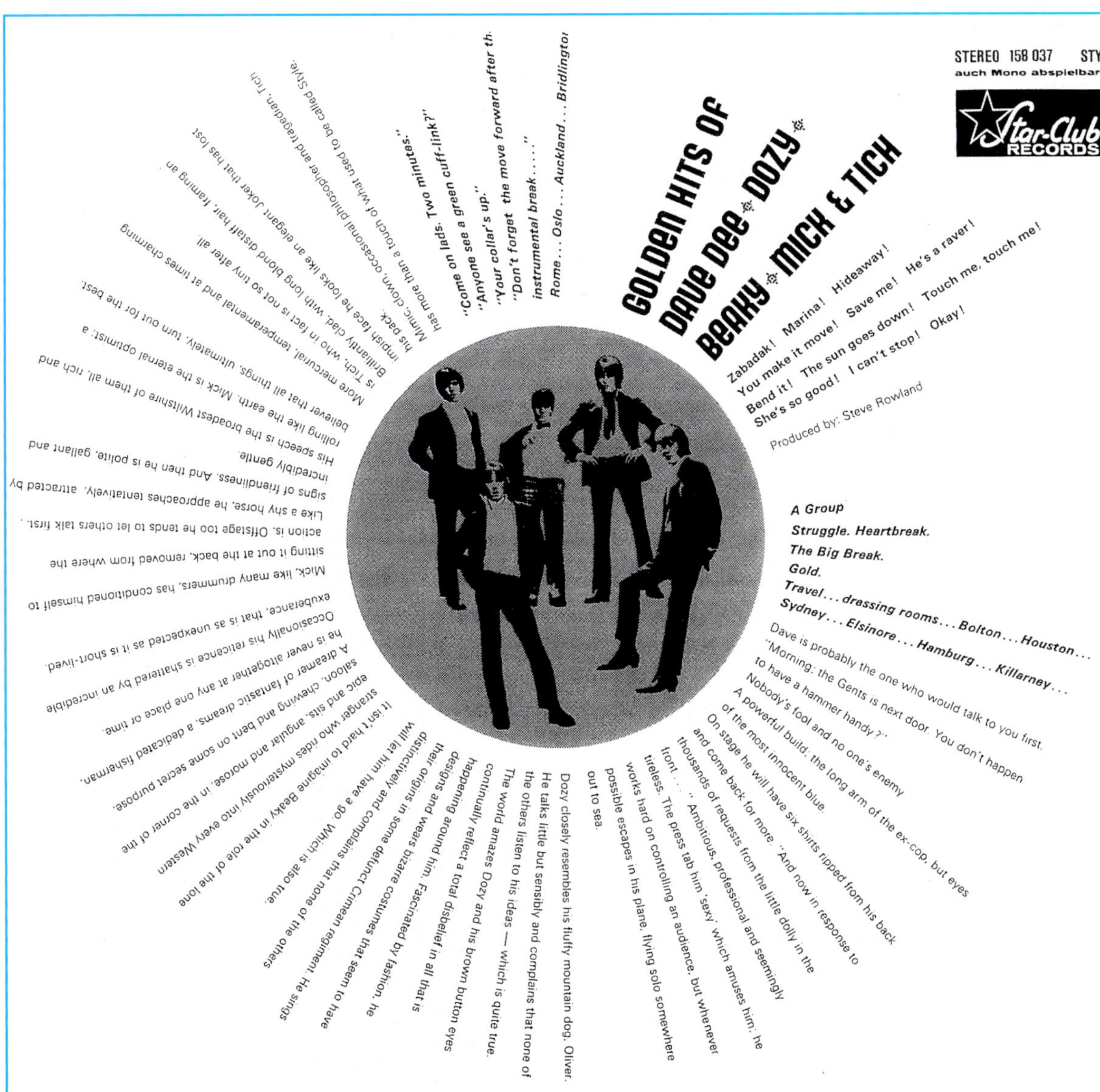

STEREO 158 037 STY
auch Mono abspielbar

Star-Club RECORDS

GOLDEN HITS OF
DAVE DEE · DOZY
BEAKY · MICK & TICH

Zabadak! Marina! Hideaway!
You make it move! Save me! He's a raver!
Bend it! The sun goes down! Touch me, touch me!
She's so good! I can't stop! Okay!

Produced by: Steve Rowland

A Group
Struggle. Heartbreak.
The Big Break.
Gold.
Travel . . . dressing rooms . . . Bolton . . . Houston . . .
Sydney . . . Elsinore . . . Hamburg . . . Killarney . . .

Dave is probably the one who would talk to you first. "Morning; the Gents is next door. You don't happen to have a hammer handy?" Nobody's fool and no one's enemy. A powerful build; the long arm of the ex-cop, but eyes of the most innocent blue. On stage he will have six shirts ripped from his back and come back for more. "And now in response to thousands of requests from the little dolly in the front . . . ." Ambitious, professional and seemingly tireless. The press tab him 'sexy', which amuses him; he works hard on controlling an audience, but whenever possible escapes in his plane, flying solo somewhere out to sea.

Dozy closely resembles his fluffy mountain dog, Oliver. He talks little but sensibly and complains that none of the others listen to his ideas — which is quite true. The world amazes Dozy and his brown button eyes continually reflect a total disbelief in all that is happening around him. Fascinated by fashion, he designs and wears bizarre costumes that seem to have their origins in some defunct Crimean regiment. He sings distinctively and complains that none of the others will let him have a go. Which is also true.

It isn't hard to imagine Beaky in the role of the lone stranger who rides mysteriously into every Western epic and sits, angular and morose, in the corner of the saloon, chewing and bent on some secret purpose. A dreamer of fantastic dreams, a dedicated fisherman, he is never altogether at any one place or time. Occasionally his reticence is shattered by an incredible exuberance, that is as unexpected as it is short-lived.

Mick, like many drummers, has conditioned himself to sitting it out at the back, removed from where the action is. Offstage too he tends to let others talk first. . Like a shy horse, he approaches tentatively, attracted by signs of friendliness. And then he is polite, gallant and incredibly gentle. His speech is the broadest Wiltshire of them all, rich and rolling like the earth. Mick is the eternal optimist; a believer that all things, ultimately, turn out for the best.

More mercurial, temperamental and at times charming is Tich, who in fact is not so tiny after all. Brilliantly clad, with long blond distaff hair, framing an impish face he looks like an elegant Joker that has lost his pack. Mimic, clown, occasional philosopher and tragedian, Tich has more than a touch of what used to be called Style.

"Come on lads. Two minutes."
"Anyone see a green cuff-link?"
"Your collar's up."
"Don't forget the move forward after th
instrumental break . . . . "
Rome . . . Oslo . . . Auckland . . . Bridlingtoı

Hear! Hear!
ENGLAND'S NEWEST SINGING DISCOVERY
THE SEARCHERS
SWEETS FOR MY SWEET · AIN'T THAT JUST LIKE ME? · LISTEN TO ME · I CAN TELL · SICK AND TIRED · ROSALIE
MASHED POTATOES · I SURE KNOW A LOT ABOUT LOVE · LED IN THE GAME · HEY, JOE · HULLY GULLY · WHAT'D I SAY
Mercury RECORDS
Recorded at the Star-Club
MERCURY HI-FIDELITY MG 20914

US

Star-Club
Haishan
"SWEETS FOR MY SWEET"
HS348
STEREO
THE SEARCHERS AT THE Star-Club HAMBURG
(LIVE RECORDING)

JAP

MERCURY STEREO SR 60994
Mercury RECORDS
THE SEARCHERS
THE SEARCHERS MEET THE RATTLES
THE RATTLES
DREAM BABY
SWEET NOTHIN'S
SHAKING ALL OVER
SWEET LITTLE SIXTEEN
DON'T YOU KNOW
MAYBELLINE
IT'S ALL BEEN A DREAM
THE STOMP
ZIP-A DEE DOO DAH
BYE BYE JOHNNY
TWIST & SHOUT
HELLO
RECORDED AT THE
Star-Club

Twist-Time im
Star-Club
The Searchers
The Rattles

RATTLES
Mercury RECORDS
New Recording
GREATEST HITS
La La La
Come On And Sing
Las Vegas
Mashed Potatoes
Shame Shame Shame
Zipp-A-Dee-Doo-Dah
Bye Bye Johnny u.a.
Star-Club RECORDS
MERCURY
HI-FIDELITY MG 21127

US

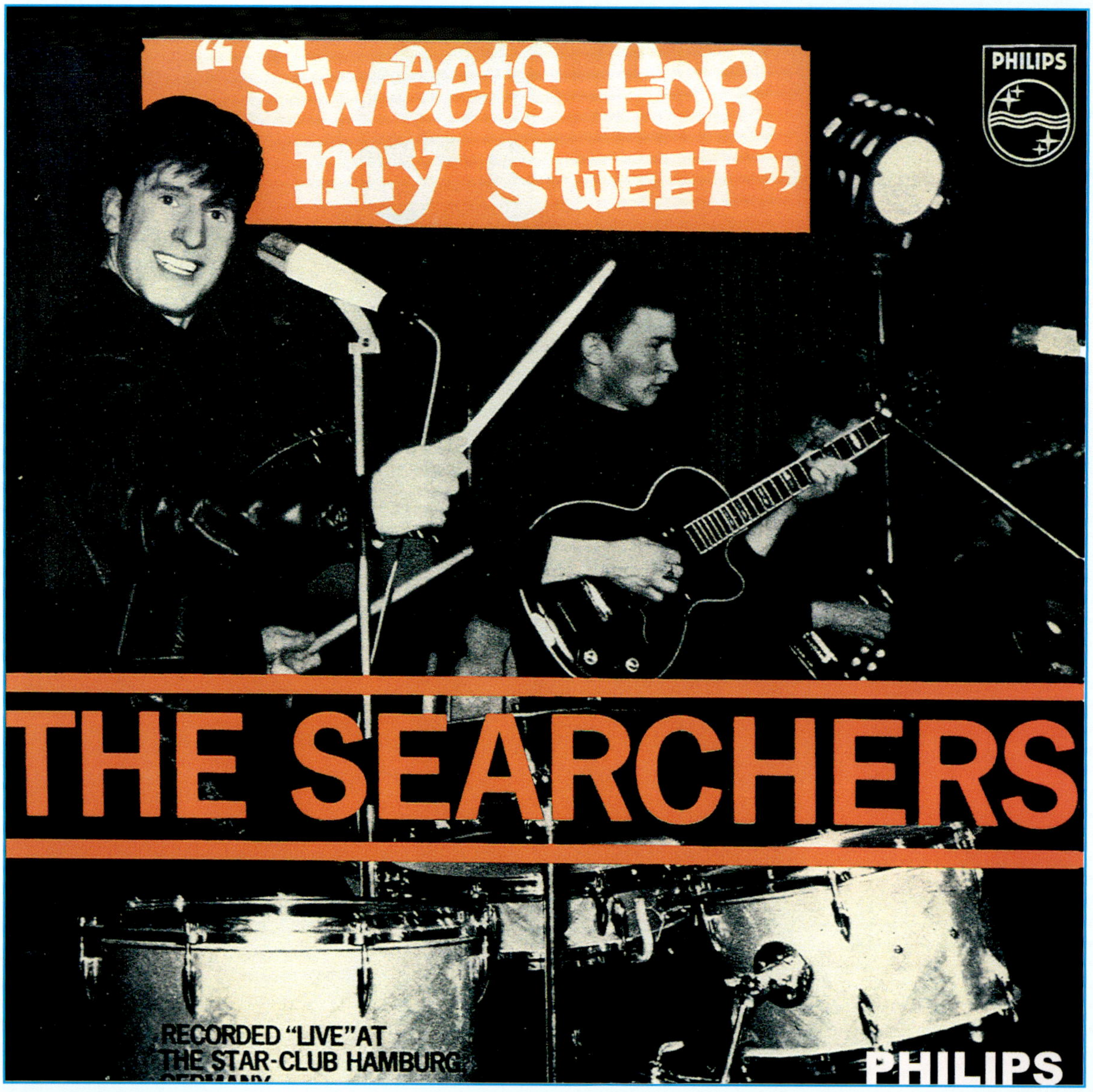
"Sweets for my Sweet"
PHILIPS
THE SEARCHERS
RECORDED "LIVE" AT
THE STAR-CLUB HAMBURG
PHILIPS

AUS

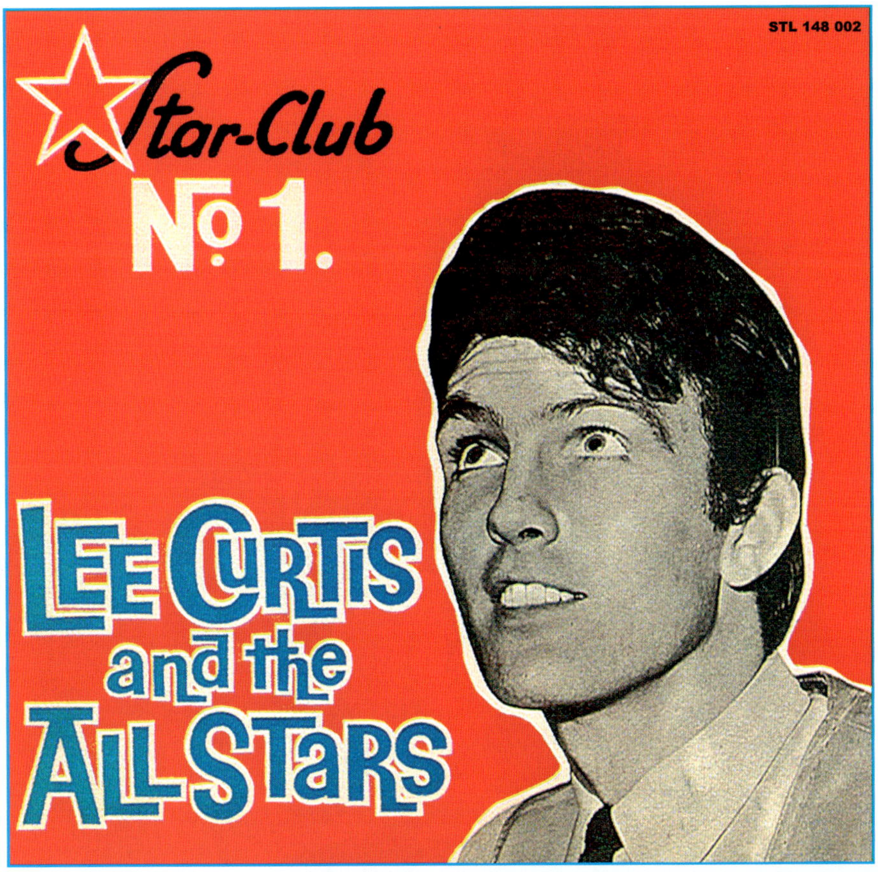

RHODESIA

SONDERAUFLAGE
DEUTSCHE BUCH GEMEINSCHAFT

FATS & HIS CATS*) AT THE STARCLUB HAMBURG**)

FATS & HIS CATS*)

Sänger und Musiker aus Leidenschaft, Rock'n' Roll-, Twist- und Madisoninterpreter von Format, Begleitensemble von Joey Dee, Elvis Presly, Gary Crosby, Johnny Ray und Hank Snow, Rundfunk-, Fernseh- und Schallplatenstars, Sensations im „St. Pauli", Frankfurt/Main.

STARCLUB HAMBURG**)

Tanzpalast und Showbühne an der Groszen Freiheit, Treffpunkt internationaler Stars, „Rock'n' Roll-Flieszband, das jeden Abend in Vierzehnstundenschicht bis zu acht verschiedene Bands bietet und unter anderen folgende Gröszen verpflichtete:

Ray Charles — Joey Dee & The Starliters — Fats Domino — The Everly Brothers — Bill Haley & His Comets — Wee Willie Harris

Johnny Kidd & The Pirates — Brenda Lee — Jerry Lee Lewis — Johnny Paris & The Hurricanes — Little Richard — Tony Sheridan — Gene Vincent

Links norwegische Sailors, rechts französische Studenten, an der Bühnenrampe neugierige Teenager, auf der Tanzfläche Twens mit Lederjacken, in den Logen Hamburger High Society und auf der Bühne Fats & His Cats mit ihrem groszen Programm:

SEITE A

1. **ARTHUR's BLUES**
   (Arthur Frowein · Mikulski) 1:54
2. **HELLO**
   (Otto Ortwein/Werner Sondhof · Mikulski) 2:45
3. **CARELESS LOVE**
   (Otto Ortwein/Werner Sondhof · Mikulski) 2:18
4. **BEFORE I GROW TO OLD**
   (Antony Domino/Dave Barthelemew · Travis Music) 2:22
5. **MESS AROUND**
   (A. Ertegun · Progressive) 1:55
6. **IT KEEPS RAINING**
   (Antony Domino/Dave Barthelemew · Travis Music) 2:00

SEITE B

1. **GIGOLO**
   (Leonelli Casucci/Julius Brammer · Wiener Boheme Verlag) 3:38
2. **LAST NIGHT**
   (The Mar-Keys · Progressive) 2:25
3. **MARY ANN**
   (Ray Charles · Progressive) 2:50
4. **HALLELUJA I LOVE HER SO**
   (Ray Charles · Progressive) 2:05
5. **WHAT DID I SAY**
   (Ray Charles · Progressive) 2:15
6. **WHEN THE SAINTS**
   (Otto Ortwein/Werner Sondhof · Mikulski) 1:49

SONET SLP-45

JERRY WILLIAMS at the STAR CLUB

SONET SLP-45

JERRY & LITTLE RICHARD

SIDE A:

1. THEME
2. FEELIN' BLUE
3. NO MORE LOVIN'
4. CORRINE CORRINA
5. I'M FALLIN' IN LOVE TONIGHT
6. TWISTIN' PATRICIA
7. C'MON EVERYBODY
8. DARLING NELLY GREY

SIDE B:

1. FORTY DAYS
2. AVE MARIA NO MORRO
3. ALL SHOOK UP
4. WHAT'D I SAY
5. BE-BOP-A-LULA
6. MEAN WOMAN BLUES
7. LONG TALL SALLY

THE VIOLENTS:
RUNE PERSSON, p & organ
TONY LINDBERG, guitar
BILLY GUSTAFSSON, el., bass
JOHNNY LANDENFELDT, drums

– A LIVE RECORDING –

THE VIOLENTS

JERRY

JERRY WILLIAMS & THE VIOLENTS

JERRY-21:
Number One – Feelin' Blues – Forty Days – Hound Dog – I Won't Be Satisfied – Go Home Little Girl – Darling Nelly Grey – Nobody's Darling – Twistin' Patricia – Allez Allez – Goodnight My Love – Lolita – Dream Of You – Wedding Bells Make Me Run SLP-33

MR. DYNAMITE:
Lovin' You Means Heartaches – Save Me – Too Many Tears – All Shook Up – Sweet Little Sixteen – Dangerous Happiness – I'm Gonna Try Once Again – Do It Over Again – Just The Same – I Won't Run Away Anymore – Goodnight Irene – Teddy Bear. SLP-35

MORE DYNAMITE:
Ready Teddy – Eldorado – Where Am I – Lovin' Up A Storm – Caroline – What'd I Say – I Know – Free Me – Come On, Come On – Let's Talk About Us – It's True – Savage Love SLP-40

STRINGTIME – THE VIOLENTS:
Please Forgive Me Baby – Hello Josephine – Betty Come On Home – Wiggle Beat – Mamba – Lil' Liza Jane – Python – Skyline – Walk Right In – A Closer Walk – Hässelbysteppen – Wagon Train – Kvantingen – Guitar Bolero. SLP-34

SWE

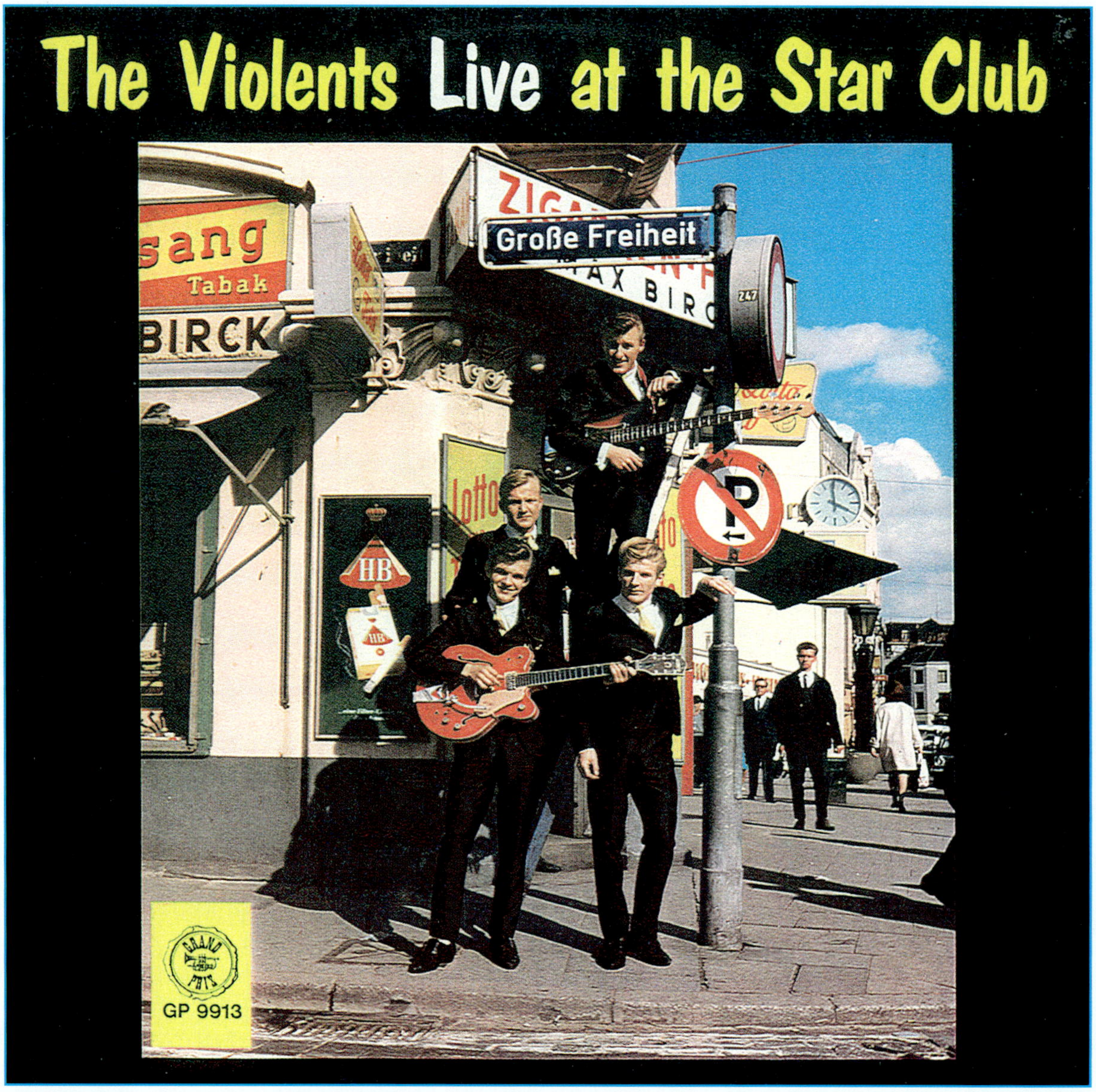

GRAND PRIX GP 9913 **THE VIOLENTS at the STAR CLUB** GRAND PRIX GP 9913

SIDE A:

1. HELLO JOSEPHINE
2. FLY AWAY LITTLE BIRDIE
3. CHEATIN' BABY
4. THE THIRD MAN THEME
5. BLUE SUEDE SHOES
6. DREAM LOVER
7. TALK
8. KEEP A KNOCKIN'

SIDE B:

1. CARRY ME BACK TO OLD VIRGINNY
2. IT'S BEEN A LONG LONG TIME
3. STAR CLUB BOOGIE
4. A MESS OF BLUES
5. TWILIGHT TIME
6. IN THE MOOD
7. FOR YOU

PERSONNEL:

RUNE PERSSON, p & org.
TONY LINDBERG, guitar
BILLY GUSTAFSSON, el. bass
JOHNNY LANDENFELDT, drums

– A LIVE RECORDING –

THE VIOLENTS STRING TIME | MORE DYNAMITE JERRY WILLIAMS | JAN ROHDE | The DON GARDNER & DEE DEE FORD Quintet in Sweden

STRINGTIME – THE VIOLENTS: Please Forgive Me Baby – Hello Josephine – Betty Come On Home – Wiggle Beat – Mamba – Lil' Liza Jane – Python – Skyline – Walk Right In – A Closer Walk – Hässelbysteppen – Wagon Train – Kvantingen – Guitar Bolero. **SLP-34**

MORE DYNAMITE: Ready Teddy – Eldorado – Where Am I – Lovin' Up A Storm – Caroline – What'd I Say – I Know – Free Me – Come On, Come On – Let's Talk About Us – It's True – Savage Love **SLP-40**

COME 'N' SHAKE – JAN ROHDE: Come 'n' Shake – Every Night – I'm In A Trance – I Leave My Heart In Your Hand – Every Day – Bad News For The Good Guys – Love's A Gambler's Game – Sandra, Linda & Marie – I'm Talking About You – Mary Lane – It Doesn't Matter Anymore – Don't Take Your Love **SLP-41**

DON GARDNER & DEE DEE FORD IN SWEDEN: Walkin' – I Don't Want To Cry – Watermelon Man – Splanky – Shiny Stockings – One Mint Julep – Twistin' The Night Away – Last Night – What'd I Say **SLP-39**

D

6435 056 31
7106 056 82

Star-Club RECORDS

JOHNNY and the HURRICANES

LIVE at the STAR CLUB in Hamburg, Germany

Johnny and the Hurricanes, in my opinion, are one of the finest bands in the business today. But don't take my word for it. Listen to the album and find out for yourself. Of course, I have a few facts to back up my opinion.

Johnny Paris, the leader of the group who plays the tenor sax, has one first and last love . . . music. Johnny pioneered the use of the organ in contemporary music with the result that it has become almost standard equipment for every band today.

This group is consistent as hit makers and in this "crazy" record business, consistency is a rarity. Very few bands can boast that they have toured forty-nine of our fifty states, excluding only Alaska, where the hot beat of their great sound would probably melt the snow right off the ground.

In addition to being national stars, they are internationally popular as well, having toured in Australia, New Zealand, England, Germany, France, Denmark, Switzerland, Sweden, Ireland, Scotland, Mexico, and the Fiji Islands. As you can see, these boys have really been around the globe.

Over the past few years, I have had the pleasure of having the boys appear with me on numerous personal appearance tours and as guests on American Bandstand. They are exciting to watch and a pleasure to listen to. This combination is unique and probably is one of the main reasons why they are received so well internationally. It just seems that all people all over the world "dig" them.

The record inside this album was recorded live at a night spot in Hamburg, Germany, called the Star Club. Johnny tells me that the first time they played this club they were co-billed with a brand new act just starting out. Johnny showed me a picture of the marquee. It read, "Appearing nightly, Johnny and the Hurricanes & The Beatles".

In short, Johnny and the Hurricanes are power-packed dynamite. They take off like a rocket and never stop. After seventeen singles and five albums they're still soaring. Listen to the album . . . . . I know you'll agree with me.

Sincerely,

Dick Clark

Star-Club
Johnny and the Hurricanes
Weltstar-Band aus USA
The Beatels – The Strangers
King Size Taylor and the Dominos
Tony Sheridan with Star-Combo
Carol Elvin
Teenager-Star aus London
Hbg.-St. Pauli, Gr. Freiheit 39
An beiden Feiertagen
Beginn 4 Uhr nachm.

I

I Should've Known Better 3:25
(Lennon/McCartney)
Northern Songs Ltd.

High Heeled Sneakers 3:40
(Higgenbotham)
Goodman Music

Do You Love Me 3:40
(B. Gordy, Jr.)
Jobete Music

Red River Rock 1:59
(Trad., arr. by Johnny Paris)
Sirius I Music

You Can't Do That 3:06
(Lennon/McCartney)
Northern Songs Ltd.

Love Nest 1:02
(Trad., arr. by Johnny Paris)
Sirius I Music

II

You Really Got Me 2:12
(R. Davis)
Edward Kassner Publ.

Jambalaya 3:11
(H. Williams, arr. by Johnny Paris)
Acuff Rose

Beatnik Fly 2:15
(Trad., arr. by Johnny Paris)
Sirius I Music

Money 4:47
(B. Gordy, Jr.)
Jobete Music

Time Is On My Side 3:28
(Rittenhouse-Mayger)
Essex

Down Younder 2:01
(L. Wolfe-Gilbert)
Feldman Music

Satin Doll 0:44
(D. Ellington)
Tempo Music

Special Thanks to my friend
Thomas Janson who believes in me
and my sound of music

aus dem Hause phonogram

Printed in West Germany
LC 0351

An Original Atila Recording
Produced for Atila Records by Johnny Paris
℗ 1980 PHONOGRAM GmbH

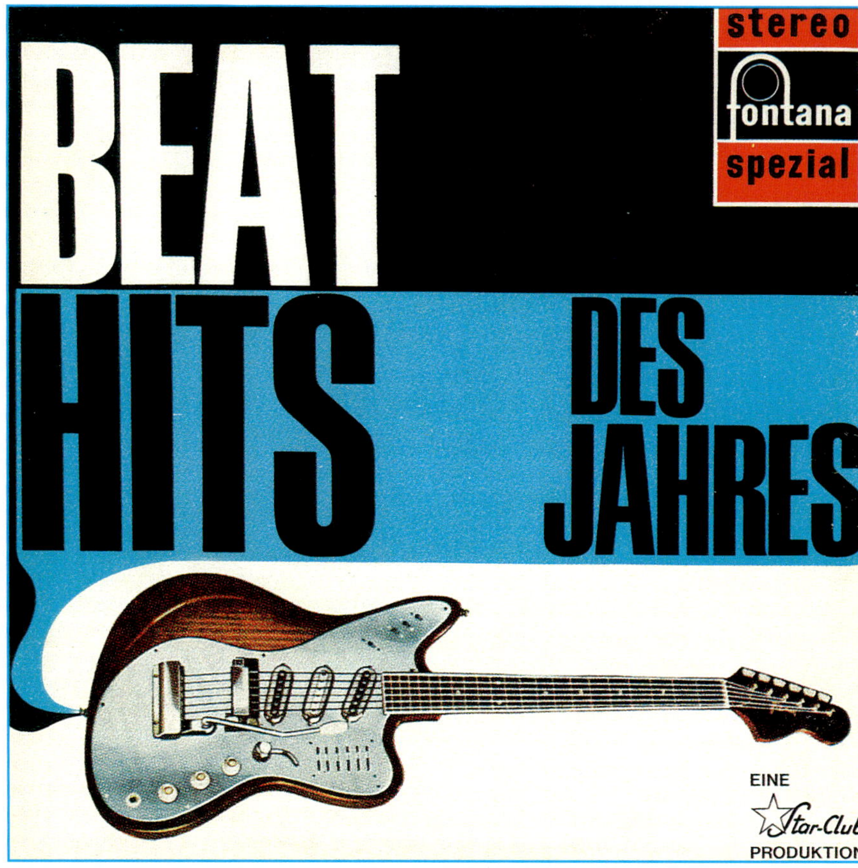

stereo
fontana
spezial

BEAT-HITS DES JAHRES

EINE
Star-Club
PRODUKTION

stereo 701525 WPY
auch mono abspielbar

Seite 1
1. Satisfaction
2. Ring Dang Doo
3. Shame And Scandal In The Family
4. Diddley Daddy
5. Like A Rolling Stone
6. Little Red Rooster
7. La La La

Ola & The Janglers - 1
Team Beats Berlin - 2
Lee Curtis & The All Stars - 3
The Liverbirds - 4
The Brinks - 5
Odd Persons - 6
The Rattles - 7

Seite 2
1. Hang On Sloopy
2. Lean Jean 17
3. Eve Of Destruction
4. Hello Josephine
5. Jack The Ripper
6. Shakin' All Over
7. Wooly Bully

The Best - 1
The Rattles - 2
Lady Kate - 3
Lee Curtis & The All Stars - 4
Shorty & Them - 5
The Liverpools - 6
The Shutters - 7

FONTANA-spezial - Langspielplatten sind nach dem modernsten Stand der Schallplatten-Aufnahmetechnik hergestellt. Alle Aufnahmen sind mit den neuesten professionellen Stereo-Bandgeräten und Stereo-Kondensator-Mikrofonen gemacht, die alle mit dem menschlichen Ohr wahrnehmbaren Frequenzen des Hörspektrums zwischen 16 und 16 000 Hertz erfassen. Sie garantieren eine unübertroffene Klarheit des Klanggeschehens und ermöglichen die Reproduktion des Originalklanges in voller Dynamik, naturgetreuer Klangfarbe und absoluter Reinheit der Tonhöhe. Die Überspielung dieser hochwertigen Originalaufnahmen und Übertragung auf Preßmatrizen geschieht mit höchster technischer Präzision in klimatisch regulierten Räumen unter Verwendung elektronischer Kontrollsysteme. Die fertiggestellten Langspielplatten werden laufend optisch und akustisch überprüft und dann mit einer neuartigen Vakuum-Schutzfilm-Verpackung fabrikmäßig versiegelt. Der Käufer der FONTANA-spezial-Langspielplatten kommt somit in den vollen Genuß dieser hervorragenden Aufnahmetechnik. Voraussetzung dafür ist jedoch die einwandfreie Beschaffenheit der Wiedergabeapparate, insbesondere der Zustand des Abtastsaphirs. Der Saphir ist der Abnutzung unterworfen und sollte auch bei normalem Gebrauch in regelmäßigen Abständen ausgewechselt werden.

Die Verwendung von Agfa Magnetonbändern für die Originalaufnahmen bürgt für höchste Qualität.

Hummel-Hummel – Mors-Mors
Auf der Reeperbahn nachts um halb eins – Rolling home – La Paloma u. v. a. Hamburger Originale
SM 700114 WGY

Weana Musi
Großer Wiener Stimmungsabend mit Maria Andergast, Hans Moser, Anton Karas u. v. a. Wiener Blas- und Stimmungsorchester
SM 700117 WGY

Coronacion del Folklore
Die schönsten Volkslieder aus Argentinien. Los Fronterizos, Gesang; Eduardo Falu, Gitarre; Ariel Ramirez, Piano
SM 700119 WGY

Barmusik
Ich weiß auf der Wieden – Tonight – Lullaby Of Birdland u. a. m. Herbert Seiter mit Rhythmikern
SM 700121 WGY

Evergreens zum Tanz
Für eine Nacht voller Seligkeit – Goody, Goody – On The Sunny Side Of The Street u. v. a. Ein großes Studio-Tanzorchester
SM 700123 WGY

My Fair Lady – Annie Get Your Gun – Querschnitt
Mit Sonja Ziemann, Franco Duval, Wolfgang Lukschy u. v. a. Chor und Orchester des „Theater des Westens", Berlin, und Orchester des „Deutschen Theater", München, Ltg. Franz Allers
SM 700124 WGY

Tanzparty bei Madeleine
Skiffy – Amalita – Pierre et Madeleine – Tête á tête – Deseo u. a. Orchester Claude Meunier
SM 700151 WGY

Vertraute Heimatklänge
Am Brunnen vor dem Tore – Sah ein Knab ein Röslein stehn u. v. a. Das Harmonia Quartett
SM 700152 WGY

The Beatles Best
You Can't Do That – Little Child – All My Lovin – Eight Days A Week u. a. The Koppykats
SM 700153 WGY

Wir wollen Freunde sein
Tanzparty bei Will Meisel – Stimmung im Dixiland – Tango notturno – Hully Gully Trumpet – Gulliver Melody u. v. a. verschiedene Orchester
SM 701524 WPY

Beat-Hits des Jahres
Satisfaction – Ring Dang Doo – Shame And Scandal In The Family – Diddley Daddy u. v. a. verschiedene Beat-Gruppen
SM 701525 WPY

Hot Baby – Hi-Fi Dance Time
Ridin' On The Wind – Korinthia – Cornflakes – Boneca – Nice Job – Broadway Lights – Beautiful Morning u. v. a. verschiedene Orchester
SM 701526 WPY

stereo 701525 WPY

83 567

Twist à la Star-Club

Sweet Little Sixteen
Michael Cox With The Charles Blackwell Orchestra

Good Bolly Miss Molly
Screaming "Lord" Sutch With The Savages

Tribute To Buddy Holly
Mike Berry With The Outlaws

I Want That
Johnny Kidd

Blowing Wild
Dean Shannon

Don't You Think It's Time
Mike Berry With The Outlaws

A Shot Of Rhythm And Blues
Johnny Kidd And The Pirates

Till The Following Night
Screaming "Lord" Sutch With The Savages

Just Like Eddie
Mike Sarne & The Innocents

That's What I Said
Cliff Bennet And The Rebel Rousers

Misery
The Beatles

Searchin'
The Hollies

Blue Girl
The Bruisers

Do You Love Me
The Dave Clark Five

ELECTROLA GESELLSCHAFT M. B. H. KÖLN. Diese Schallplatte kann mit jedem modernen Leichtgewicht-Tonabnehmer abgespielt werden. Tonabnehmer behutsam aufsetzen und abheben. Abtastspitze und Platten sorgfältig staubfrei halten. Platten senkrecht oder in geringer Stückzahl waagerecht auf glatter Fläche lagern. Einwirkung von Wärme vermeiden. Technischer Hinweis: Je kleiner die Abtastspitze, um so reiner der Klang. Verwenden Sie vorzugsweise Diamanten mit einer [illegible]

Eine Sammlung einiger Sonderveröffentlichungen

Star-Club-News

Nummer 1 | August 1964 | Kostenl. Werbeexemplar

The Rattles an der Spitze

Nun haben sie ein zweites Wunder vollbracht. Das erste Wunder geschah, als erstmals in der Musikgeschichte eine deutsche Band in die Spitzengruppe der führenden englischen Rock-Bands vorstoßen konnte. Es war im September 1963, als die Rattles in der zweiten Hälfte der Little Richard- and Everly Brothers-Show in England auftraten. Eine englische Zeitung schrieb: „Die einzige große Sensation der gesamten Show waren die deutschen „Rattles", die man ohne Übertreibung auch als die „Deutschen Beatles" bezeichnen kann". Von da an ging es Schlag auf Schlag. Jedoch die festgefügte Bastion der Deutschen Musik-Business-Lobby trotzte solcher Anerkennung. Keine Zeile in den „Fachmagazinen", kein Wort, kein Bild. Die gleiche Masche, mit der man erfolgreich den einmaligen Erfolg der Beatles dem deutschen Publikum so lange Zeit vorenthalten hat, bis es nicht mehr ging.

Die Rattles, inzwischen mit 10 Single und 2 LP's auf dem deutschen und englischen Markt, waren weiterhin nur in England Stars, wo sie inzwischen 5 Tourneen absolvierten. Und nun geschah das zweite Wunder. Man höre und staune. Ohne die Protektion der Gewaltigen wurden sie in den letzten Wochen in der deutschen Presse erwähnt. Ziemlich am Rande noch, und zögernd, wenn man einen Vergleich zu den hochgelobten anderen „Stars" in Deutschland zieht, aber vielleicht wird es noch. Wie bei den Beatles. Denn die Rattles haben diese inzwischen im Plattenumsatz aus der Spitzenposition in Deutschland verdrängt. So meldet denn auch die BZ, Berlins größte Tageszeitung: „Beatles von den Rattles abgelöst, es leben die Rattles." Hoffentlich recht lange!!!

Die erste Nr. der Hauszeitschrift des STAR-CLUB. Wir bilden jeweils die Vorder- und Rückseite ab.

The Chants aus Liverpool sind die einzige farbige Gesangsgruppe in England

Programm-Vorschau

Im Star-Club werden gastieren:

3. 7. bis 2. 8.	The Original Checkmates	London
1. 7. bis 30. 9.	Lee Curtis and the All Stars	Liverpool
1. 7. bis 31. 8.	Beryl Marsden	Liverpool
11. 7. bis 9. 8.	The Vondykes	London
18. 7. bis 31. 8.	The Roadrunners	Liverpool
18. 7. bis 31. 8.	International Showband	Manchester
1. 8. bis 31. 8.	The Harlems	Liverpool
1. 8. bis 31. 8.	The Chants	Liverpool
1. 8. bis 31. 10.	Grift Parry Fire	Liverpool
1. 8. bis 31. 10.	The Eyes	Liverpool
1. 8. bis 31. 10.	The Liverbirds (Girlband)	Liverpool
15. 8. bis 13. 9.	Shorty and Them	London
17. 8. bis 23. 8.	Jerry Williams and the Violents	Stockholm
29. 8. bis 4. 10.	The Pilots	Dublin
1. 8. bis 4. 9.	The Rattles	Hamburg
8. 8. bis 31. 8.	King Size Taylor	Liverpool
17. 8. bis 12. 9.	Ian and the Codiacs	Liverpool
29. 8. bis 4. 10.	Bobby Patrick Big Six	Glasgow
29. 8. bis 4. 10.	Showband The Crickets	Dublin
5. 9. bis 4. 10.	The Beatchicks (Girlband)	London
12. 9. bis 11. 10.	The Beatmerchants	Birmingham
14. 9. bis 23. 9.	Gene Vincent	USA
1. 10. bis 8. 10.	Little Richard	USA
3. 10. bis 8. 11.	The Woodpeckers	Dublin
3. 10. bis 8. 11.	Earl Gill Showband	Dublin
3. 10. bis 2. 11.	The Original Checkmates	London

Diese Liste wird laufend durch zusätzliche Buchungen, insbesondere von Stars, vervollständigt. Bitte informieren Sie sich laufend.

Programm-Rückschau

Im Star-Club haben gespielt (Ab Eröffnung bis 1. 8. 1964):

Tage	Name
79	The Beatles
105	Gerry and the Pacemakers
42	Gene Vincent
56	Johnny Kidd and the Pirates
28	Bill Haley and the Comets
128	The Searchers
15	Little Richard
1	Fats Domino
42	Emile Ford
36	Johnny and the Hurricanes
21	Vince Taylor and the Playboys
599	Tony Sheridan
31	Billy J. Kramer and the Dakotas
21	Joey Dee and the Starliters
342	The Rattles
10	Jerry Lee Lewis
34	Screaming Lord Sutch
42	Bern Elliot and the Fenmen
8	Jimmy Justice
2	Chubby Checker
1	Brenda Lee
1	Ray Charles and his Orchestra
4	Tommy Roe
3	Bo Diddley with Duchess and Jerome
1	The Rayiettes
2	The Everly Brothers
8	Duane Eddy
3	Joe Brown and his Bruvvers
18	The Tornados
42	Tanya Day
30	The Starliters
126	Davy Jones
84	The Bachelors
70	The Graduates
140	The Undertakers
30	The Jaybirds
70	Tex Roberg
31	Buddy Britten and the Regents
72	The Big Three
174	Cliff Bennett and the Rebel-Rousers
122	The Strangers
542	King Size Taylor and the Dominos
58	Sound Inc.
41	Swinging Bluejeans
99	The Statesmen
142	The Original Checkmates
78	The German Bonds
245	Bobby Patrick Big Six
75	Carol Elvin
394	The Beat-Brothers
31	Wee Willie Harris
31	Peter Nelson and the Travellers
30	Cliff Adams and the Twilights
126	Lee Curtis and the All-Stars
28	Johnny Milton and the Condors
21	The Outlaws
240	The Phantom Brothers
34	The Savages
32	The Flintstones
8	The Excheckers
2	Red Price Combo
93	Fats and his Cats
1	Jerry Williams and the Violents
1	Dave Dacosta and his Strollers
31	David and the Embers
31	Rikki Allen Trio
91	Barry St. John
81	The Crickets
30	Mark Peters and the Silhouttes
28	The Bats
31	Steve Aldo and the Challengers
31	Rory Storm and the Hurricanes
32	Freddie Starr and the Midnighters
15	The three Bells
8	The Rebels
31	Ricky Gleason and the Topspots
86	The Four Renders
33	The Kubas
5	Roy and the Dions
44	The Roadrunners
31	The Beatcombers
31	The Mojos
30	The Cyclones
16	The Detours
2	The three Quarters
17	The Giants
42	Ian and the Codiacs
3	The Country Stars
10	The Nashville Teens
33	Bobby Sampson and the Giants
13	The other Two
58	Beryl Marsden
46	The Liverbirds
3	The Team Beats Berlin
15	The Cherokees
20	The Vondykes
13	International Showband
7	The Grill-Parry-Five
1	Millie
1	The Blue Sound Inc.

Diese Liste ist vollständig und umfaßt alle Bands und Stars, die jemals im Star-Club gespielt haben.

Herausgeber Star-Club GmbH., Hamburg. Verantwortlich für den Inhalt Manfred Weissleder, Hamburg. Druck H. Barkow, Hamb.

Star-Club-News

Nummer 2 | 1. September 1964 | Kostenl. Werbeexemplar

The Liverbirds

In dem allmählich eintönig werdenden Beatleaussehen vieler Bands hebt sich ein erfreulicher Farbklecks wohltuend ab: The Liverbirds. Mit den Beatles hat diese Band nur den Geburtsort und die instrumentale Besetzung gemeinsam, ansonsten haben diese 4 Girls aus Liverpool einen eigenen Stil entwickelt, der zwischen der harten Beat-Musik und dem Rhythm and Blues liegt.

In England wollte sich erst niemand so recht trauen, den Birds eine Chance zu geben. Jedermann meinte, diese vier rockenden Jungfrauen wollten, die große Beatlewelle ausnützend, mit zweitklassigen Leistungen ihr Schäflein ins Trockene bringen. Die Kinnladen klappten jedoch staunend herunter, wenn die Instrumente in Tätigkeit traten und einen Sound hervorbrachten, der in nichts hinter dem der führenden englischen Bands mit männlicher Besetzung zurückstand. Das Eis war gebrochen, der Raketenstart begann. Laufende Engagements in den größten Häusern erfolgten, nachdem die Liverbirds einen Managervertrag mit dem Star-Club abgeschlossen hatten. Auch mehrere Auslandsengagements folgten nach, und die erste Platte der „Liverbirds" wird sich schon im Oktober auf Deutschen und Anglo-Amerikanischen Plattentellern drehen. Trotzdem ist alles erst der Anfang. Fernsehen und Film haben bereits ihre Fühler ausgestreckt, um sich diese Attraktion nicht entgehen zu lassen, die in den nächsten 6 Monaten sicher in aller Munde sein wird.

Die Personalien der Birdys sind: (a.d.Bild v.links nach rechts)
Valerie Gell, geb. 14. 8. 45 in Liverpool, Leadgitarre
Pamela Birch, geb. 9. 8. 45 in Liverpool, Rhythmgitarre
Mary McGlory, geb. 2. 2. 46 in Liverpool, Baßgitarre
Sylvia Saunders, geb. 31. 10. 46 in Liverpool, Drums

Und für unsere Junggesellen:
Die 4 Damen sind noch zu haben.

Star-Club-FAHRPLAN

Star-Club Berlin, Berlin-Schöneberg, Hauptstraße 11

1. bis 6. 9.	Griff Parry Five	Liverpool
1. bis 13. 9.	The Eyes	Liverpool
7. bis 20. 9.	The Rollicks (früher Tornados)	Berlin
14. bis 30. 9.	The Pilots	Dublin
21. bis 30. 9.	Shorty and Them	Newcastle

Star-Club Flensburg, Flensburg, Große Straße 12

1. bis 6. 9.	The Pilots	Hamburg
1. bis 13. 9.	Phantom Brothers	Dublin
7. bis 20. 9.	Shorty and Them	Newcastle
11. bis 13. 9.	Tony Sheridan	London
11. bis 13. 9.	Bobby Patrick Big Six	London
14. bis 20. 9.	Derrie Wilkie and the Seniors	Liverpool
21. bis 30. 9.	The Crickets	Dublin
21. bis 30. 9.	The Nashpool	Liverpool

Star-Club Hamburg, Hamburg-Altona, Gr. Freiheit 39

1. bis 6. 9.	Tony Sheridan	London
1. bis 6. 9.	Bobby Patrick Big Six	Glasgow
1. bis 6. 9.	The Crickets	Dublin
1. bis 6. 9.	The Nashpool	Liverpool
1. bis 6. 9.	Shorty and Them	Newcastle
5. bis 13. 9.	The Beatchickes Girlband	London
7. bis 13. 9.	Griff Parry Five	Liverpool
7. bis 12. 9.	Ian and the Zodiacs	Liverpool
7. bis 13. 9.	The Pilots	Dublin
12. bis 13. 9.	Derrie Wilkie and the Seniors	Liverpool
14. bis 30. 9.	Lee Curtis and the All Stars	Liverpool
14. bis 20. 9.	Freddie Starr and the Flamingos	Liverpool
14. bis 30. 9.	The Eyes	Liverpool
21. bis 30. 9.	The Rollicks	Berlin

Star-Club Kiel, Kiel, Waldwiese

1. bis 13. 9.	Lee Curtis and the All Stars	Liverpool
1. bis 6. 9.	The Rollicks	Berlin
7. bis 20. 9.	The Crickets	Dublin
14. bis 17. 9.	Tony Sheridan	London
14. bis 17. 9.	Bobby Patrick Big Six	Glasgow
14. bis 20. 9.	The Beatchickes Girlband	London
21. bis 30. 9.	Freddie Starr and the Flamingos	Liverpool
21. bis 30. 9.	Derrie Wilkie and the Seniors	Liverpool

Star-Club Köln, Köln/Rhein, Hohenzollernring 2—10

1. bis 6. 9.	The Liverbirds Girlband	Liverpool
1. bis 6. 9.	Ian and the Zodiacs	Liverpool
1. bis 13. 9.	Freddie Starr and the Flamingos	Liverpool
7. bis 10. 9.	Tony Sheridan	London
7. bis 10. 9.	Bobby Patrick Big Six	Glasgow
7. bis 20. 9.	The Nashpool	Liverpool
14. bis 30. 9.	Griff Parry Five	Liverpool
21. bis 30. 9.	The Beatchickes Girlband	London

Achtung! **Letzte Meldung!**

Vom 14. bis 23. September 1964 **Sondergastspiele**

Gene Vincent's

in allen deutschen Star=Clubs

Bitte informieren Sie sich in den örtlichen Presseankündigungen

Änderungen der Programmfahrpläne sind nicht beabsichtigt, jedoch vorbehalten,

Herausgeber Star-Club GmbH., Hamburg. Verantwortlich für den Inhalt Manfred Weissleder, Hamburg. Druck H. Barkow, Hamb.

Star-Club NEWS HAMBURG

THE MOST FAMOUS BEAT-CLUB IN THE WORLD

Verlagsort Lichtenfels
Ausgabe **Februar 1965**
Einzelpreis 30 Pfennig.

Titelbild: **Lee Curtis**

Von überall aus deutschen Landen dringt angenehme Kunde zu uns: die Gastspiele, die die international bekannte und anerkannte Band „The Rattles" gibt, sind sämtlich überfüllt, die jungen Beat-Musiker werden von den Fans stürmisch gefeiert. Auch erzielen sie mit ihren Platten ungeahnte Verkaufserfolge. Wer die Rattles beim und vor dem Start ihrer Karriere beobachtet und gehört hat, wundert sich über solchen Erfolg nicht, er ahnte damals schon, daß Herbert Hildebrandt, Joachim Reichel, Hans-Joachim Kreutzfeld und Reinhold Tarrach ihren Aufstieg im Show-Bussiness machen würden. Und vorerst ist auch noch kein Gipfel als Endpunkt zu sehen.

Star-Club

Star-Club

Star-Club

Sonderprogramm!!!

Nur heute 2 Stars in einer Show

Vince Taylor

and his Playboys

Dave Dacosta

and his Strollors

Cliff Bennett and the Rebell-Rousers
Tony Sheridan with Star-Combo
The Strangers

Hamburg-St.-Pauli, Große Freiheit 39
Eintritt 2,– DM

Star-Club

Ben E. King

aus Amerika bekannt durch
„Spanish Harlem"
„What is Soul"
gastiert einmalig am
13. 9. im Star-Club
zusätzlich

The Fabs

Freddie „Fingers" Lee

Star-Club
Hamburg, Gr. Freiheit 39

Vorankündigung

Donovan

2. Okt. Nur 1 Tag!

Star-Club

Hamburg-St. Pauli
Große Freiheit 39

Star-Club

vom 17.–19. März 1967 präsentieren wir Ihnen die größte Show des Jahres!

THE JIMI HENDRIX EXPERIENCE
USA/ENGL.

außerdem i. Progamm:

The Hi-Fis
London

Ian and the Zodiacs
Liverpool

The Boots
Berlin

The Princes of Israel
Haifa

am 25. März

THE RATTLES
Hamburg

Giorgio and Marcos Men
Birmingham

Star-Club
Hamburg, Große Freiheit 39

Star-Club

Hamburg-St. Pauli, Große Freiheit 39

Karfreitag geschlossen
wegen Feiertagsruhe

Nur Ostersonnabend und beide Ostertage

Tommy Roe

(Sheila) aus USA

und 4 internationale Spitzenbands

Beginn täglich 16 Uhr

Star-Club

Hamburg-St. Pauli
Gr. Freiheit 39

Sonnabend und Sonntag

Erstmalig der englische Spitzenstar

Joe Brown

and his Bruvvers

sowie weitere
5 Spitzenbands
Nur 2 Tage

Eintritt
Sonnabend 3,– DM
Sonntag 2,– DM

Star-Club

Heute abend

CASEY JONES

and the Governors

Nur 3 Tage – 27.–29. 8.

Star-Club

Hamburg-St. Pauli
Gr. Freiheit 39

Ab Sonnabend, 11. Jan.

THE TORNADOS

aus London

bekannt durch ihren Welterfolg
mit der Schallplatte

TELSTAR

sowie zahlreiche andere Hits.

Heute

Star-Club

Hamburg - St.-Pauli
Große Freiheit 39

Vince Taylor and his Playboys

Cliff Bennett and the Rebell Rousers, The Strangers aus Liverpool,
Tony Sheridan with Star-Combo and The Undertakers

Eintritt frei

LEE CURTIS

THE RATTLES

CLIFF BENNETT singt im Star-Club Hamburg · St. Pauli

CRICKETS SHOWBAND

THE RIVETS

IAN & THE ZODIACS

German Bonds spielen im Star-Club

THE WALKER BROTHERS

Star-Club NEWS HAMBURG

THE MOST FAMOUS BEAT-CLUB IN THE WORLD

Verlagsort Lichtenfels
Ausgabe März 1965
Einzelpreis 30 Pfennig

THE LIVERBIRDS

FATS DOMINO ist einer der ganz großen des amerikanischen Showgeschäfts. Mit 41 goldenen Schallplatten steht er seit mehr als einem Jahrzehnt unangefochten an der Spitze aller Plattenstars.

Am 20. März gibt er ein eintägiges Gastspiel in Hamburg, das auch im Fernsehen übertragen werden soll. (2. Programm, Schaufenster Deutschland).

Star-Club NEWS HAMBURG

THE MOST FAMOUS BEAT-CLUB IN THE WORLD

Post-Verlagsort Coburg
Ausgabe 4 / 1965
Einzelpreis 30 Pfennig

THE ROLLICKS

Johnny Hallyday

Ein Leckerbissen besonderer Art wird in Kürze in Frankreich und Deutschland im Plattenhandel erscheinen.

Johnny Hallyday, der augenblicklich seinen Wehrdienst bei der französischen Armee in Deutschland ableistet, sollte hier eine Platte aufnehmen. Seine Bedingung: Nur zusammen mit The RATTLES, die er in der Freiburger Stadthalle bei einem Konzert kennengelernt hatte. Der Wunsch wurde erfüllt. Die Aufnahmen fanden am 3. und 4. März in Köln statt. Die Titel sind „Keep Searching" und „Monkey Shine". Schon am nächsten Tag gingen die Rattles auf Österreichtournee. Ab 12. April wird sie das Publikum einen Monat lang entbehren müssen: Die Dreharbeiten zu ihrem ersten Film beginnen in Berlin und Skandinavien.

Star-Club NEWS

Post-Verlagsort Coburg
Ausgabe 5/1965
Einzelpreis 30 Pfennig
Österreich öS 2,50 / Schweiz sfr —,45

THE PRETTY THINGS

WAYNE FONTANA & THE MINDBENDERS

Das war Pech. Gerade als die Platte „Game Of Love" auf Position 2 der englischen Hitliste geklettert war, fiel Wayne, Sänger und Bandleader, aus. Bei einem Gastspiel in Dover erlitt er einen regelrechten Nervenzusammenbruch. Der Arzt verbarrikadierte ihn für 3 Wochen in einem streng bewachten Krankenzimmer. Der während dieser Zeit angesetzte Beginn einer Amerikatournee mußte auf den 11. April verschoben werden.

Schon nach einigen Tagen der Ruhe mußte Wayne einen schriftlichen Hilferuf an die Musikpresse geben mit der Bitte, seine Fans möchten um Gottes Willen aufhören, ihm Briefe und Geschenke in sein Krankenzimmer zu schicken. Dort hatten sich allein über 70 Stofftiere und Gonks angesammelt. Zwischen diesen saß Wayne und komponierte heimlich und entgegen der strengen Order des Arztes zwei neue Songs. Wir werden diese in Kürze auf seiner neuen LP wiederfinden.

CENTER OF BEAT
Star-Club
HAMBURG

Am Wochenende:
The Liverbirds
aus Liverpool
The King-Pins
aus London
Phantom-Brothers
aus Hamburg
The Dagoes
aus London
German-Bonds
aus Hamburg

Star-Club-Bands im Fernsehen:
The Rivets
18. 9. in Hamburg, „Schaubude"
German-Bonds
20.–21. 9. in München: „Soeben eingetroffen!"
The Liverbirds
24.–25. 9. in Bremen, „Beat-Club"
The Rattles
27. 9. in Berlin, „Schau hin – hör zu!"
Ian and the Zodiacs
21.–22. 10. in Bremen, „Beat-Club"

Im Oktoberprogramm u. a.:
The Remo Four
aus Liverpool
Ian and the Zodiacs
aus Liverpool
The King-Pins
aus London und
DONOVAN
nur 1 Tag, 2. Oktober

Star-Club
Hamburg-St. Pauli
Große Freiheit 39

Star-Club
Hamburg-St. Pauli, Gr. Freiheit 39

Ab Sonntag, den 20. 1.
Wee Willie Harris
and his Group
sowie 4 englische Spitzenbands

Achtung!!
Der Beginn des
Joey Dee
Gastspiels, das am 21. 1. beginnen sollte, wird auf den 25. 1. verlegt, weil durch den Hafenarbeiterstreik in USA die Schiffsverbindungen gestört sind.

Star-Club
Sonntag, den 25. 9.
Nur 1 Tag!
Dave Dee, Dozy, Beaky, Mick & Tich
außerdem
Tony Jackson Group
aus Liverpool, mit Tony von den Searchers!
Ian and the Zodiacs
aus Liverpool
Lee Curtis
and the All-Stars
aus Liverpool
Linda Laine and the Sinners
aus Manchester
sowie jeden Mittwoch zusätzlich
Mama Betty's Band
die Hamburger Publikumslieblinge!
Vorankündigung:
vom 30. 9. bis 2. 10.
Wegen des großen Erfolges wiederholt

Die DAG-Jugend
präsentiert am
4. September
in der Festhalle Planten un Blomen
erstmalig in Hamburg
The New Rattles
in ihrer neuen, sensationellen Besetzung mit Frank Dostal und Bernd von den Faces. Im weiteren Programm das Pico Rescl-Quintett und wie immer ein Überraschungs-Bonbon aus dem Star-Club.
Vorankündigung!
Am 18. September
nur ein 1 Tag
Mandfred Mann
mit seiner Group, erstmals in Hamburg!
Weitere Star-Gastspiele unter anderem mit
Dave Dee, Dozy, Beaky, Mick & Tich
Spencer Davis Group
Pretty Things
Ferre Grignard & Co.
für September/Oktober in Vorbereitung.
Star-Club
Hamburg, Gr. Freiheit 39

Star-Club
am 25. Februar
erstmalig in Deutschland
CREAM
im selben Programm:
The Dollies
Mixture
Manchester
The Sound of Syke
USA/England
The Cherokees
Leeds
ab 1. März
The Prices of Israel
Haifa
ab 4. März
The Hifis
London
10.–12. März
The VIPs
London
17.–19. März
The Jimi Hendrix Experience
USA
Star-Club
Hamburg, Große Freiheit 39

Star-Club

Achtung!

Erst im Fernsehen.
(Beat Club Bremen)
dann im Star-Club

am 6. und 7. April

Chris Farlowe

mit seiner Band

Ab 5. April

Big Pit Lancester

mit seiner
6-Mann-Soul-Band

Am 13. April

The Smoke

Mama

Betty's Band

Am 14. April

The Rattles

Star-Club

Hamburg, Gr. Freiheit 39

Star-Club

Am 31. 5., 1. 6. u. 2. 6.

Spooky Tooth

bekannt als V. I. P.'s

Vorschau für den 21. u. 22. 6.

The Lords

Star-Club

Hamburg, Gr. Freiheit 39

Im Star-Club ist wieder was los!!!

Am Sbd., dem 15. 3. 69, direkt nach der „Schaubude" bei uns die

RATTLES

Dazu Frtg., Sbd. u. Stg. die

FACES

und aus England

Jam Sandwich

Star-Club

Hamburg, Große Freiheit 39

Dezemberprogramm
täglich

The Londoners

aus London

The Remo 4

aus Liverpool

The Boots

aus Berlin

Star-Club

Hamburg 50, Gr. Freiheit 39

Star-Club Records THE FACES

Star-Club

Hamburg-Altona
Gr. Freiheit 39

präsentiert Ihnen ab

Heute bis einschl. Donnerstag

The VIP'S

London

außerdem:

Ian and the Zodiacs

Liverpool

Hari Kari

Manchester

The Luvers and SUI Kirby

London

Four Renders Star-Club Hamburg

Star-Club Records THE REMO'FOUR

Star-Club NEWS

Post-Verlagsort Hamburg

Ausgabe 6 · Juni 1965

Einzelpreis 30 Pfennig

Österreich öS 2,50 · Schweiz sfr –,45

The Rattles | die ersten Photos des neuen Rattles-Films finden Sie in diesem Heft.

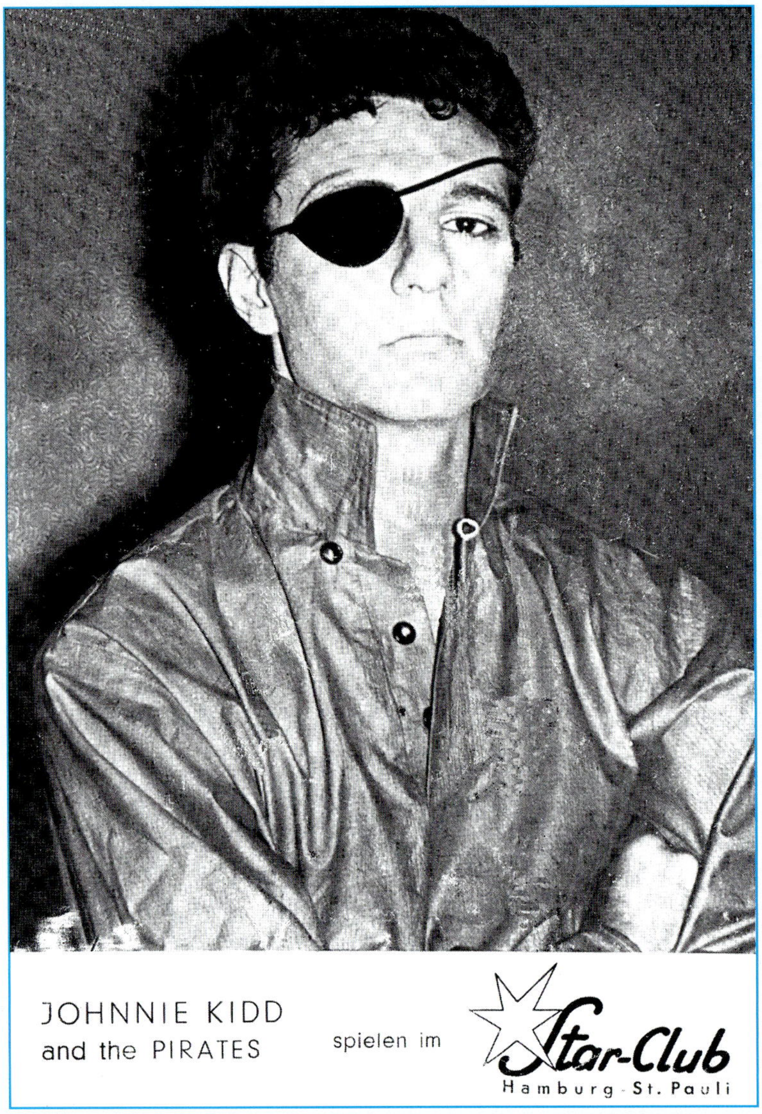
JOHNNIE KIDD
and the PIRATES
spielen im
Star-Club
Hamburg-St. Pauli

Ab Montag, d. 4. 1. 65
neues Programm mit
Johnny Kidd
and the Pirates aus London
Mark Peters
and the Silhouettes aus Liverpool
Fiesta-Showband
aus Dublin
The Liverbirds
aus Liverpool
Wieder ein
Bombenprogramm
des
Star-Club
Oft kopiert –
doch nie erreicht.

Star-Club
bis 7. Januar 1964
Johnny Kidd
and the pirates
sowie 5 weitere engl. Spitzenbands
Ab Silvester zusätzlich
The Original Checkmates
Sonntag, den 29. Dezember 1963
Star-Club
Talentsuche
Sängerwettbewerb
Es liegen über 100 Meldungen vor.
Einlaß 13.30 Uhr – Beginn 14 Uhr – Eintritt 2,– DM
Hbg.-St. Pauli, Gr. Freiheit 39

Star-Club
Hamburg-St. Pauli, Große Freiheit 39
Ab heute bis 28. März
Top-Band-Meeting
mit 6 internat. Spitzenbands
Johnnie Kidd
and the Pirates
Fats and his Cats
King Size Taylor and the Dominos
Lee Curtis and the All-Stars
Cliff Adams and the Twilights
The Rattles
Eintritt frei!

my best wishes for
Bernd
Johnny Kidd

Star-Club NEWS

Post-Verlagsort Hamburg

Ausgabe 7 · Juli 1965

Einzelpreis 50 Pfennig

Österreich öS 4,00 · Schweiz sfr –,60

Casey Jones and the Governors

(Hitverdächtig Tallahassee-Lassie)

Ab sofort wieder nur in den

Star-Club

Hamburg, Große Freiheit 39

Nur bis Sonntag, den 28. Juli 1964

Screaming Lord Sutch and the Savages

Dieser bekannte englische Star ist für seine exzentrische Show und ein entsprechendes Privatleben bekannt. Nach dem Christine-Keeler-Skandal kandidierte er für den freigewordenen Unterhaussitz des gestürzten Ministers Profumo und hätte zum Erstaunen aller fast seinen Gegenkandidaten geschlagen. Vor etwa 4 Wochen geisterte er wieder durch die internationale Presse, nachdem er in der Themsemündung, knapp außerhalb der 3-Meilen-Zone, einen „Piratensender" in Betrieb genommen hat. „Radio Sutch" sendet natürlich von morgens bis abends Rock, sehr zum Verdruß des englischen Postministers,

außerdem die weiblichen Beatles aus Liverpool

The Liverbirds Die Showband

The Crickets aus Dublin

Lee Curtis and the All-Stars aus Liverpool

Beryl Marsden aus Liverpool

The Phantom Brothers

Star-Club

Hamburg-St. Pauli, Große Freiheit 39

2. und 3. August, nur 2 Tage

Chubby Checker

mit seiner 11-Mann-Show

Außerdem

The Original Checkmates,

Tony Sheridan and The Beat-Brothers

King Size Taylor and The Dominos

Eintritt DM 5,–

Schon mal was von Slop gehört?

„Großer Bahnhof" für Chubby Cheker (22) auf dem Flughafen in Hamburg! Die erste Frage des „King of Twist" aus den USA an seine Verehrer: „Schon mal was von Slop gehört?" Chubby hat Slop, den neuen Modetanz, schon in seiner Heimat zum Erfolg verholfen. Slop wird ähnlich wie Charleston getanzt — allerdings ohne hochgezogene Knie. Chubby will auch seine deutschen Freunde für Slop begeistern. Zu seinem Auftritt heute und morgen im „Starclub" auf St. Pauli gehören außerdem Limbo und Twist. Nach Hamburg will er in 24 Städten der Bundesrepublik auftreten.

Star-Club
NEWS
Post-Verlagsort Hamburg
Ausgabe 8 · August 1965
Einzelpreis 50 Pfennig
Österreich öS 4,00 · Schweiz sfr –,60
Tony Sheridan

Star-Club NEWS

Auch Beethoven hätte die News gelesen ... wäre sie schon dagewesen!!

King Size Taylor

ist nach Meinung vieler Fachleute (darunter Ray Charles, Fats Domino, Bill Haley und vieler Anderer) der beste Liverpooler Sänger mit der originellsten Stimme. Mitte 1962 wurde er vom Chef des Star-Club vom Hauklotz eines Schlachterladens in einer Liverpooler Siedlung weg engagiert. Von der Zeit an war er annähernd zwei Jahre mit kurzen Unterbrechungen in Deutschland aktiv. Seine anfänglich mit Bass, Piano, Drums und Rhythmus-Gitarre besetzte Band, The Dominoes, wurde durch personelle Veränderungen soweit ausgebaut, daß sie 1963/64 wohl mit Recht von der gesamten Fachwelt als die musikalisch beste Liverpooler Band bezeichnet wurde. Ein Drummer namens Richard Starkey, heute genannt Ringo Starr, war bereits für die Band vertraglich verpflichtet, wurde aber großzügig einer gewissen Band The Beatles überlassen. Ob Ringo sich wohl später geärgert hat?

King Size, glücklicher Ehemann seiner deutschen Frau Gitta, ist bis heute der nette bescheidene Boy geblieben, der er immer war. Um seine zahlreichen in Deutschland produzierten Platten aufzuzählen, reicht der Platz nicht. Wir werden dies in Kürze im Textteil nachholen.

Star-Club

Achtung!

Vom 10. bis 12. Februar:

Sondergastspiel der

Joyce Bond Show

aus Memphis (USA)
mit 7 farbigen
Solisten!

Im weiteren
Programm:

The Londoners
aus London

The X-Rays
aus Hamburg

The Thursday Child
aus London

Ab 13. Februar:

The Sounds of Sykes
Engl.-Amerik. Spitzengroup

The Cherokees
aus Leeds

Ab 20. Februar:

The Dollies
das sensationelle Girl-Singer-Trio
aus Manchester mit seiner
5-Mann-Band

The „In"-Sect

Weitere
Stargastspiele:

Nur am 15. Februar:

The Hi-Fi's
mit ihrem sensationellen
Platten-Hit
„I'm a Box"

Nur am 25. Februar:

The Cream
aus London

Vom 17. bis 19. März:

Jimi Hendrix
die größte Sensation des letztes
Jahres im englischen Show-
Business

Achtung!

Vom 17. bis 19. Febr. wird vom Star-Club der diesjährige Kapellenwettbewerb durchgeführt, zu dem sich über 80 Bands aus allen Teilen der Bundesrepublik angemeldet haben. Die Öffnungszeiten an diesen Tagen bleiben unverändert.

Star-Club
Hamburg, Große Freiheit 39

Star-Club

am Sonnabd. + Sonntg.
präsentieren wir Ihnen
2 internation. bekannte
Spitzenbands:

Graham Bonney
the Remo 4
London

The Rivets
Hamburg

außerdem
im Programm:

The Hifis
London

The King Pins
Manchester

**The
Boston Show Band**
Irland

Vorankündigung:
ab 3. 12.

The Squares
London

The Lomax Alliance
London

Star-Club

Heute, Sonnabend und Sonntag

**Spooky
Tooth**

Am Sonnabend, dem 15. 2.
The

**Wonder-
land**

Am Mittwoch, dem 19. 2.
The

Nice

Star-Club
Hamburg, Große Freiheit 39

Star-Club

Sonder-
gastspiele!

5. November

The Hep-Stars
die beste schwedische
Beat-Formation

6. November

The Spiders
Japans 7-köpfige Beat-Band Nr. 1

26. und 27. November

Graham Bonny
begleitet von den

Remo 4
an beiden Tagen außerdem

The Rivets
10. und 11. Dezember

The Troggs
die neueste Beat-Bombe Englands

Im weiteren Programm
Bis 13. November

Ian and the Zodiacs
aus Liverpool

Ab 5. November

**The
Boston-Show-Band**
aus Irland mit ihren 8 Solisten

Ab 12. November

The King-Pins
aus Stoke on Trent

Bis 11. Dezember

The Hi-Fi's
aus London

Star-Club

Sonnabend, d. 16. 4.
Nur einen Tag!!

The Pretty Things
die härtesten
Konkurrenten der
Rolling Stones

Nur noch bis
Sonntag, den 17. 4.

The Silkie
die weltberühmten
Folk-Stars
aus Liverpool!

Weiterhin im
April-Programm

**Ian and the
Zodiacs**
zurück aus USA!

The Remo 4
nach ihrem Gastspiel
im Locomotive/Paris

**Ronny Jones and
the Night-Timers**
aus USA

The Non-Smokers
aus Berlin

Vorankündigung!

Einmaliges
Sondergastspiel

Freitag, 22. 4. 66

The Rattles

Ab 23. April

Rhythm & Blues Inc.

Ab 30. April

The Nashville Teens
die berühmte Begleit-
band Jerry Lee Lewis's
von seinen Live-LP's

Ab 7. Mai

The VIP's
wegen des großen Erfolges
wiederholt!

21. und 22. Mai

**Spencer Davis
Group**

28. und 29. Mai

**The Walker
Brothers**
mit ihrer Original-
9-Mann-Band

Star-Club
Hamburg 50, Große Freiheit 39

Star-Club

Achtung!

am 30. 6. und 1. 7.

Nur 2 Tage!

The Equals

aus London
in den letzten
Hitparaden allein mit

3 Platten an der Spitze!

Im weiteren Programm:
Heute letzter Tag:

The Hi-Fi's

die erfolgversprechendste
Neuentdeckung der letzten
Monate!

Nur noch bis Sonntag:

The Manchester-Playboys

The Birds and Bees

Vom 1. bis 16. Juli:

The German Bonds

endlich wieder
in Hamburg!

Vom 3. bis 7. Juli:

Tony Sheridan

and the Beat-Brothers

Ab 8. Juli:

Linda Laine
and the Sinners

Achtung!

Ab 3. Juli

gastiert bei uns
Brian Epsteins jüngste
Neuentdeckung:

Robert Hirst
and the Big Taste

die augenblicklich stärkste
6-Mann-Band der Londoner
Music-Scene!

Star-Club

Hamburg 50, Große Freiheit 39

Star-Club

Heute, den 17. 5. 68

NEUERÖFFNUNG

Film-Diskothek

In Verbindung mit unserer Produktion möchten wir Ihnen an diesem Wochenende unsere Vertragsgruppen vorstellen.

The Smoke

Freitag

The Rattles

Sonnabend

The Rivets

Freitag

The Rags

Sonntag

The Cops & Robbers

Freitag – Sonnabend – Sonntag

Vorschau im Monat Mai:

Traffic-Spooky-Tooth

Star-Club

Hamburg, Gr. Freiheit 39

Star-Club

Hamburg-St. Pauli
Gr. Freiheit 39

Ab heute!!

Goldy and the Gingerbreads

Erste Girlband
aus USA

sowie

The Tornados

aus London

Lee Curtis
and the All-Stars

aus Liverpool

The Eyes

aus Liverpool

Alex Harvey
and his Soulband

aus Glasgow

The German Bonds

aus Hamburg

Ab 1. Dezember

außerdem:

The Moquettes

aus Newcastle

Knives and Forks

aus London

und die Girlband

The Liverbirds

aus Liverpool

Eine einmalige Ballung
von internationalen
Spitzenbands!!

Nur möglich im

Star-Club

Wir gratulieren

Lee Curtis
and the All-Stars

deren Platte Exstacy" auf

Star-Club RECORDS

von den englischen Sendern zur
„Schallplatte der Woche"
gewählt wurde.

Star-Club

Hamburg-St. Pauli
Gr. Freiheit 39

Mittwoch, 18. 11., bis
Freitag, 20. 11.

Aufnahmen für

Saturday-Club

des

BBC-London

mit

The Tornados

aus London

The Rattles

aus Hamburg

Tony Sheridan

aus London

Alex Harvey and
his Soul-Band

aus Glasgow

The Crickets

aus Dublin

The Eyes

aus Liverpool

Sonnabend, den 21. 11.

Besuch von
80 Mitgliedern
des

Cavern-Club,
Liverpool,

mit großer 14stündiger
Beat-Jam-Session

Achtung!!

Im Dezember findet, wie alljährlich, der große Kapellenwettbewerb für deutsche Amateurbands im Star-Club statt. Dieser Wettbewerb wird in jedem Jahr nur einmal ausgetragen. Die Siegerband erhält ein Engagement im Star-Club sowie einen Schallplattenvertrag. Anmeldungen bitte nur schriftlich an unsere Adresse. Anmeldeschluß ist der 1. Dezember.

Der Star-Club öffnet
Buß- und Bettag
sowie Totensonntag
um 17 Uhr

Star-Club

Heute,
den 23. Februar

nur 1 Tag in Hamburg.
Jeder kennt ihn –
alle möchten ihn erleben!

David Garrick

and the Honey Band.

Star-Club

Heute am 7. April 67

THE EASYBEATS

London

Star-Club

Montag, den 13. 10. 1969

Hardin + York

Die kleinste Supergroup
der Welt!

Dienstag, den 14. 10. 1969

DEEP PURPLE

Donnerstag, den 16. 10.

Steamhammer

Star-Club NEWS

Post-Verlagsort Hamburg
Ausgabe 9 · September 1965
Einzelpreis 50 Pfennig
Österreich öS 4,00 · Schweiz sfr –,60

MICK JAGGER

Star-Club NEWS mit beiden Beinen im Show-Geschäft! Darum immer eine Nasenlänge voraus!

The Rivets

sind eine der wenigen deutschen Beat-Bands, die sich durchaus auf internationalem Parkett bewegen können ohne auszugleiten. Nach ihren Londoner Engagements (News 7/65) sind die vier Hamburger erst einmal auf große Fahrt quer durch Deutschland gegangen, überall begeisterte Fans hinterlassend. Dabei treten die Boys keineswegs in ausgelatschte Fußstapfen, denn sowohl ihr Äußeres wie auch ihre Musik unterscheiden sich vom allgemeinen Beat-Band-Klischee. Ihr instrumentales und gesangliches Können ist genau so klar und korrekt wie ihre Erscheinung, und eine beachtliche Zahl von Titeln in ihrem Repertoire sind eigene Kompositionen der Band. Es kann kein Zweifel darüber bestehen, daß diese jungen Routiniers zu der handvoll wirklicher deutscher Klassebands gehören. Ihre zweite Platte erscheint in diesem Monat. Für Fans und solche die es werden wollen stehen gleich drei Fan-Clubs zur Verfügung: Rivets-Fan-Club Hamburg, Klaus Pansky, 2 Hamburg-Stellingen, Krugkoppel 233 · Rivets-Fan-Club Dortmund, Bärbel Richter, 5813 Wengern, Mühlenweg 2a · Rivets-Fan-Club Dänemark, Birger Gylling, Kopenhagen, Ved Harrestrup 19. (Unser Foto v.l.n.r.: »Kuno« Michael Dreysse, 18 J., Bass und Gesang · Joachim Koschnitzke, 18 J., Sologit. u. Gesang · Henner Hoier, 19 J., Rhythmgit. u. Gesang · »Porgy« Jens Engelhard, 21 J., Drums u. Gesang, Bandleiter.)

Star-Club
NEWS
Post-Verlagsort Hamburg
Ausgabe 10 · Oktober 1965
Einzelpreis 50 Pfennig
Österreich öS 4,00 · Schweiz sfr –,60
to All our friends of the Star Club. See you soon. The Searchers
Chris Curtis
Chris Curtis

Star-Club NEWS **...die muß man einfach lesen!!!**

Tom Jones ist heute einer der meistgefragten und beliebtesten jungen Sänger Englands, was allerdings nicht ausreichte, ihn bei uns breiteren Publikums-Kreisen bekannt zu machen. Tom, den seine Freunde »Tiger« rufen, wurde am 7. Juni 1940 in Pontypridd/Wales geboren. Schon nach kurzer Karriere als Sänger konnte er Ende 1964 mit seinem ersten Nummer 1-Hit »It's Not Unusual« in die Spitzengruppe seiner Konkurrenten vordringen. Besonders in den USA fand er bei mehreren Tourneen sehr starken Anklang, man kann fast sagen noch größeren als in seiner Heimat. Ist es ein Wunder, daß er seit dem 12. Juli bis heute dort Tag für Tag ausgebucht ist, und man in England seit mehr als 11 Wochen auf seine Rückkehr wartet? Eine Reihe weiterer, bevorstehender Gastspiele in den Staaten schließt denn auch solch klingende Namen wie »Ed Sullivan-Show» und »Hullabaloo« ein. Klar daß Tom bereits eine Saison im berühmten Londoner »Palladium« auf seiner Erfolgsliste verzeichnet. Sein letzter Hit, augenblicklich in den englisch-amerikanischen Hitparaden heißt »What's New Pussycat?« und wird sicher auch bald den Weg zu uns finden.

Star-Club NEWS

Post-Verlagsort Hamburg
Ausgabe 11 · November 1965
Einzelpreis 50 Pfennig
Österreich öS 4,00 · Schweiz sfr —,60

Lee Curtis

Kleiner Preis + Großer Inhalt = Star-Club NEWS

Phantom Brothers

Es klingt wie ein Witz, obwohl es keiner ist. Von diesen vier farbgedruckten jungen Männern gibt es noch keine Schallplatte auf dem deutschen Markt, wenn man von den beiden Titeln (Oh, Carol/Shakin' All Over) auf der Ariola-LP „Rock- and Beat-Band Competition", dem Mittschnitt eines Kapellenwettbewerbs absieht. Nicht etwa, daß noch niemand mit ihnen produziert hätte. Das haben schon zwei namhafte Experten großer Firmen versucht, die der Sound der vier Phantome angelockt hatte. Nein, in beiden Fällen resignierten die Producer, weil es ihnen einfach nicht gelang, diese musikalische Spezialmixtur auf das Tonband zu bannen. Immer war es ein völlig fremder, unähnlicher Klang der beim Abspielen der Aufnahmen aus den Lautsprechern tönte. Nix Phantoms. Einer der beiden hochdotierten meinte, Drummer Rudi habe einen zu harten Beat auf seinen „Eimern". Ähnlich wie Pete Best, der bei den Aufnahmen der ersten Beatles-Platten in Hamburg laufend die Aussteurungsmesser der Techniker zum Übersteuern brachte. Jetzt hat's mit diesen Boys hier doch einer hinbekommen. Vielleicht weil er selbst „mittendrin" steckt. Achim, der Leadgitarrist der Rattles, produzierte eine Single mit den „Deutschen Stones", wie man die Phantoms häufig nennt. Sie liefern damit endlich ihren unzähligen Fans die lang begehrte Tonkonserve.

Star-Club NEWS

Post-Verlagsort Hamburg
Ausgabe 12 · Dezember 1965
Einzelpreis 50 Pfennig
Österreich öS 4,00 · Schweiz sfr —,60

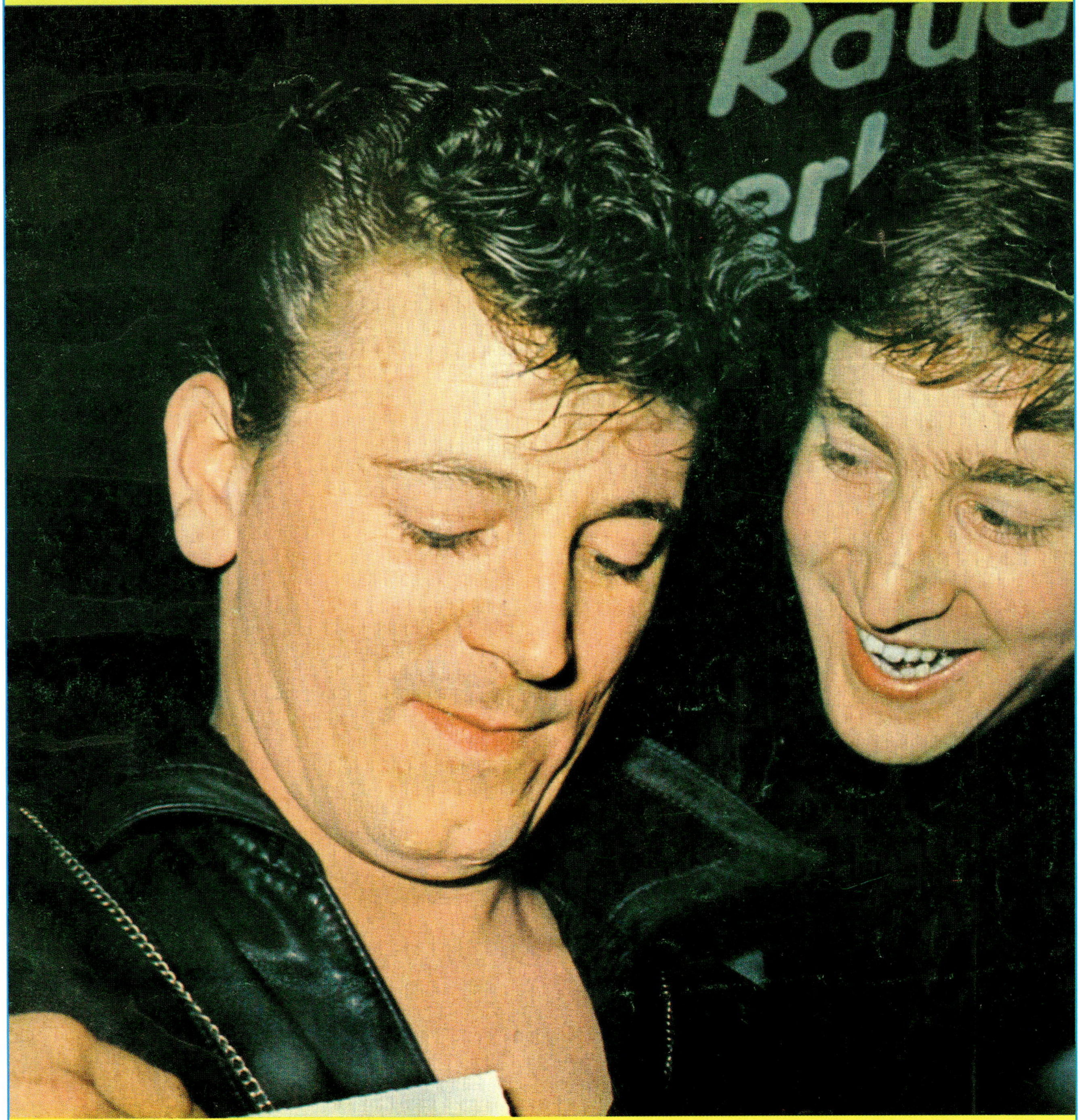

Autogrammjäger

John Lennon mit Gene Vincent

Star-Club NEWS

Wir halten, was andere versprechen!

Lachend: Mick Jagger

„Wer suchet, der findet", dachten wir, und nahmen jedes „Stones-Face" einzeln genau unter die Lupe. Doch mitnichten. Keine Spur eines Lächelns, wie auf der Doppelseite der „ok" (ist okay) „exklusiv" dem neuzuerschließenden Leserkreis versprochen (links). Das Bibelwort vom Suchen und Finden stimmte also diesmal nicht. Nun könnte mancher Stones-Fan in Germany auf den Gedanken kommen, daß seine Idole wirklich niemals lustig sind und ihre Mienen sich auch nach eingeheimsten Supergagen und Millionen-Plattensellern nie erhellen. Das wäre aber falsch. Die fünf Boys, als einzige Gruppe der Welt den Beatles hart auf den Fersen, sind alles andere als Sauerklöße. Ihre Späße sind bekannt. Wer sie jemals bei einer der obligatorischen „Business-Parties" in London erlebte, weiß, daß sie sogar lachen können. Wie Mick auf unserem Foto.

CENTER OF BEAT

Star-Club

HAMBURG

Internationales Beat-Band-Festival 1965

vom 3.–5. September

mit

21 Spitzenbands

aus

15 europ. Ländern

Im Rahmen des Festivals Sonnabend ab 18 Uhr Live-Aufnahmen für eine Festivals-LP

auf

Star-Club RECORDS

Kein erhöhter Eintritt! Normale Anfangszeiten

Star-Club

Hamburg-St. Pauli
Große Freiheit 39

Star-Club

SUPER-SAISON Programm mit

TONY JACKSON (Ex-Searcher) and the Vibrations aus Liverpool,

Johnny Gus Set (früher Big Three) aus Liverpool,

Odd Pearsons aus Berlin, weiterhin ab 7. 8.

Denny Seyton's Showgroup aus Liverpool, und am 6. 8. als

Sonderattraktion

THE RATTLES

aus Hamburg (nur 1 Tag)

Weiterhin erlauben wir uns, schon jetzt auf das Gastspiel von

CASEY JONES and the Governors

vom 27.–29. 8. hinzuweisen.

Nach wie vor unerreicht, unübertroffen:

Star-Club

Hamburg-St. Pauli
Große Freiheit 39

Übernimmt den Star-Club: Rattle Hildebrand

Rattle wird Chef im Star-Club

rde. Hamburg, 7. Mai

Ein Beatmusiker wird Hamburgs neuer Star-Club-Chef. Herbert Hildebrand (25) von den Rattles übernimmt ab 17. Mai das wohl bekannteste deutsche Beatlokal in St. Pauli. Vier Tage lang wird vorher der Star-Club wegen Umbauarbeiten geschlossen bleiben.

Herbert Hildebrand pachtet das Beat-Mekka von dem Star-Club-Besitzer Manfred Weißleder. Der letzte Konzessionsträger und Pächter Hans Bunkenburg (31) gibt auf. Er will sich nur noch um den Club 39 in den oberen Räumen des Star-Clubs kümmern.

Rattles-Chef Herbert Hildebrand kennt den Star-Club schon seit den ersten Anfängen. Seine Gruppe trat damals sogar mit den noch unbekannten Beatles in der Großen Freiheit auf.

Seine neuen Pläne: Der Star-Club erhält in der Mitte des Raumes eine Diskothek. Die Bühne wird etwas verkleinert. Wochentags tritt nur noch eine Band am Abend auf. Alle vier Wochen ein Star-Gastspiel.

Außer heißer Musik soll ein Projektor mit lustigen Filmen für Stimmung sorgen. Mit der neuen Bedienung will der neue Pächter im Star-Club auf die „weiche Welle" umschalten. Es soll bald nur noch Serviererinnen geben.

Star-Club

Blue-Sky-Dance
Heute auf der Rollschuhbahn
Planten un Blomen

The International Showband	aus Manchester
The Roadrunners	aus Liverpool
Lee Curtis and the All-Stars	aus Liverpool
Beryl Marsden	aus Liverpool
The Original Checkmates	aus London
The Rattles	aus Hamburg

Beginn 18.30 – Ende zu Beginn d. Riesenfeuerwerks

THE PIRATES
spielen im
Star-Club
Hamburg-St. Pauli

THE STATESMEN
spielen im
Star-Club
Hamburg-St. Pauli

ROY YOUNG
singt im
Star-Club
Hamburg-St. Pauli

Jerry Lee Lewis
vom 13.- 19. Mai 1963
im
Star-Club
in Hamburg
LONDON

Liebe Berliner Star-Club-Freunde,

wir kommen trotzdem! Sie werden fragen, wieso trotzdem? Nun, seitdem wir hier in Berlin Veranstaltungen aufziehen wollen oder aufziehen, gibt es Schwierigkeiten, die man sonst nicht kennt. Diesmal waren es die Plakate. Seit Januar bestellt, sollten diesmal wieder ca. 1200 Plakate unsere Show am 4. April in der Deutschlandhalle ankündigen. Aber siehe da, die zuständigen Herren konnten sich plötzlich nicht erinnern, von uns beauftragt worden zu sein. Es war keine Plakatfläche mehr frei! Vielleicht hatte man die Hoffnung, wir würden dann fernbleiben? Aber das wollen wir unseren Berliner Freunden nicht antun. Wir kommen trotzdem. Und nicht zuletzt deshalb, weil wir uns darauf verlassen, daß Sie uns helfen. Bitte sagen Sie allen Freunden und Bekannten, daß wir am 4. April mit umstehendem Programm in der Deutschlandhalle gastieren werden. Vielleicht geht es dann diesmal auch ohne Plakate. Gleichzeitig bekämpfen Sie dadurch die Intrigen, die hier laufend gegen uns und die von uns propagierte Musik gesponnen werden.

Auf Wiedersehen am 4. April in der Deutschlandhalle und vielen Dank für Ihre Unterstützung.

Ihr Star-Club Hamburg

Star-Club-SHOW

Hamburg - Große Freiheit 39

in der

Deutschlandhalle am 4. April 1964

(kein Tanz)

Jerry Lee Lewis aus USA

Johnny and the Hurricanes aus USA

Tony Sheridan aus London

Bobby Patrick Big Six aus Glasgow — **The Other Two** aus London

King Size Taylor and the Dominos aus Liverpool

The Original Checkmates aus London — **The Outlaws** aus USA

The Phantom Brothers aus Hamburg

Vorverkauf ab 31. März an den Kassen der Deutschlandhalle und den bekannten Vorverkaufsstellen - Eintrittspreise 3,— bis 8,— DM
Einlaß 18 Uhr, Beginn 19 Uhr

Star-Club
HAMBURG
The most famous
Beat-Club in the World

TONY SHERIDAN singt im Star-Club Hamburg-St. Pauli

THE LONDONERS Star-Club Hamburg

Auf der Bühne im STAR-CLUB HAMBURG.

Little Richard

The Beatles

Gene Vincent & Tony Sheridan

Jimi Hendrix

M. Weissleder & Lord Sutch

Duane Eddy

Chubby Checker

Bo Diddley

Tommy Roe

Der Star-Club stirbt um Mitternacht

Berühmtes Hamburger Beat-Lokal schließt Silvester seine Pforten

Im Mai 1967 im Star-Club: Jimi Hendrix

»Die Zeit der Dorfmusik ist vorbei«, verkündete im April 1962 ein Plakat an Hamburger Litfaßsäulen. Wenige Tage darauf wurde auf der ›Großen Freiheit‹ in St. Pauli der Star-Club eröffnet. Bei der Premiere spielte eine junge Band aus Liverpool: ›Gerry and the Pacemakers‹.

Zwei Wochen später begann eine andere Liverpooler Gruppe ihr erstes Auslands-Engagement auf der Bühne des Star-Club: ›The Beat-Brothers‹, heute als ›Beatles‹ weltberühmt.

Es wäre eine Sisyphos-Arbeit, die Namen aller Pop-Größen aufzuzählen, die hier gastierten: Bill Haley, Vanilla Fudge, Jimi Hendrix, Ray Charles, Spencer Davis Group, Small Faces, Donovan und Manfred Mann seien herausgegriffen.

Der Star-Club gehörte bald zu den fünf bekanntesten Musik-Clubs der Welt. Mit der Zeit aber fehlten progressive Gruppen. Das Stammpublikum verlief sich.

Frank Dostal, Michael ›Kuno‹ Dreysse und Achim Reichel, die als Inhaber seit März 1969 den alten Glanz noch einmal aufleben ließen, konnten das Ende nicht aufhalten: Am 31. Dezember um Mitternacht schließt der Star-Club seine Pforten. Da, wo Karrieren begannen und Träume zerrannen, soll ein Supermarkt entstehen. ›The Beat Goes On‹ . . .

Hardin + York geben am 31. Dezember das Abschiedskonzert

Das bittere Ende: Achim Reichel, Kuno Dreysee und Frank Dostal verkünden am 31. Dezember 1969 die Schließung des STAR CLUB HAMBURG

Star-Club
31. 12. 1969
endgültig letzter Tag
Hardin + York
Die kleinste Supergroup der Welt!

Manfred Weissleder
* 1938 – +1980

Er war Gründer und der Macher des STAR CLUB.

Siegfried E. Loch
* 1940

Er war der Produzent der ersten Platten auf dem STAR-CLUB Label und zu seinen erfolgreichen Künstlern gehörten:
THE SEARCHERS
THE RATTLES
REMO FOUR
IAN & THE ZODIACS
Später war er als Chef der WEA einer der erfolgreichsten Männer der deutschen Plattenindustrie.

Foto: NESUHI ERTEGUN / Archiv: SIGGI LOCH

Passend zu diesem Bilderbuch über die Geschichte des legendären STAR-CLUB HAMBURG ein Bilderbogen, der sic im Laufe der Jahre beim Zusammentreffen des Autors dieses Buches mit einigen Stars dieser Jahre ergeben hat. Werner W. mit....

... Frank Dostal (Faces/Rattles)

... Achim Reichel

... Kuno Dreysee (Rivets)

... The Liverbirds

... Dozy, Beaky, Mick & Tich

... Johnny Paris (Johnny & The Hurricanes)

... Horst Fascher

... Ian Edwards (Ian & The Zodiacs)

... Uschi Nerke (Beat-Club)

... Pico (STAR-CLUB Faktotum)

... Tony Sheridan

... The Rattles

... Lee Curtis